新世纪应用型高等教育旅游管理类课程规划教材

LÜXINGSHE JINGYING GUANLI

旅行社经营管理

新世纪应用型高等教育教材编审委员会　组编
主　编　杨　宇　郭　琛
　　　　杜杰慧　何忠诚
副主编　杨宏伟　郑　岩

大连理工大学出版社

图书在版编目(CIP)数据

旅行社经营管理 / 杨宇等主编. -- 大连：大连理工大学出版社，2021.6
新世纪应用型高等教育旅游管理类课程规划教材
ISBN 978-7-5685-3020-0

Ⅰ. ①旅… Ⅱ. ①杨… Ⅲ. ①旅行社－企业经营管理－高等学校－教材 Ⅳ. ①F590.654

中国版本图书馆 CIP 数据核字(2021)第 097402 号

大连理工大学出版社出版

地址：大连市软件园路 80 号　邮政编码：116023
发行：0411-84708842　邮购：0411-84708943　传真：0411-84701466
E-mail：dutp@dutp.cn　URL：http://dutp.dlut.edu.cn
大连雪莲彩印有限公司印刷　　大连理工大学出版社发行

幅面尺寸：185mm×260mm	印张：16	字数：370 千字
2021 年 6 月第 1 版		2021 年 6 月第 1 次印刷

责任编辑：孙兴乐　　　　　　　　　　责任校对：王晓彤
　　　　　　　封面设计：张　莹

ISBN 978-7-5685-3020-0　　　　　　　　定　价：44.80 元

本书如有印装质量问题，请与我社发行部联系更换。

前　言

《旅行社经营管理》是新世纪应用型高等教育教材编审委员会组编的旅游管理类课程规划教材之一。

改革开放以来，我国旅游业作为国民经济的重要产业，地位在不断提升，其格局已经进入"全面融入国家战略"阶段。随着旅游市场规模的不断扩大，旅游市场结构、旅游消费偏好也在不断发生改变。特别是网络信息技术的发展和普遍应用，促使旅游业经营方式也发生了变化。旅行社业作为供给和需求的桥梁及纽带，在保持其原有功能的同时，也必然要不断推陈出新，才能适应市场的发展。

本教材注重理论与实践结合，坚持培养应用型本科人才的定位，力图将管理学的理论和旅行社业务有机地融合在一起。本教材既有通俗而完整的理论体系，又有在其指导下充分反映旅行社实际业务的方法和示例，具有如下特点：

1. 在体例安排上，简化理论叙述，多用实例、阅读资料等方式进行解读，突出案例教学特点。深入浅出，循序渐进，化解难点，使教者易教，学者易学。

2. 在内容选择上，加大旅行社计调、外联、接待及营销等业务管理所占的比例，结合时代发展，对变化较大的旅行社网络信息化管理内容进行详述，并根据官方统计报告和数据分析对旅行社发展现状和未来趋势进行全面分析和陈述。

3. 在习题编写上，注重和教学实践的结合，力求解决学与用的矛盾，设计了记忆题、思考题、操作性练习和案例分析题等题型，将教学重点和难点放在不同题型中进行强化训练，并通过操作性练习和案例分析让学生学有所用。

本教材由哈尔滨理工大学杨宇、郭琛、杜杰慧，大连师范大学何忠诚任主编；由山西大学杨宏伟、大连大学郑岩任副主编。具体编写分工如下：杨宇编写第二章、第四章、

第九章,并负责全书的统稿及定稿工作;郭琛编写第三章、第六章、第十章;杜杰慧编写第五章、第七章;何忠诚编写第一章的第一节、第二节、第三节以及附录部分,并负责大纲设计工作;杨宏伟和郑岩编写第一章的第四节、第五节和第八章,并负责全书的校对及资料整理工作。

在编写本教材的过程中,编者参考、引用和改编了国内外出版物中的相关资料以及网络资源,在此表示深深的谢意!相关著作权人看到本教材后,请与出版社联系,出版社将按照相关法律的规定支付稿酬。

鉴于我们的经验和水平,书中难免有不足之处,恳请读者批评指正,以便我们进一步修改完善。

编　者

2021 年 6 月

所有意见和建议请发往:dutpbk@163.com

欢迎访问高教数字化服务平台:http://hep.dutpbook.com

联系电话:0411-84708445　84708462

目 录

第一章 导 论 ... 1
- 第一节 旅行社的产生与发展 ... 2
- 第二节 旅行社的性质与基本业务 ... 7
- 第三节 旅行社的组织结构与分类制度 ... 13
- 第四节 旅行社的设立 ... 17
- 第五节 旅行社管理相关法规 ... 21

第二章 旅行社产品开发设计 ... 27
- 第一节 旅行社产品内涵与形态 ... 28
- 第二节 旅行社产品开发与设计的方法 ... 31
- 第三节 旅行社产品定价 ... 39
- 第四节 旅行社产品知识产权保护及品牌化管理 ... 44

第三章 旅行社营销实务与管理 ... 55
- 第一节 旅行社市场细分与市场定位 ... 56
- 第二节 旅行社产品销售实务 ... 65
- 第三节 旅行社产品促销 ... 77

第四章 旅行社计调实务与管理 ... 94
- 第一节 旅行社计调概述 ... 94
- 第二节 旅行社计调的基本素质要求 ... 101
- 第三节 旅行社服务采购概述 ... 104
- 第四节 旅行社采购的内容及程序 ... 106
- 第五节 旅行社协作网络及管理 ... 112

第五章 旅行社接待实务与管理 ... 123
- 第一节 旅行社地接管理 ... 124
- 第二节 出境团队旅游服务管理 ... 136
- 第三节 国内散客旅游服务管理 ... 141
- 第四节 旅行社行李服务 ... 145

第六章　旅行社人力资源管理 … 153
第一节　旅行社人力资源管理概述 … 154
第二节　旅行社人力资源管理的过程 … 156
第三节　旅行社主要岗位的人力资源管理 … 164
第四节　旅行社企业文化 … 168

第七章　旅行社风险管理 … 173
第一节　旅行社风险管理概述 … 174
第二节　旅行社风险管理的步骤 … 177
第三节　旅行社风险的规避 … 179

第八章　旅行社财务管理 … 187
第一节　旅行社财务管理概述 … 187
第二节　旅行社资产管理 … 190
第三节　旅行社成本与税费管理 … 193
第四节　旅行社营业收入与结算管理 … 196
第五节　旅行社财务分析 … 201

第九章　旅行社网络化与信息化管理 … 212
第一节　在线旅行服务业的发展现状 … 212
第二节　旅行社信息化与网络技术应用 … 216
第三节　旅行社网络化与信息化发展及监管 … 222

第十章　我国旅行社业的发展现状及未来发展趋势 … 227
第一节　我国旅行社业的发展现状 … 228
第二节　我国旅行社业的未来发展趋势 … 235

参考文献 … 241

附　录 … 243

第一章 导 论

学习目标

旅行社是人类活动发展到一定阶段的产物,是伴随着社会经济的发展而产生和发展的。19世纪源于英国的产业革命为现代旅游的产生奠定了基础。改革开放以来,特别是全面加入WTO以后,中国旅行社得到了飞速发展。

通过本章学习,力求使学生对旅行社有一个全面系统的认识,增加学习兴趣。了解世界旅行社和我国旅行社产生与发展的历史;掌握旅行社的概念、性质、职能与基本业务;熟悉旅行社组织结构设计与设立条件;了解现行旅行社管理法律法规。

重要概念

旅行社;旅行社组织结构;旅行社设立

导入案例

托马斯·库克——近代旅游业的先驱

托马斯·库克(1808—1892),英国旅行商,出生于英格兰。1828年成为一名传教士,后来又成为一位积极的禁酒工作者。他开创了旅行社经营模式的先河,如规模化组团、导游服务、编印旅游手册、包价旅游、设立分社等。

托马斯·库克被誉为近代旅游业的先驱,他创业时期的一些经营理念和观点,今天看来仍然非常有价值。他曾经说,虽然观光旅行是花钱的玩意儿,但作为一个旅行事业的经营者,一定要把旅游者的钱包当作自己的钱包,替他们着想,能省一文就省一文,万万不可因为游客不熟悉外地的情形而胡乱开价。直到现在,这段话还在英国旅行社行业内被奉为金科玉律。同时,托马斯·库克还是一位出色的导游,他曾经当过传教士,口才很好,能把各地的风土人情、历史渊源用亲切的口吻娓娓道来,不仅如此,他还规定导游人员要在旅途中向游客做几次简报式的介绍,就像讲故事,有时还用图标、画片做道具,以加强旅游者的印象。在生活起居方面,他对旅游者的照顾也十分周到,他经常说,出远门的旅游者就跟小孩子一样,需要特别的照顾和关怀。

在产品设计上,托马斯·库克组织的几个特殊旅游团,一直为人们津津乐道,如百慕大蜜月旅行、巴厘岛观光等,都是非常吸引人的旅游活动。经营旅行观光事业,不仅是带别人去游山玩水，更是探求新知识、新事物的先锋队，这是老年时期托马斯·库克的理想。

尽管 2019 年 9 月，拥有 178 年历史的老牌旅行服务商托马斯·库克宣布破产，但是托马斯·库克一生创造性地经营着新兴的旅游业，在世界旅游史上创造了许多项第一。托马斯·库克作为世界近代旅游业的创始人，他的名字已成为旅游的代名词。

资料来源：中国旅游网．

第一节　旅行社的产生与发展

一、世界旅行社的产生与初期发展

(一)世界旅行社的产生

旅行社是人类活动发展到一定阶段的产物，起源于英国的产业革命，对 19 世纪的世界科学发展产生了重要的影响，也为现代旅游的产生奠定了基础。

首先，产业革命对旅游需求的产生具有重要的影响。它加快了城市化的进程，把人们的生活与工作中心从农村转移到城市，但是，紧张的城市生活和嘈杂拥挤的社会环境，又使人们产生回归自然，追求宁静悠闲生活的愿望。同时，产业革命也改变了人们的工作性质，大工厂的工作使人们倍感枯燥，为了避开这种压抑的生活，人们渴望放松、休息和调整。另外，产业革命使旅游者的阶层日益广泛，旅游已经不再是王公贵族们的专利。新兴的资产阶级也积累了大量财富，成为有钱又有时间的新贵，度假、旅游成为他们日常生活的重要内容；产业革命提高了生产力，工人阶级也有了一定的闲暇时间，成了旅游活动的参与者；产业革命还带来了商业和对外贸易的空前发展，商务考察、业务洽谈和市场开拓促进了全球性旅游的发展。

其次，产业革命在旅游供给方面也产生了重要影响。产业革命为现代旅游的实现奠定了基本条件。1769 年，瓦特发明了蒸汽机，并很快应用在交通工具上，为旅游活动提供了快速、廉价、运输量大的交通工具。1807 年，美国克莱蒙特号在哈德逊河上开辟了定期航班；1830 年，第一列客货两用火车开始定期往返于英国利物浦和曼彻斯特之间；1838 年英国德西留斯号蒸汽轮船首次成功横渡大西洋，大大缩短了欧洲与美洲的距离；1839 年，美国南卡罗来纳州的铁路列车上首次挂了两节游览车厢；19 世纪下半叶出现了铁路海路联运，火车和轮船也变得越来越便捷。随着铁路的四处延伸和轮船航运的日益兴旺，铁路、公路沿线和码头纷纷建立起各种供游人使用的旅馆、饭店，交通枢纽城市的产业结构也因此发生了变化。

可以说，产业革命使当时整个社会经济高速发展，极大地改变了人类社会的经济生活，19 世纪中叶，西欧、北美各国社会经济基础稳固，交通运输技术快速发展，人们的工作性质和生活方式有所改变，有了更多的带薪假期，所有这一切，都为旅行社的产生提供了机会和条件。然而，要使旅游需求转化为现实的旅游活动，还有语言交流、异地民俗禁忌、旅行常识、货币兑换等方面的障碍需要消除。一批敏锐捕捉市场信息的先行者意识到旅行服务的市场价值,开始代理旅行事务。其中,托马斯·库克就是一位将组织旅游活动作为自己职业的人,被尊为"旅行社之父"。

1841年7月5日,托马斯·库克组织了世界上第一次团体包价旅游。他包租了一列火车,运载570人,从莱斯特到拉夫伯勒参加一次禁酒大会,全程往返39公里,每人收费1先令,费用包括交通费、乐队演奏费、一次野外午餐和午后茶点。这是世界上第一次团体包价旅游,同时也标志着近代旅游业的开端,其主要意义体现在:

第一,它具备了现代旅行社组团的基本特征,体现了参与人员的规模性和广泛性;

第二,开创了现代旅行社的全程陪同业务,托马斯·库克在此次活动中作为发起人、筹备者、组织者和陪同者,自始至终随团陪同。

因此,这次活动虽然是非商业和非观光消遣性的,但其中的成功经验却为托马斯·库克正式开展商业性旅游经营活动、创办专业旅行代理机构奠定了良好的基础。

随后,他又多次组织类似的活动,并从中认识到旅游市场的巨大商机。1845年,托马斯·库克开始举办商业性的旅行业务。1845年夏天,托马斯·库克组织了世界上第一个350人的团体观光消遣旅游团,从莱斯特到利物浦,为期一周。此次活动确立了团体旅行代理业务的基本模式,其重要特征在于:

第一,此次活动是纯商业营利目的的;

第二,此次活动是一次超过24小时、以观光游览为目的的长途旅游活动;

第三,为此次活动专门编写出版了世界上第一本旅游指南《利物浦之行手册》;

第四,此次活动之前做了大量的考察和预订工作,首创了低价团体旅行模式;

第五,此次活动是一次有组织的旅行社业务活动,有全程陪同和地方导游引导旅游者完成旅行。

1855年,托马斯·库克以包价的形式组织了从英国莱斯特到法国巴黎的出国旅游,这是世界上首例出国包价旅游活动。1872年,库克组织了世界上第一个包价环球旅游团,该团由9人组成,行程4万公里,历时222天,历经十几个国家。

1865年,托马斯·库克正式在伦敦开设了自己的旅游办事处——托马斯·库克父子公司,标志着世界上第一个以营利为目的、向社会大众提供专业化旅游服务的机构正式成立。20世纪初,托马斯·库克父子公司已发展成为一个以旅游、银行和航运为主营业务,市场范围遍布世界各地的多元化、跨国经营的大型旅游公司。

(二)世界旅行社的初期发展

托马斯·库克的成功吸引了很多商人的关注,越来越多的人意识到了旅游需求蕴藏的巨大市场潜力和机会。在世界各国,尤其是发达国家,各种类似的旅游组织和机构迅速发展起来,也有一些组织和机构开始进入旅游经营活动中。

1850年,美国运通公司开始兼营旅行代理业务,并随后于1891年发行了与现代使用方法相同的旅行支票,又于1895年和1896年分别在巴黎和伦敦开设了旅游办事处,专为来访的美国人代办各类旅行事宜。英国1857年成立了登山俱乐部,1885年成立了帐篷俱乐部;法国、德国1890年成立了观光俱乐部;日本1893年成立了专门接待外国旅游者的"喜宾会",1926年正式定名为"日本交通公社"。到20世纪20年代末,已经有50多个国家设立了专门的旅游管理机构和父子公司。英国的托马斯·库克父子公司、美国的运通公司和比利时的铁路卧车公司成为当时世界旅行社行业的三大巨头。全世界旅行社的数量有了大幅度的增加,规模也得以扩大,旅游产品的内容不断得到更新。

阅读资料 1-1

1. 美国运通公司(American Express)

美国运通公司创立于1850年,总部设在美国纽约,是国际上最大的旅游服务及综合性财务、金融投资及信息处理的环球公司,主要通过旗下的美国运通旅游有关服务、美国运通财务顾问及美国运通银行三大分支机构营运,在信用卡、旅行支票、旅游、财务计划及国际银行业占领先地位,是反映美国经济的道琼斯工业指数的30家公司中唯一的服务性公司。美国运通旅游有关服务(American Express Travel Related Services),是世界最大的旅行社之一,在全球设有1700多个旅游办事处。美国运通旅游有关服务提供旅游及相关咨询服务,向个人客户提供签账卡、信用卡以及旅行支票,同时也向公司客户提供公司卡和开销管理工具。

2. 日本交通公社(JTB)

JTB是日本最大的旅行社,每年从日本向海外输送将近300万日本旅游者。JTB还是最早在中国设立常驻机构的海外旅行社。1982年就在北京饭店设立了北京事务所。1984年在上海、广州设立了常驻事务所。JTB与中国众多的旅行社有着长久的伙伴关系,签约的旅行社最多时达到150多家外联社,200多家接待社。最少时也与80多家外联社和100多家接待社保持密切的业务合作关系。几乎与中国所有的大型旅行社都保持相当数量的业务联系。

二、中国旅行社的产生与发展

与世界其他国家相比,中国旅行社的产生与发展有自己的特点,概括来看,大致经历了五个阶段。

(一)萌芽时期(1923—1948)

旅游活动在中国有着悠久的历史,但当西方国家旅行社兴起时,中国却处在封建社会向半殖民地半封建社会转变的过程中,仍然闭关锁国。1840年鸦片战争以后,帝国主义列强在中国开辟通商口岸、修建铁路码头,客观上为我国近代旅游业的发展和旅行社的产生奠定了一些条件。西方商人、传教士、学者和冒险家来到中国,中国的一些爱国青年也纷纷出国求学和考察,国际往来不断增多。20世纪初,中国的各项旅游业务被一些外国旅行社在中国的代办机构所包揽,如美国运通公司(美国运通银行上海分行旅行部)、通济隆公司(托马斯·库克父子公司)等。

1923年,镇江商人陈光甫在其开设的上海商业储蓄银行设立了旅行部,这是中国第一家由华人经营的旅游企业。最初的业务主要是代售车票、预订宾馆、代管行李、提供导游服务和发行旅行支票。1924年,该部组织了由上海去杭州的首批国内团体旅游;1925年,组织了第一批赴日"观樱旅行团";1927年,出版了中国第一本和旅游相关的杂志《旅行》,并先后在铁路沿线和长江主要港口城市设立了11个办事处。1927年6月1日,旅行部从银行中独立出来,更名为中国旅行社。

从此,中国各地先后出现了不少旅游企业,如旅游服务社、浙江名胜导游团、中国汽车旅行社、萍踪旅行团、现代旅行社等。但由于当时中国战事不断,这些企业后来大多自然解体。

(二)初创时期(1949—1984)

中华人民共和国成立以后,为保护华侨、侨眷的正当利益,方便他们出入境,1949年我国政府在厦门成立了第一家旅行社——厦门华侨服务社;到1956年,中国已经有18个省市开办了华侨服务社;1957年,华侨服务总社在北京成立;1974年更名为中国旅行社(简称国旅),由中央政府和各地侨办负责。

同时,随着中国国际地位的提高,为了进一步加强国际交流合作,国家决定在为华侨服务的旅行社之外,再建立一个负责接待外国自费旅游者的旅行社机构。1954年,在北京成立了中国国际旅行社总社(简称中旅),并在上海、杭州等12个城市成立了分支社,由中央政府和地方政府外事办公室直接领导。1980年,中国青年旅行社(简称中青旅)成立,主要面向来华的海外青年旅游者,至此,形成了中国旅行社行业的寡头垄断局面。根据国家旅游局规定,当时全国只有国旅、中旅、中青旅三家总社具有国际旅游外联的权利,他们之间有相对明确的业务分工。

(三)从垄断到竞争时期(1985—1996)

1985年,《旅行社管理暂行条例》颁布,将我国的旅行社分为一类、二类和三类社,其中一类和二类社为国际旅行社,但是只有一类社享有外联权。1996年,《旅行社管理条例》出台,将旅行社类别调整为国际和国内两类,取消了一类社和二类社的界限,至此,外联权得以充分下放,我国旅行社行业由垄断走向竞争。这一阶段也是我国旅行社行业管理从起步迈向法制化的过程,行业管理不断法制化和成熟化。

(四)进一步开放中的旅行社业(1997—2009)

1997年,国务院批准的《中国公民自费出国旅游管理暂行办法》的发布和实施,使得中国旅行社行业所面临的旅游市场开始从入境和国内的二元市场转向出、入境和国内游的三元市场。2001年,我国加入WTO以后,旅行社行业进一步向国际市场开放,外商开始进入中国旅行社行业,以中外合资和外商独资的形式开展旅游业务。这一阶段也是我国在线旅行服务从萌芽走向成熟的发展历程,一些如今已经在不同细分市场居于垄断地位的在线旅行服务企业均在这一阶段成立,如携程、同程、途牛等。

(五)从旅行社业向旅行服务业的拓展(2010年至今)

2010年以来,我国旅行社产业正面临着剧烈的市场环境变化,在线旅游商业模式不断创新,传统旅行社业务不断被各类新型经营主体所瓜分与替代,旅行社业务的外延在不断扩大,边界不断被模糊,传统旅行社的经营模式受到了前所未有的挑战,促使我国旅行社业向旅行服务业转变。但是,从旅行服务业的行业属性来说,与以往经营传统业务的旅行社业一样,仍属于中介型、服务增值型产业,其作用是连接食、宿、行、游、购、娱等旅游服务供应商和游客,主要是为人们的出行提供便捷的服务协助,主要由经营传统旅游业务的线下旅行社企业和经营在线业务的旅行服务企业构成。

阅读资料 1-2

表 1-1　　2019 年全国百强旅行社前十名

次序	旅行社名称
1	中国旅行社总社有限公司
2	中国国际旅行社总社有限公司
3	中青旅控股股份有限公司
4	中国康辉旅行社集团有限责任公司
5	上海春秋国际旅行社有限公司
6	广之旅国际旅行社股份有限公司
7	上海锦江国际旅游股份有限公司
8	港中旅国际旅行社有限公司
9	中国中信集团中信旅游总公司
10	上海航空国际旅游(集团)有限公司

2001 年中国政府正式加入 WTO,在旅行社领域的市场准入方面,承诺从加入 WTO 之日起,年全球旅游收入超过 4000 万美元的境外旅行社可以在中国申办由中方控股的合资旅行社,申办地域为我国政府指定的旅游度假区和北京、上海、广州、西安四个城市;加入 WTO 后 6 年以内,允许设立由外资控股的合资旅行社,取消地域限制。2003 年 6 月,国家旅游局和商务部共同颁布了《设立外商控股或外商独资旅行社暂行规定》,中国旅行社迎来了全面开放的新时期。截至 2009 年,有 30 家外资旅行社成立,其中外商独资旅行社 15 家、外商控股合资旅行社 8 家、中方控股合资旅行社 7 家。2010 年 8 月 29 日,国家旅游局和商务部正式通过并公布《中外合资经营旅行社试点经营出境旅游业务监管暂行办法》,并自 9 月 7 日起至 9 月 30 日受理中外合资经营旅行社试点经营出境旅游业务的申请。根据办法规定,取得试点资格的中外合资经营旅行社可以从事招徕、组织、接待中国内地居民出国旅游和赴香港、澳门特别行政区旅游的经营活动。

案例 1-1

中国旅游业的创始人——陈光甫

陈光甫,原名辉祖,后易名辉德,字光甫,江苏镇江人。他既是中国著名的银行家,被誉为"中国最优秀的银行家""中国的摩根",也是近代中国旅游业的创始人。他 1909 年毕业于美国宾夕法尼亚大学,同年回国。1911 年辛亥革命后,任江苏省银行监督。1914 年转任中国银行顾问。1915 年 6 月创办了上海商业储蓄银行。1927 年创办中国旅行社。1950年陈光甫将上海商业储蓄银行香港分行易名为上海商业银行,在香港注册。

20世纪20年代初期,中国的旅游业还处于空白,当时的旅游业务基本上是由外国在中国的金融机构包揽,如英国的通济隆公司、美国运通公司等在中国都设有旅行部,包办中外旅客一切旅行业务。1923年夏,陈光甫在香港拟往云南旅行考察,到一外商经营的旅行社购买船票时受到冷落,遂毅然决定创办中国人的旅行社,即于当年8月在上海银行设立旅行部,并呈请当时的交通部批准代售铁路车票。上海商业银行旅行部最初仅在上海代售沪宁、沪杭的火车票,后陆续与长江航运、南北海运及外国各轮船公司订立代办客票合同,推广至京绥、京汉、津浦各铁路,并在各地分行增设了若干旅行社分社。随着旅游业务的扩大,1927年,陈光甫将旅行部从银行中分出来,成立了中国旅行社,各分行的旅行部为下属分社。至此,正式出现了中国人自己的大型旅游经营机构。1930年12月,陈光甫北上旅行经徐州车站时,看到三等车乘客在车站风餐露宿的情景,又安排中国旅行社在若干地区设立了招待所和食堂。当年,他又聘请赵君豪为主编,创办了我国第一家旅游刊物《旅行》,该杂志图文并茂,介绍国内外名胜古迹,启发提高中国人对祖国大好河山的热爱及旅游兴趣。

资料来源:中国旅游网.

第二节 旅行社的性质与基本业务

一、旅行社的性质与职能

(一)旅行社的性质

根据2020年11月29日国务院公布施实的《旅行社条例》规定:旅行社是指从事招徕、组织、接待旅游者等活动,为旅游者提供相关旅游服务,开展国内旅游业务、入境旅游业务或者出境旅游业务的企业法人。可以看出,旅行社是"有营利目的,从事旅游业务的企业"。其中旅游业务,是指"为旅游者代办出、入境和签证手续,招徕、接待旅游者,为旅游者安排食宿等有偿服务的经营活动"。

作为旅游企业中的一类,旅行社具有以下性质。

1. 营利性

旅行社首先是一种企业形态,营利性是所有企业的共性,也是其根本性质。企业的最终目标是追求利润最大化,旅行社也是一个独立核算、自负盈亏的经营性组织,因而也担负着营利的重任。

2. 中介性

旅行社作为旅游者和旅游服务供应商、旅游客源地与目的地之间的纽带,把饭店、交通、景点、旅游购物商店等部门联结起来,极大地促进了旅游产品的销售。

3. 服务性

旅行社作为一种典型的服务企业,出售给旅游者的是一个包含了相关旅游服务的体验产品,服务始终是旅行社产品的核心。

(二)旅行社的职能

旅行社要满足旅游者在旅行和游览方面的各种需要,同时协助交通、饭店、景点、娱乐场所和旅游购物商店等旅游服务供应企业将其旅游服务产品销售给旅游者。具体地讲,其职能可分为以下五个方面(表1-2)。

表1-2　　　　　　　旅行社基本职能类型

旅行社基本职能	主要表现形式
生产职能	设计和组装各种包价旅游产品
销售职能	销售包价旅游产品,代销其他企业产品
组织协调职能	组织各种旅游活动,协调与各有关部门(企业)的关系
分配职能	分配旅游费用,分配旅游收入
提供信息职能	向有关部门(企业)提供旅游市场信息,向旅游者提供旅游目的地、有关部门(企业)及旅游产品的信息

1. 生产职能

在我国,旅行社大多以低于市场的价格向饭店、旅游交通和其他相关部门批量购买旅游者所需的各种服务项目,然后进行组合加工,并融入旅行社自身的服务内容,形成产品。旅行社最终出售的是一件完整的旅游产品,而非组成旅游产品的"生产原料"。就此意义而言,旅行社具有生产职能。

2. 销售职能

旅行社的销售职能具体体现在两个方面,一是旅行社销售自己设计生产的产品,也就是包价旅游线路;另一方面,旅行社还代销饭店、交通等其他企业的产品。

如果没有旅行社,旅游者就必须自行搜集信息,办理各种烦琐的手续,无疑会在一定程度上扼制旅游者外出旅游的需求。因此,旅行社承担起沟通买卖双方的任务,使旅游产品更顺利地进入消费领域。

3. 组织协调职能

旅游活动涉及食、住、行、游、购、娱等众多方面,旅行社要保障旅游活动的顺利进行,就必须担当起其独特角色,即发挥组织协调的作用,与其他旅游供应部门建立一种相互依存、互惠互利的合作关系,为旅游者提供所需要的各种服务。

另外,旅行社还经常组织各种大型旅游活动或专业旅游活动,这也同样需要大量的组织工作。在实际工作中,旅游者对旅行社的服务是不是满意,很大程度上取决于其是不是具备比较强的组织协调能力。

4. 分配职能

旅行社在整个旅游行业的产业链中处于下游的地位,向上游企业购买各种服务,然后直接面向消费者进行销售。旅游者在整个旅游过程中接触到很多经济部门和企业,但是他们把全部的费用一次性地付给旅行社,所以旅行社必然要承担经济利益分配的职能,按照事先和各个企业部门订立的合同合理地分配旅游收入。

5. 提供信息职能

旅行社的提供信息职能主要表现在两个方面:一方面,旅行社要将旅游者需求及时提供给各相关企业和部门;另一方面,要将旅游产品的信息传递到旅游市场上去,以促使旅游者购买。

二、旅行社的行业特点

任何一个行业,由于其经营内容和方式的不同,各有其不同的行业特点,旅行社行业也是如此。

(一)劳动密集性

首先,除了少数大型旅行社之外,绝大多数的旅行社所拥有的固定资产数量和价值都较少,员工是主要资源,工资性支出占其全部经营成本的比重很大。其次,旅行社行业属于第三产业,是以提供劳务产品为主的服务型企业,对资金、设备的需求量较小,而对劳动力的需求量相对较大。最后,旅行社的主要收入来源是其员工提供的服务,如导游服务、单项旅游服务项目的代办等。因此,旅行社是典型的劳动密集型企业,劳动密集性是旅行社行业的一个显著特点。

(二)智力密集性

旅行社的主要业务之一是为旅游者提供旅行生活服务和景区景点导游讲解服务,这是一项复杂的脑力劳动,要求工作人员有广博的知识和较高的文化素质。旅行社经营成功与否,在很大程度上取决于它所拥有的员工的知识水平和工作能力。因此,无论是旅行社的管理人员、导游人员,还是产品设计人员和旅游服务采购人员,都要求经过比较系统的专业教育和培训,具有较强的学习能力和知识运用能力,具有旅游专业知识、管理专业知识和文化知识。从事入境旅游和出境旅游业务的旅行社员工,还必须能够熟练运用至少一门外语。由此可见,旅行社行业具有明显的智力密集性特点。

(三)业务季节性和地区性

旅游目的地的自然条件和旅游客源地的休假制度造成了旅游市场上的旅游需求具有明显的季节性。因此,在旅行社的经营中,也就具有比较明显的淡季和旺季差异,同样表现出季节性特征。同时,在地区与地区之间,由于经济发展程度、资源条件、交通和接待设施等多种因素的影响,旅行社业务也呈现出明显的地区性差异。

(四) 工作关联性

旅行社是旅游产业链中的下游行业,它与位于同一产业链中的交通行业、住宿行业、餐饮行业等上游行业及其他行业之间存在着一种相互依存、互利互惠的合作关系。这种合作关系导致了旅行社行业的关联性。旅行社行业的经营和发展,与其他旅游行业及相关行业的经营和发展是均衡和同步的。无论旅行社行业的发展超越还是落后于其他行业,都会使其蒙受损失。因此,旅行社必须在确保自身利益的前提下,与其他旅游行业及相关行业保持密切的合作关系,以保障旅游者的旅游活动在各个环节都能够得以顺利衔接与落实。

(五) 市场脆弱性

旅行社行业受到旅游需求和旅游供给两个方面的影响和制约,具有比较明显的脆弱性特点。主要表现在:第一,由于旅行社的产品具有比较大的替代性和需求弹性,所以多数旅行社产品价格的涨落或质量的升降都可能造成旅游客源和经营结果的大起大落。第二,外部环境对旅游者的消费行为具有显著的影响。例如,国际政治气候与国家间关系的变化,经济的繁荣与萧条,物价与汇率的升降,战争、灾害、恐怖活动的因素,都可能导致旅游客源市场需求产生迅速而明显的上升或下降,或者造成大量旅游者从某个旅游目的地转移到其他旅游目的地,从而给旅行社的经营带来意想不到的影响。第三,旅行社产品的生产和销售受其上游企业的供给状况影响较大,一旦上游企业对旅行社的供给发生变化,就可能导致旅行社产品成本和价格产生剧烈的变动,从而造成旅行社经营上的不确定性,并影响旅行社的经营效果及在旅游市场上的形象和信誉。

(六) 服务主体性

在旅行社业中,服务劳动起着主体作用。旅行社提供给旅游者的服务既包括直接服务,也包括间接服务。直接服务是指旅行社的导游人员面对面地向旅游者提供旅行生活服务和讲解服务。间接服务则包括旅行社的采购人员提供的各种单项旅游服务代办等。旅行社的服务性特点要求旅行社必须坚持服务标准,制定和执行规范化的服务规程,以保证其服务内容和程序的确定性、一贯性,并符合国家及行业的相关质量标准。同时,旅行社还应该在规范化服务的基础上,提供个性化的服务,以便更好地满足不同旅游者的个性化需求。因此,旅行社应该培训并鼓励员工做好适合旅游者需要的超规程服务。

三、旅行社的基本业务

尽管不同类别、规模的旅行社在业务范围上有所不同,但基本业务是相同的,目前我国旅行社的业务有下述六类。

(一) 产品开发业务

旅行社的主要工作是以旅行社产品为媒介,为旅游者提供旅游服务,满足旅游者多种多样的需求。因此,开发出适合旅游者需要的产品是旅行社提供服务的前提,同时也是旅行社赖以生存和发展的基础。旅行社的重要业务之一是在充分调查研究的基础上,科学地进行市场预测分析,结合自身特点和条件,开发出适销对路的产品。同时,对已开发产品进行检查和评估,不断完善、改进。

(二)旅游服务采购业务

旅游服务采购业务是指旅行社为生产旅游产品而向相关旅游服务供应部门或企业购买各种旅游服务要素的一种业务活动。旅游者需要什么服务,旅行社就采购什么服务,如交通、住宿、餐饮、景点游览、娱乐等。另外,组团旅行社还需要向旅游线路沿途的各地接旅行社采购接待服务。

(三)产品销售业务

旅行社开发了消费者需要的产品之后,还必须做好销售工作。旅行社只有把自己设计和生产的旅游产品销售给旅游者,才能获得所期望的利润。旅行社销售业务主要包括制定销售战略、选择销售渠道、确定产品销售价格、制定促销策略等工作。

(四)接待业务

旅行社将旅游产品销售给旅游者之后,还要为其提供向导、讲解和旅途照料等接待服务。这一接待过程,既是旅游者消费旅游产品、实现产品效用的过程,也是旅行社供给旅游服务、实现产品价值的过程。旅行社的接待业务不仅涉及面广、技能要求高、操作难度大,而且还非常重要,它直接影响旅游者对旅游活动的感受,从而影响旅行社的声誉。

(五)计调业务

计调业务在旅行社业务中属于不太稳定的一类,其业务范围常随着旅行社功能的加强而延伸,因此,不同旅行社对计调的要求也不尽相同。小型旅行社一般没有独立的计调部门,计调业务一方面是为旅游者安排旅行游览,另一方面主要是承接与旅游有关的代订机(车、船)票,安排食宿等各种单项委托业务;大中型旅行社会设立专职的计调岗位或部门,对外代表旅行社同旅游供应商(上下游行业)建立广泛的协作网络,签订有关协议,取得代办人身份,以保证提供旅游者所需的各项委托事宜,并协同处理有关计划变更和突发事件;对内则做好联络和统计工作,为旅行社业务决策和计划管理提供信息服务。

(六)财会业务

旅行社财会业务是旅行社会计与财务管理业务的统称,其业务内容涉及旅行社的组团或接待的会计核算与结算业务;应收、应付账款往来业务;会计账簿、财务报表的填报、上报与分析等各项内容,是以货币形式计量、保证和监控旅行社各项经营活动运转的重要的基本业务之一。

旅行社业务的操作流程如图1-1所示。

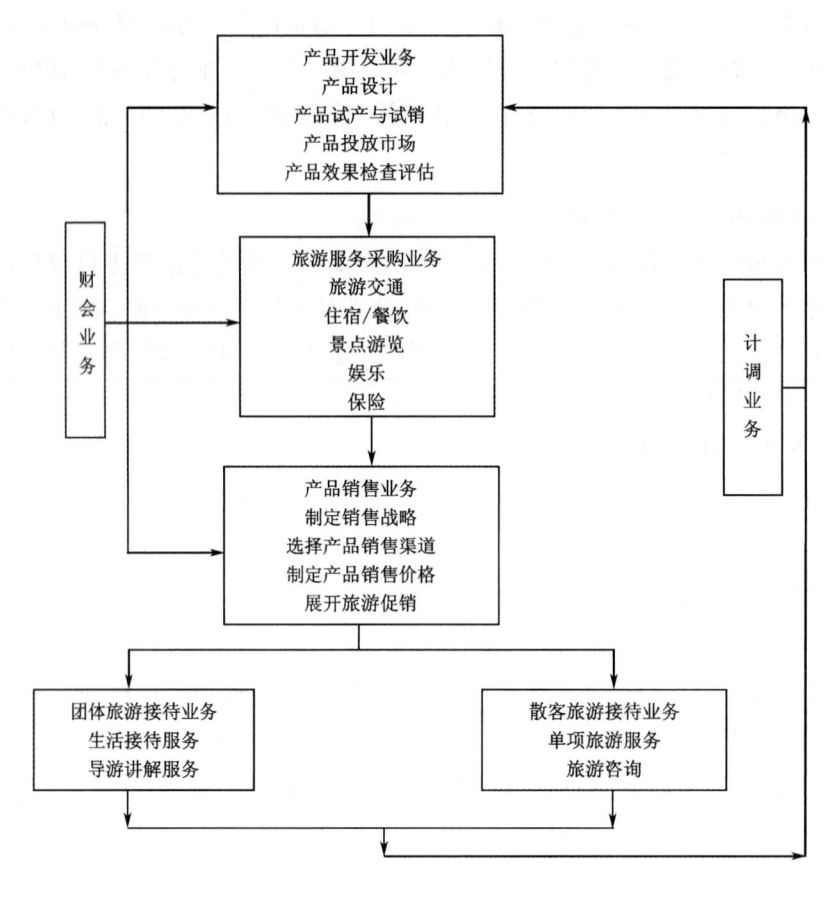

```
                    ┌─────────────────────┐
                    │   产品开发业务       │
                    │   产品设计           │
          ┌────────→│   产品试产与试销     │←────────┐
          │         │   产品投放市场       │         │
          │         │   产品效果检查评估   │         │
          │         └──────────┬──────────┘         │
          │                    ↓                    │
       ┌─────┐       ┌─────────────────────┐     ┌─────┐
       │ 财  │       │  旅游服务采购业务    │     │ 计  │
       │ 会  │       │  旅游交通           │     │ 调  │
       │ 业  │──────→│  住宿/餐饮          │←────│ 业  │
       │ 务  │       │  景点游览           │     │ 务  │
       │     │       │  娱乐               │     │     │
       └─────┘       │  保险               │     └─────┘
                     └──────────┬──────────┘
                                ↓
                     ┌─────────────────────┐
                     │  产品销售业务        │
                     │  制定销售战略        │
                     │  选择产品销售渠道    │
                     │  制定产品销售价格    │
                     │  展开旅游促销        │
                     └──────────┬──────────┘
                     ↓                    ↓
          ┌─────────────────┐   ┌─────────────────┐
          │ 团体旅游接待业务 │   │ 散客旅游接待业务 │
          │ 生活接待服务     │   │ 单项旅游服务     │
          │ 导游讲解服务     │   │ 旅游咨询         │
          └─────────────────┘   └─────────────────┘
```

图 1-1　旅行社业务的操作流程

案例 1-2

OTA 布局线下门店，线上线下双向融合

随着流量红利的消失，在线旅游市场呈现多强格局，市场进入缓慢增长期，对现有市场份额的争夺将更为激烈，仅仅依靠线上已经不足以改变市场格局。

2016 年 10 月携程计算机技术（上海）有限公司投资重庆海外旅业（旅行社）集团有限公司。双方在产品打造、渠道共享等多个方面进行合作，甚至在旅游百事通的门店中开设双品牌"携程·旅游百事通"，从而推进携程品牌的落地以及线上线下销售的联动。除了携程，去哪儿早已宣布进军线下，以"0 加盟费，扶持年轻人创业创新，共享经济"为口号打开线下渠道加盟。

线下门店在一定程度上承载着行前和行中服务的功能。随着价格战的平息，OTA（Online Travel Agency，在线旅行社）的竞争格局已经相对稳定，目前线上流量的红利也到了增长缓慢的阶段，过去两三年，同程、途牛、驴妈妈等都进行了线下门店布局，这种线上线下结合的愿景是：线上向线下导流，用户到店可以感受场景化的体验；线下获客，线上交易，形成互补。

OTA布局线下门店,大致分为两个流派:一是以同程为代表的直营派。同程自2015年下半年开始加大线下布局力度,目前在全国200多个城市开设了超过300家的旅游体验店,同程作为一家过去以线上为主的OTA企业,看到了线下的优势,希望通过"大数据+人"的模式,打通线上线下,实现二者融合。二是以携程、去哪儿为代表的加盟派。目前携程、去哪儿、旅游百事通三者的产品库已实现实时对接,三大品牌的线下运营工作将统一交由旅游百事通完成。

从全球范围来看,旅行社的线下门店依然具有很大的价值,尤其是在线上流量被巨头垄断、线上获客成本昂贵的条件下,线下门店提供的销售服务能带来的效益更加突出。在线旅游最大的优势在于销售和资源调配,但还需要线下门店的服务;而传统旅行社的地面网络是优势,也可以平台化。未来线上线下旅游服务通过双向融合发展,相互介入,两者完全可以做到互利共赢。

资料来源:《中国旅行社行业发展报告2017》.

第三节　旅行社的组织结构与分类制度

由于不同国家和地区的历史、文化、传统和社会制度不同,旅行社在经营范围、产品品种、企业规模等方面存在着一些差异,形成了不同的组织结构和分类制度。

一、旅行社的组织结构

(一)按照职能划分部门

按照职能划分部门是小型旅行社和新开业的旅行社常用的组织结构模式(图1-2)。这种组织结构模式的特征是权力高度集中,上下级之间实行单线从属管理,总经理拥有全部权力,尤其是经营决策与指挥权。在这种组织结构中,旅行社的业务部门和管理部门按照内部生产过程划分和设立,其中业务部门包括外联部、计调部、接待部、综合业务部等,负责旅行社的经营管理活动;管理部门则涉及办公室、财务部、人力资源部等部门。由于各地旅行社发展进程不一,业务范围也不尽相同,所以按照职能划分的部门组织结构、部门名称和所起的作用会略有差异,但是旅行社设立的主要业务部门和管理部门基本一致。

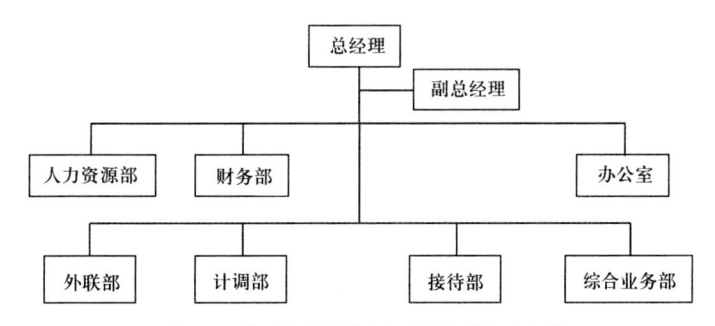

图1-2　按照职能划分部门的旅行社组织结构

按照职能划分部门的组织结构模式的优点主要表现在:第一,部门之间分工明确。

在这种组织结构里,每一个部门都有明确的业务和工作,每一位员工都对其所承担的任务有明确的了解,有利于提高工作效率。第二,组织结构稳定。不同部门之间的人员流动较少,有利于员工长期钻研某种业务。第三,符合专业化协作原则。每一个部门和岗位都配备具有该部门或岗位所需专业知识和专业特长的员工,能够充分发挥这些专业人员的知识和才能。第四,提高管理者权威。此种组织结构实行上下级单线管理的方式,旅行社的经营决策权和管理决策权高度集中于旅行社的最高管理层,有利于提高管理者权威。

按照职能划分部门的不足之处,主要表现在:第一,各个职能部门之间协作困难。容易造成各个部门从本部门利益出发,忽视其他部门利益,甚至会损害整个企业的利益,致使旅行社内部冲突增加,难以协调。第二,组织结构缺乏弹性。按照职能划分部门的组织结构不够灵活,难以及时调整其部门结构以适应瞬息万变的市场。

(二)按照地区或语种划分部门

按照地区或语种划分部门的组织结构是大、中型旅行社常用的组织结构模式(图1-3)。它是旅行社内部对于具有独立的产品和市场、独立的责任和利益的部门实行分权管理的一种组织形态。在这种组织结构中,旅行社把政策制定与行政管理分开,旅行社的最高管理层是最高决策管理机构,以实行长期计划为最重大的任务,集中力量来研究和制定企业的总目标、总方针、总计划及各项政策。旅行社的各个部门则具有外联、计调和接待等功能,在不违背总目标、总方针、总计划的前提下,自行处理各项业务经营活动,成为日常经营活动的中心。

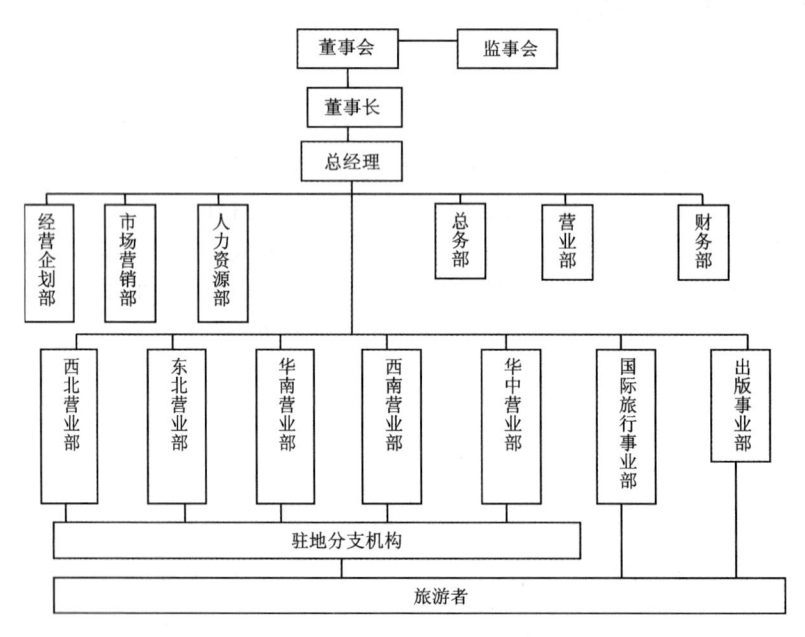

图1-3 按照地区或语种划分部门的旅行社组织结构

按照地区或语种划分部门的组织结构的优点是:首先,它能使最高管理部门摆脱日常行政事务,成为坚强有力的决策机构;其次,它扩大了各个部门的业务衔接和利益分配,发挥了各个部门经营管理的主动性;再次,它是培养管理人才的最好的组织形式之一,除了不必操心财务资源的筹措外,部门经理必须处理各种经营发展问题,如市场、人力、技术等,从而使部门经理得到充分的培养和锻炼,为他们在今后承担更重要的管理任务打下基础。

阅读资料 1-3

总部在德国汉诺威的国际旅游联盟(TUI)是欧洲最大的旅游集团,其经营范围包括航空、酒店、旅游批发、旅游零售乃至旅游目的地接待。此外,集团还经营旅游业之外的行业,如运输业、石油及天然气开采等。其部门划分就是按业务所在地区来划分的,如欧洲事务部、亚洲事务部、美洲事务部、中东事务部等。

按照地区或语种划分部门的组织结构的不足之处是,对部门经理的管理水平和知识水平要求较高。在这种组织结构中,每个部门都相当于一个独立的旅行社,部门经理要熟悉全面业务和具有丰富的管理知识才能胜任工作;另外,集权和分权的关系比较敏感,一旦处理不当,可能削弱整个旅行社的协调能力。

二、旅行社的分类制度

(一)欧美国家旅行社的分类制度

以欧美为代表的旅游业发达国家的旅行社,大都采用由市场经济体制内生力量作用自发形成的垂直分工体系,按照业务范围,旅行社可以划分为旅游批发商、旅游经营商和旅游零售商三类(图1-4)。

1. 旅游批发商

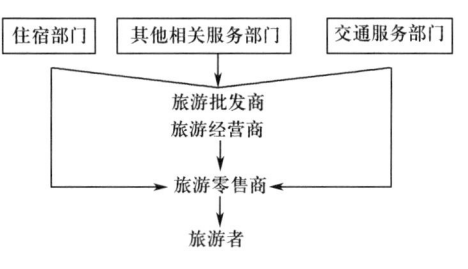

图 1-4 欧美国家旅行社的分类制度

旅游批发商是指从事批发业务的旅行社或旅游公司。旅游批发商根据市场需求,设计各种旅游产品,大批量地订购交通运输公司、饭店、旅游景点和目的地旅游接待服务等有关的产品或服务,然后将这些单项产品或服务经过加工组合后成为各种不同的包价旅游产品进行经销。旅游批发商不直接向旅游者出售产品,而是通过从事零售业务的中间商,将产品出售给旅游者。旅游批发商要按照自己设计的旅游产品制订年度计划,然后进行各类促销活动,并向中间商提供有关的咨询服务。旅游批发商的利润主要来源于旅游产品的批零差价和设计组合旅游产品产生的利润。旅游批发商一般实力雄厚、经营规模较大,如美国运通公司、日本交通公社等,都属于旅游批发商。

2. 旅游经营商

旅游经营商的业务和旅游批发商类似,在西方许多国家中,旅行社业内人士通常将旅游批发商和旅游经营商视为同一类型的旅行社。旅游经营商和旅游批发商的不同之处在于,旅游经营商除了通过从事零售业务的中间商销售自己的产品外,还通过自己设立的零售网络直接向旅游者销售各种包价旅游产品。

3. 旅游零售商

旅游零售商是指向旅游批发商或旅游经营商购买旅游产品，出售给旅游者的旅行社，即从事零售业务的旅行社。旅游零售商是旅游批发商的下游企业，扮演着双重角色，它一方面代表旅游者向旅游批发商或有关企业购买旅游产品；另一方面又代表旅游批发商向旅游者销售产品。旅游零售商的收入来源于销售佣金。

（二）日本旅行社的分类制度

日本习惯将旅行社称为旅行业。过去一直采用一般旅行业、国内旅行业和旅行业代理店的混合分工体系。2005年4月1日起开始实施的《旅行业法》按照是否从事主催旅行业务为主要标准，将旅行社分为旅行业和旅行业者代理业两类，按照业务范围分为了四种。

1. 海外、国内主催旅行

海外、国内主催旅行可以从事入境旅游、国内旅游和出境旅游三种业务，主要开展对外旅游业务，如招徕外国人到日本旅游、组织日本国民去海外旅游等。其规模一般都比较大，如日本旅行社、日本交通公社等，职工数在千人以上。

【小知识1-1】所谓主催旅行，根据日本《旅行业法》界定，是指"旅行业者事先确定旅游目的地及日程，旅游者能够获得的运送及住宿服务内容、旅游者应支付的代价等有关事项的旅游计划，通过广告等形式募集实施的旅行"。相当于我国的包价旅游。

2. 国内主催旅行

国内主催旅行主要从事国内旅行业务，如组织日本国民和外国人在日本国内游览观光。其规模比第一种旅行业小得多，业务活动范围一般在邻县、邻府之间。

3. 海外、国内销售旅行

海外、国内销售旅行主要从事海外、国内旅游联系和销售的旅行社。

4. 旅行者代理业

旅行者代理业主要作为旅行业的零售代理店，不从事包价旅游业务。

（三）我国旅行社的分类制度

我国的旅行社分类一直沿用的是按照业务范围划分的水平分工体系。根据国务院2020年公布的《旅行社条例》，我国的旅行社按照经营业务范围划分为经营国内旅游业务、入境旅游业务或出境旅游业务的旅行社。在实际操作中，我们按照习惯分为国际旅行社、国内旅行社和外商投资旅行社三种类型。

1. 国际旅行社

国际旅行社是指经营入境旅游业务、出境旅游业务和国内旅游业务的旅行社。国际旅行社的经营范围包括以下几个方面。

(1)招徕外国旅游者来中国，招徕华侨及香港、澳门、台湾地区的同胞归国及回大陆旅游，为其代理交通、游览、住宿、饮食、购物、娱乐事务及提供导游、行李等相关服务，并接受代理委托，为旅游者代办入境、入关手续。

(2)招徕我国旅游者在国内旅游,为其代理交通、游览、住宿、饮食、购物、娱乐事务及提供导游、行李等相关服务。

(3)经国家旅游局批准,组织中华人民共和国境内居民到外国以及中国香港、澳门、台湾地区旅游,为其安排领队、委托接待及行李等相关服务,并接受旅游者委托,为其代办出境及签证手续。

(4)经国家旅游局批准,组织中华人民共和国境内居民到规定与我国接壤国家的边境地区旅游,为其安排领队、委托接待及行李等相关服务,并接受旅游者委托,为其代办出境及签证手续。

(5)其他经国家旅游局规定的旅游业务。

2. 国内旅行社

国内旅行社是指专门经营国内旅游业务的旅行社,其经营范围包括:

(1)招徕我国旅游者在国内旅游,为其代理交通、游览、住宿、饮食、购物、娱乐事务及提供导游等相关服务。

(2)为我国旅游者代购、代订国内交通客票,提供行李服务。

(3)其他经国家旅游局规定的与国内旅游相关的业务。

3. 外商投资旅行社

外商投资旅行社,包括中外合资经营旅行社、中外合作经营旅行社和外资旅行社。外商投资旅行社可以经营入境旅游和国内(除香港特别行政区、澳门特别行政区和台湾地区)旅游业务。

第四节　旅行社的设立

一、旅行社设立的条件

(一)营业场所

营业场所是旅行社经营与服务的必要条件。《旅行社条例实施细则》(2016)第六条规定旅行社的经营场所应当符合下列要求:

1. 申请者拥有产权的营业用房,或者申请者租用的、租期不少于1年的营业用房;
2. 营业用房应当满足申请者业务经营的需要。

(二)营业设施

《旅行社条例实施细则》(2016)对旅行社必要的营业设施做了规定:

第七条　旅行社的营业设施应当至少包括下列设施、设备:

1. 2部以上的直线固定电话;
2. 传真机、复印机;
3. 具备与旅游行政管理部门及其他旅游经营者联网条件的计算机。

(三)注册资本

《旅行社条例》规定,设立旅行社应有一定数额的注册资本。注册资本指旅行社成立时所填报的财产总额,包括旅行社用于正常经营活动所应拥有的固定资金和流动资金。《旅行社条例》规定,申请设立旅行社,经营国内旅游业务和入境旅游业务的,注册资本不得少于30万元人民币;旅行社取得经营许可满两年,且未因侵害旅游者合法权益受到行政机关罚款以上处罚的,可以申请经营出境旅游业务。

(四)质量保证金

质量保证金是指由旅行社缴纳,旅游行政管理部门进行管理,用于保障旅游者权益的专用款项或是向做出许可的旅游行政管理部门提交依法取得的担保额度不低于相应质量保证金数额的银行担保。《旅行社条例》规定:

(1)经营国内旅游业务和入境旅游业务的旅行社,应当存入质量保证金20万元;经营出境旅游业务的旅行社,应当增存质量保证金120万元。

(2)每设立一个经营国内旅游业务和入境旅游业务的分社,应当向其质量保证金账户增存5万元;每设立一个经营出境旅游业务的分社,应当向其质量保证金账户增存30万元。质量保证金由旅游行政管理部门进行管理,但保证金及其利息归缴纳的旅行社所有,旅游行政管理部门按比例从其利息中提取管理费。各级旅游行政管理部门在规定的权限内,依据有关法规、规章和程序,做出支付保证金赔偿的决定。支付赔偿后,有关的旅行社必须在规定的期限内将保证金补足。旅行社终止经营时,旅游行政管理部门应将保证金退还给旅行社。

上述是旅行社设立的必要条件和要素。当然,旅行社具备了上述条件不一定就能设立成功,设立旅行社还要考虑两大重要因素:一是市场发展状况,也就是旅游业的供给与需求状况;二是国家的政策和法律规定。

二、设立旅行社的一般程序

(一)申请

1.受理申请的部门

申请设立旅行社,经营国内旅游业务和入境旅游业务的,应当向所在地省、自治区、直辖市旅游行政管理部门或者其委托的设区的市级旅游行政管理部门提出申请,并提交符合规定的相关证明文件。

旅行社取得经营许可满两年,且未因侵害旅游者合法权益受到行政机关罚款以上处罚的,可以申请经营出境旅游业务。申请经营出境旅游业务的,应当向国务院旅游行政主管部门或者其委托的省、自治区、直辖市旅游行政管理部门提出申请。

旅行社设立分社的,应当持旅行社业务经营许可证副本向分社所在地的工商行政管理部门办理设立登记,并自设立登记之日起3个工作日内向分社所在地的旅游行政管理部门备案。

旅行社设立专门招徕旅游者、提供旅游咨询的服务网点应当依法向工商行政管理部门办理设立登记手续,并向所在地的旅游行政管理部门备案。

设立外商投资旅行社,由投资者向国务院旅游行政主管部门提出申请,并提交符合规定的相关证明文件。

2. 申请设立旅行社时应提交的材料

①设立申请书。内容包括申请设立的旅行社的中英文名称及英文缩写、设立地址、企业形式、出资人、出资额和出资方式、申请人、受理申请部门的全称、申请书名称和申请的时间；

②法定代表人履历表及身份证明；

③企业章程；

④依法设立的验资机构出具的验资证明；

⑤经营场所的证明；

⑥营业设施、设备的证明或者说明；

⑦工商行政管理部门出具的《企业名称预先核准通知书》；

⑧质保金的证明文件(有与银行签订的协议及注有"专用存款,不得质押"字样的银行存款单)4份；

⑨名导游的资料。

(二)审核

受理申请设立旅行社,旅游行政管理部门应当自受理申请之日起20个工作日内做出许可或者不予许可的决定。予以许可的,向申请人颁发旅行社业务经营许可证,申请人持旅行社业务经营许可证向工商行政管理部门办理设立登记；不予许可的,书面通知申请人并说明理由。

受理申请经营出境旅游业务,旅游行政管理部门应当自受理申请之日起20个工作日内做出许可或者不予许可的决定。予以许可的,向申请人换发旅行社业务经营许可证,旅行社持换发的旅行社业务经营许可证到工商行政管理部门办理变更登记；不予许可的,书面通知申请人并说明理由。

受理设立外商投资旅行社,国务院旅游行政主管部门应当自受理申请之日起30个工作日内审查完毕。同意设立的,出具外商投资旅行社业务许可审定意见书；不同意设立的,书面通知申请人并说明理由。

(三)领取旅行社业务经营许可证

审批部门同意设立旅行社的,申请者可凭正式的批准文件,到受理其申请的部门领取旅行社业务经营许可证。该许可证是旅行社经营旅游业务的资格证明,由国家旅游局统一印制,未取得的单位,不得从事旅游业务。

(四)交纳质量保证金

旅行社应当自取得旅行社业务经营许可证之日起3个工作日内,在国务院旅游行政主管部门指定的银行开设专门的质量保证金账户,存入质量保证金,或者向做出许可的旅游行政管理部门提交依法取得的担保额度不低于相应质量保证金数额的银行担保。

(五)注册登记

申请设立旅行社的单位应在收到旅行社业务经营许可证的60个工作日内,持批准设立的文件和许可证到所在地的工商行政管理部门办理注册登记,领取营业执照。

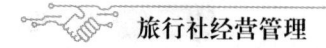

(六)办理税务登记

旅行社在正式成立后,应在领取营业执照后的30个工作日内,向当地税务部门办理税务登记。税务登记完成后,旅行社即可开始正式营业。

三、设立旅行社的特别程序

(一)设立旅行社分社

旅行社的分社指旅行社设立的不具备独立法人资格,以设立社的名义开展旅游业务经营活动的机构。根据《旅行社条例》规定,旅行社分社的设立不受地域限制。分社的经营范围不得超出设立分社的旅行社的经营范围。旅行社每设立一个经营国内旅游业务和入境旅游业务的分社,应当向其质量保证金账户增存5万元;每设立一个经营出境旅游业务的分社,应当向其质量保证金账户增存30万元。

(二)设立旅行社服务网点

旅行社服务网点是指旅行社在注册地的市、县行政区域以内设立的不具备独立法人资格,为设立社招徕旅游者并提供咨询、宣传等服务的分支机构。旅行社服务网点应当接受旅行社的统一管理,不得从事招徕、咨询以外的活动。

(三)旅行社变更

旅行社变更名称、经营场所、法定代表人等登记事项或者终止经营的,应当到工商行政管理部门办理相应的变更登记或者注销登记,并在登记办理完毕之日起10个工作日内,向原许可的旅游行政管理部门备案,换领或者交回旅行社业务经营许可证。

阅读资料1-4

设立旅行社的可行性分析报告(参考样本)

一、拟成立公司的基本情况

(一)公司名称:×××旅行社

(二)公司性质:有限责任公司

(三)注册资金:××万元人民币

(四)经营范围:国际(内)旅游业务

(五)公司地址:××省××市××区××××街××号

二、市场预测

(一)自然条件(略)

(二)客源市场(略)

(三)经营前景分析预测(略)

三、投资能力说明

公司有股东×人,均为自有资金入股,注册资金××万元人民币,现已到位(具体情况见资信证明）。股东商定,随着企业的发展,客源的增多,利润的加大,今后将会继续以货币或实物的形式追加投资。从而扩大企业规模,进一步提高企业的经营能力和抗风险能力。

四、主要经营管理人员情况

公司设总经理1名,副总经理2名,业务经理2名,导游人员×名,助理会计师1名。

五、营业场所和营业设施情况

拟成立的×××旅行社有限责任公司办公地点设在××省××市××区××××街××号,为自有房产,价值×××万元。

经营设施包括：

(1)×××中巴1辆、×××轿车1辆；

(2)计算机1台；

(3)传真机1部；

(4)直线电话2部；

(5)办公桌椅及相关的办公用品等。

（营业场所及设施证明附后）

综上所述,经过反复论证和研究,我们认为在现阶段成立旅游公司时机适宜,条件成熟。尽管目前旅行社经营难度大、利润低,但风险相对较小,企业发展前景广阔。

公司批准成立后,我们将严格遵守国家法律、法规和行业规范,认真服从市旅游主管部门的管理,积极拓展业务渠道,搞好与同行业的沟通与协作,建立完善的管理制度,照章纳税,合法经营,为我市旅游事业的发展做出积极的贡献。

第五节　旅行社管理相关法规

法是反映统治阶级意志,由国家制定或认可并以国家强制力保证实施的,反映由特定物质生活条件所决定的统治阶级意志。法是调整社会活动中各种关系的基本规范。我国的旅游立法是在改革开放之后,旅游业日益发展以及党和国家加强法制建设的形势下进行的。

1982年,国家旅游局开始着手我国的旅游基本法——《中华人民共和国旅游法》的启动工作,2009年12月起草工作全面开启,2013年4月25日,中华人民共和国第十二届全国人民代表大会常务委员会第二次会议通过,自2013年10月1日起施行。

当前,适用于旅行社管理的专项法律法规主要有《中华人民共和国旅游法》《旅行社条例》《旅行社条例实施细则》《旅行社责任保险管理办法》《旅游服务质量保证金存取管理办法》《边境旅游暂行管理办法》《导游人员管理条例》《旅游饭店星级的划分与评定》《旅游投诉暂行规定》等。同时,由于旅游的综合性、复杂性和广度涵盖性,一些领域的法律法规也适用于旅行社经营管理,具有指导性,如规范旅游者的有《中华人民共和国出境入境管理法》《中华人民共和国护照法》《中国公民出国旅游管理办法》等；适用于旅游目的地资源保护方面的法规,如《中华人民共和国文物保护法》《风景名胜区条例》《中华人民共和国自然保护区条例》等;旅游交通运输方面的法规,如《中华人民共和国铁路法》《中华人民共和国公路法》《中华人民共和国民用航空法》《铁路旅客运输损害赔偿规定》等;旅游者权益保护方面的法规,如《中华人民共和国消费者权益保护法》。

时至今日,旅游法律体系基本完备,既有旅游基本大法,也有各专项法规和条例,以及各交叉领域具有指导性和适用于旅行社经营管理的法律法规。

一、《旅行社条例》

1978年以来,我国旅游业得到了迅速发展,为了起到规范市场和保证产品质量的作用,1985年国务院发布了《旅行社管理暂行条例》,对旅行社类型和业务范围进行了明确规定。1996年10月,结合市场和行业发展需要,国务院重新发布了《旅行社管理条例》,对旅行社的管理制度进行了一系列重大调整,2001年12月,国务院发布《关于修改〈旅行社管理条例〉的决定》,对已经出台的《旅行社管理条例》进行了再次修改。

2009年2月20日中华人民共和国国务院令第550号《旅行社条例》公布,自2009年5月1日起施行,同时,原《旅行社管理条例》废止。现行《旅行社条例》根据2016年2月6日《国务院关于修改部分行政法规的决定》第一次修订,根据2017年3月1日《国务院关于修改和废止部分行政法规的决定》第二次修订,根据2020年11月29日《国务院关于修改和废止部分行政法规的决定》第三次修订。

二、《旅行社条例实施细则》

为保障《旅行社条例》准确、顺利的实施,使之更具有操作性、针对性,充分发挥其效力,2009年4月2日国家旅游局第4次局长办公会议审议通过了与之配套的《旅行社条例实施细则》,自2009年5月3日起施行。之后,配套《旅行社条例》的修订,相应地进行了修改。现行的《旅行社条例实施细则》是根据2016年12月6日国家旅游局第17次局长办公会议审议通过,2016年12月12日国家旅游局令第42号公布施行的《国家旅游局关于修改〈旅行社条例实施细则〉和废止〈出境旅游领队人员管理办法〉的决定》修改的。

三、《旅行社经营许可证制度》

旅行社业务许可证制度是我国旅行社行业管理的根本制度,是旅行社行业管理的基础。"旅行社业务经营许可证"是由有审批权的旅游行政管理部门颁发的经营旅游业务的法定资格证明文件。只有依据《旅行社条例》规定的程序,向旅游行政管理部门提出书面申请,并经有审批权的旅游行政管理部门颁发"旅行社业务经营许可证",依法办理工商登记注册手续后,方可从事旅游业务的经营活动。未取得"旅行社业务经营许可证"的,不得从事旅游经营活动。

旅行社取得经营许可满两年,且未因侵害旅游者合法权益受到行政机关罚款以上处罚的,可以申请经营出境旅游业务。旅行社不得转让、出租、出借"旅行社业务经营许可证"。

四、《旅行社质量保证金制度》

旅行社质量保证金是指由旅行社缴纳,旅游行政管理部门管理,用于保障旅游者权益的专用款项。

为加强对旅行社服务质量的监督和管理,保护旅游者的合法权益,保障旅行社规范经营,维护我国旅游业声誉,国家旅游主管部门参照和依据相关法律规定,按照旅行社的经营特点,对旅行社实行质量保证金制度。该项制度在1995年1月1日国家旅游局发布的《旅行社质量保证金暂行规定》及实施细则中得以确立。此后,随着各项法律法规的废止、修改和制定,旅行社质量保证金制度保持持续跟进,形成了比较规范的、具有较强操作性的一项管理制度。

2009年5月21日,为贯彻执行《旅行社条例》,规范旅行社质量保证金的存储和支取,国家旅游局发布《旅行社质量保证金存取管理办法》。2013年,为落实《旅游法》第三十一条关于旅游服务质量保证金用于垫付旅游者人身安全遇有危险时紧急救助费用的规定,将《旅行社质量保证金存取管理办法》修改为《旅游服务质量保证金存取管理办法》。《旅行社条例》(2020修订)从第十三条至第二十条,对旅行社质量保证金存入时间、数额、利息归属、设立分社的增额、旅游行政管理部门可以使用旅行社的质量保证金的情形、人民法院判决、裁定及其他生效法律文书认定旅行社损害旅游者合法权益,旅行社拒绝或者无力赔偿的,人民法院可以从旅行社的质量保证金账户上划拨赔偿款以及减额、补足、取回等条件和要求都做了规定。

案例 1-3

安徽黄山完成暂退旅游服务质量保证金2990万元

截至2020年2月27日,除不符合暂退条件和自愿申请不暂退的旅行社外,黄山市共受理办结156家(含出境社11家)旅行社暂退旅游服务质量保证金的申请,完成暂退金额2990万元。

疫情发生后,黄山市及时关停电子行程单系统,全市212家旅行社组接团业务全部暂停,76家网上门店暂停订房订票业务。春节期间,黄山市旅行社共退团649个,取消游客45000余人,涉及金额近4200万元,加上主动受理游客退订机票、酒店等旅游订单产生的退款,各旅行社现金流压力剧增。

根据文化和旅游部、安徽省文化和旅游厅通知和《黄山市人民政府支持文化和旅游企业应对新冠肺炎疫情共渡难关的政策措施》具体要求,黄山市文旅部门迅速行动,一是第一时间在全市文旅主管部门单位网站或微信公众号公布相关政策措施,采取电话、线上工作群组通知等方式,确保政策传达到位。二是设置专人专班专线,积极回应旅行社与社会关切,落实相关工作。三是积极对接银行,沟通退款事宜,完善相关工作流程。四是严格落实暂退工作要求,建立工作台账,公示办理结果,确保顺利完成暂退工作,有效缓解旅行社"燃眉之急"。

资料来源:中华人民共和国文化与旅游部网站.

五、《导游人员管理条例》

《导游人员管理条例》于1999年5月14日经国务院第263号令发布,自1999年10月1日起施行。该条例详细规定了导游人员从业期间的法律规定,是对导游人员的一种保护和约束。

现行《导游人员管理条例》是根据2017年10月7日中华人民共和国国务院令第687号公布、自公布之日起施行的《国务院关于修改部分行政法规的决定》修改的。其中,将原《导游人员管理条例》第四条修改为:"在中华人民共和国境内从事导游活动,必须取得导游证。取得导游人员资格证书的,经与旅行社订立劳动合同或者在相关旅游行业组织注册,方可持所订立的劳动合同或者登记证明材料,向省、自治区、直辖市人民政府旅游行政部门申请领取导游证。导游证的样式规格,由国务院旅游行政部门规定。"并删去第八条第三款,以及对相关行政法规中的条文顺序做了相应调整。

同时,为配合条例的执行,2001年12月26日国家旅游局局长办公会议讨论通过《导游人员管理实施办法》,自2002年1月1日起施行,2005年6月为了适应行政审批制度改革后有关导游人员等级考核评定的需要,促进导游人员队伍建设,经国家旅游局局长办公会讨论通过,对《导游人员管理实施办法》做了部分修订。2016年《导游人员管理实施办法》废止。2017年11月1日,国家旅游局发布《导游管理办法》(以下简称《办法》),于2018年1月1日起实施。《办法》对导游执业的许可、管理、保障与激励、罚则等做了明确规定,并规定导游出现强迫购物、吃回扣等行为时,最高处罚可以吊销导游资格证。《办法》规定,导游应当携带电子导游证、佩戴导游身份标识,并开启导游执业相关应用软件。旅游者有权要求导游展示电子导游证和导游身份标识。《办法》明确规定,导游执业过程中不得出现擅自变更行程、诱骗或强迫消费、向游客索取小费等十一项违法违规行为,并在《办法》罚则部分对违反导游执业管理规定的行为,明确了相应的法律责任。

六、相关法规的修订与废止

跟随国家政策的调整,旅行社相关的法律法规也适时进行变更和修改。2016年12月12日,为依法推进简政放权、放管结合、优化服务改革,根据《全国人民代表大会常务委员会关于修改<中华人民共和国对外贸易法>等十二部法律的决定》《国务院关于修改部分行政法规的决定》(国务院令第666号)、《国务院关于印发注册资本登记制度改革方案的通知》(国发〔2014〕7号)、《国务院关于取消和调整一批行政审批项目等事项的决定》(国发〔2014〕27号)、《国务院关于促进旅游业改革发展的若干意见》(国发〔2014〕31号)和《国务院关于取消和调整一批行政审批项目等事项的决定》(国发〔2014〕50号),国家旅游局对《旅行社条例》和《旅行社条例实施细则》部分条款进行修改,并废止《出境旅游领队人员管理办法》(国家旅游局令第18号),并在2017年根据《国务院关于修改和废止部分行政法规的决定》对《旅行社条例》和《旅行社条例实施细则》进行第二次修订,2020年11月29日根据《国务院关于修改和废止部分行政法规的决定》第三次修订。

本章小结

本章主要介绍旅行社的产生与发展,旅行社的性质、行业特点,旅行社的职能与基本业务,旅行社的分工体系与分类制度,旅行社设立的基本条件与程序等内容。

旅行社是旅游业的重要组成部分,是以营利为目的从事旅游业务的企业。我国旅行社的产生与发展与世界旅行社业相比,具有一定的滞后性,大致可以分为五个发展阶段。旅行社主要从事产品开发、旅游服务采购、产品销售、接待服务、计调服务等基本业务。由于社会经济背景的差异,我国旅行社采取了和欧美国家不同的水平分工体系,按照业务类型分成了经营国内业务、入境旅游业务和出境旅游业务的旅行社。另外,我国《旅行社条例》中明确规定了旅行社设立的条件和程序。目前,在旅行社具体实践中,《旅行社条例》《导游人员管理条例》和《旅行社条例实施细则》是主要指导的专门法规。

案例分析

出境旅游对外试点开闸

2010年9月6日,国家旅游局、商务部联合发布《中外合资经营旅行社试点经营出境旅游业务监管暂行办法》,明确要求"在试点基础上,逐步对外商投资旅行社开放经营中国内地居民出境旅游业务。"随即,国家旅游局在7日披露了试点旅行社的准入细则,并开始受理相关申请。

经过几年的市场培育和行业的稳定发展,外商投资(独资)旅行社经营出境旅游试点工作有了突破性的进展。2014年4月,地中海邮轮旅行社(上海)有限公司成为在上海自贸区内第一家中外获批的合资旅行社,并获得组织中国公民出境游业务资质。2017年9月,万程(上海)旅行社有限公司获批中国(上海)自由贸易试验区首家经营出境旅游业务的外商独资旅行社,也是大陆第一家获得出境游经营资质的企业。根据上海自贸区相关政策,允许注册在自贸试验区内的符合条件的中外合资旅行社从事除台湾地区以外的出境旅游业务。2019年1月31日,《国务院关于全面推进北京市服务业扩大开放综合试点工作方案的批复》同意在北京市继续开展和全面推进服务业扩大开放综合试点,期限为自批复之日起3年。其中,《全面推进北京市服务业扩大开放综合试点开放措施》中明确,允许在京设立的外商独资经营旅行社试点经营中国公民出境旅游业务(赴台湾地区除外)。

资料来源:中华人民共和国中央人民政府网站,国务院关于全面推进北京市服务业扩大开放综合试点工作方案的批复(整理).

案例思考题:

1. 结合案例,试分析出境游"对外"试点政策开闸之后内资社该如何应对。
2. 结合案例与所学内容,分析我国旅行社在国际化方面还需要有哪些突破。

思考与练习

一、记忆题

1. 什么是旅行社？
2. 旅行社的基本业务有哪些？
3. 我国旅行社的类型有哪些？
4. 旅行社设立的条件是什么？

二、思考题

1. 旅行社是在什么历史背景下产生的？结合旅行社产生的历史背景分析旅行社产生的条件。
2. 旅行社的组织结构有哪些？旅行社管理中如何选择组织结构？
3. 旅行社设立的程序有哪些？

三、操作性练习

结合实例比较我国和其他国家或地区在旅行社设立条件方面的异同并说明原因。

第二章 旅行社产品开发设计

学习目标

旅行社产品是一个综合概念,是旅行社根据旅游市场的需求,为旅游者提供的各类产品的总称。随着旅游市场需求的多样性和个性化需求的提高,对旅行社产品的设计内涵及内容也提出了更高的要求,在满足基本需求的基础上,针对不同目标群体的精神内涵和文化内涵建设是旅行社产品设计中的灵魂。

通过本章学习,使学生重点理解、熟悉进而把握旅行社产品开发、设计的程序、原则及品牌化建设内涵;了解和熟悉旅行社产品价格构成及定价策略。

重要概念

旅行社产品;旅行社产品开发;旅行社产品价格;旅行社品牌

导入案例

旅游产品需求更加多样化 定制旅游成发展趋势

随着旅游产业的发展和升级,以及游客旅行活动频率、深度的不断增加,个性化旅游需求越来越多。特别是年轻人,追求旅游更自我、个性化、深度化的体验,对定制旅游产品需求表现旺盛。2013年旅游市场已经出现团、散客比例倒挂现象。旅游产业链上的产品供应商只有通过差异化竞争才能更好地生存。那些设计独特、服务优质,能满足游客个性化需求的旅游产品,已经成为旅游业新的经济增长点。

定制旅游在国外非常流行,主要根据旅游者的需求,以旅游者为主导进行旅游行动流程的设计。这种模式的特点就是弱化了或者去除了中间商。出境游市场的快速发展,催生出了大量服务于定制旅游市场的成长型公司,并以OTA(在线旅行社)为主。这些定制旅游公司主要利用互联网技术解决用户在行前、行中的服务问题,用户获得的目的地信息则多来源于对目的地有足够生活或旅行经验的群体。以高端定制旅行起家的游心旅行为例,公司通过专业达人与旅游顾问完善定制服务,既满足了服务品质,又提高了消费频次。

资料来源:网易新闻网,定制旅游成发整趋势(整理).

第一节　旅行社产品内涵与形态

一、旅行社产品的概念

旅行社产品从不同角度来看可以有不同的界定。从旅行社经营者的角度看，旅游产品就是旅行社为满足旅游者旅游过程中的各种需求，提供的旅游咨询、线路设计、行程安排、旅游引导（主要指导游服务）、安全保障等有偿服务的综合体。从旅游者的角度看，旅行社产品就是旅游者花费一定的财力、时间和精力所换取的一种旅游经历。这种旅游经历或者说是旅游体验，包括从旅游者开始参与旅游到旅游结束的全过程的综合感受。值得注意的是：这里所说的旅行社产品主要是以线路产品为基础进行界定的，对旅行社提供的单项业务产品（如代订、代租业务）来说，从旅游者的角度出发与从旅行社经营者的角度出发来理解旅行社产品的概念，会有一定的差别。

总之，旅行社产品就是旅行社根据旅游市场的需求，为旅游者提供的各类产品的总称，亦即旅游线路或旅游项目。旅行社产品是一种以无形服务为主体内容的特殊产品，是由食、住、行、游、购、娱各种要素构成的组合产品。

二、旅行社产品的特征

旅行社业是服务性中介行业，旅行社产品是综合性服务产品，是由食、住、行、游、购、娱等诸多服务型产品构成的。服务是无形的，服务产品是以各种劳务形式表现出来的无形产品。旅行社产品是预约性产品，旅游者购买的是承诺。因此，旅行社产品既具有所包含各服务门类的一般特性，又具有综合服务产品的特性。

（一）综合性

综合性是旅行社产品的最基本特征，表现为：第一，旅行社产品是满足人们在食、住、行、游、购、娱等多方面需求的综合产品；第二，旅行社产品所涉及的部门和行业很多，有的部门或行业直接向旅游者提供产品和服务，有的部门或行业间接向旅游者提供产品和服务。

（二）不可分离性

不可分离性是产品生产与消费的同一性。即服务的生产过程同时也是消费过程，两者在时间上和空间上不可分割。旅行社产品的生产和消费是同时进行的，在服务人员提供服务的同时，也是旅游者进行消费的时刻。结束了消费，享用完了服务，这个产品也就不复存在了。这与工业企业产品先生产再流通后消费的特性有明显的区别。

（三）差异性

旅行社生产的产品在消费过程中会因为提供服务的人员不同、参与消费的顾客不同，其质量表现也不同。服务人员和消费者是旅行社产品质量水平的重要参数。一方面不同的服务人员的自身素质的差异性会造成服务（产品）质量的差异性，即使同一服务人员所提供的服务质量和水准有时也是波动的（服务人员当时的身体健康状况、心情好坏、精神面貌、劳累程度等都会影响服务水准）；另一方面，消费者直接参与旅行社产品的生产和服务过程,消费者本身的素质(知识修养、道德修养、职业、社会阶层、审美水平、旅游适应性、生活阅历等各方面的差异)也会影响旅行社产品的质量。个性差异决定服务感知差异和服务输出差异,从而决定旅行社产品的差异性特征。

(四)不可储存性

旅行社产品的不可分离特性(同时性)表明,服务的价值存在于服务的"真实瞬间"之中,对于某些批量生产出来的服务如不当时消费掉,就会造成损失(如车、船、飞机的空位,旅馆的空房间,剧院的空位等),使得旅行社产品不能像工业产品那样储存起来以供日后消费。产品生产的同时也是产品消费之际。

(五)易受影响性

由于旅行社产品是由多个行业向消费者提供产品和服务所组成的综合体,因而在产品的生产和消费过程中存在着许多影响其产品质量的因素。在产品运作过程中,经济环境、社会文化环境、政治法律环境、技术环境、竞争环境等任一因素的变化都会或多或少、或直接或间接地影响旅行社产品生产和消费的实现。

三、旅行社产品的构成及形态

(一)旅行社产品分类

旅行社经营的产品可以采取不同的标准进行不同的分类,常规分类见表2-1。

表2-1　　　　　　　　　旅行社产品分类

按旅游产品的组成状态分类	整体旅游产品	按旅游动机分类	休闲旅游(观光、度假)
			商务旅游
	单项旅游产品		会议旅游
按旅游产品的形态分类	团体包价旅游		奖励旅游
	半包价旅游		探亲旅游
	小包价旅游		专业旅游
	零包价旅游		修学旅游
	单项服务		宗教旅游
	组合旅游		探险旅游

除上述之外,按照旅游者空间活动范围可以分为国际旅游和国内旅游;按照服务形式可以分为组团(输出客源)赴外地(外国)旅游和接待(输入客源)外地(外国)的旅游团来本地区(本国)旅游;按照旅行社业务分工可分为旅游经营产品、旅游批发产品、旅游零售产品、旅游代理产品、特殊旅游产品等。

(二)旅行社产品形态

多种分类形式,形成了多种产品形态,本教材主要选择以包价内容为基础的分类方法对旅行社产品形态进行介绍。

1.团体包价旅游

团体包价旅游包括两层含义:其一是团体,即指一般由10人或更多的人组成的旅游团;其二是包价,即参加旅游团的旅游者采取一次性预交旅游费的方式将各种相关旅游服务全部委托一家旅行社办理。团体包价旅游的服务项目通常包括以下几个方面。

(1)依照规定等级提供饭店客房。

(2)一日三餐和酒水。

(3)固定的景区游览用车。

(4)导游服务。

(5)交通集散地接送服务。

(6)每人20公斤的行李服务。

(7)游览场所门票和文娱活动入场券。

这里的团体包价旅游的服务项目是按国际入境旅游的标准列出的,不适用于国内旅游。

就旅游者而言,参加包价旅游可以获得较为优惠的价格;可以在旅游团内保持熟悉的氛围;由旅行社提供全部的日程安排和全部服务,旅游者具有方便感和安全感,这是包价旅游的优势。但参加包价旅游的同时意味着旅游者不得不放弃自己的个性而适应团体的共性,旅游团内的所有旅游者需要在同一时间、乘坐同一航班、入住同一饭店、共享相同的餐饮、游览相同的景区景点、观看同样的节目等,这是团体包价旅游的劣势。值得一提的是,旅游者如果不幸选择了一家服务质量低劣的旅行社,则整个旅程会变得让人无法忍受。就旅行社而言,团体包价旅游预订周期较长,容易操作,而且批量操作可以提高工作效率,降低经营成本;但团体包价旅游在预订和实际旅游期间经常会发生各种变化,而且在旅游旺季时容易遇到旅游服务采购方面的困难和问题。

2. 半包价旅游

半包价旅游是在全包价旅游的基础上,扣除中、晚餐费用的一种包价形式。其目的在于降低产品的直观价格,提高产品的竞争能力,同时也是为了更好地满足旅游者在餐饮方面的个性要求。

3. 小包价旅游

小包价旅游又叫可选择性旅游,它由非选择部分和可选择部分构成。非选择部分包括机场(车站、码头)与下榻的饭店之间的往返接送、住宿和早餐,这部分费用由旅游者在旅游前预付;可选择部分包括导游、风味餐、节目欣赏和参观游览等,旅游者可根据时间、兴趣和经济情况自由选择,费用既可以预付,也可以现付。小包价旅游对旅游者具有多方面的优势:①经济实惠,明码标价;②手续简便,机动灵活。

小包价旅游最早由香港和海外的旅行商向我国的旅行社企业推介,此后由于其独特的优势而逐步普及全国。小包价旅游每批一般在10人以下。

4. 零包价旅游

零包价旅游是一种独特的产品形态,多见于旅游发达国家。参加这种旅游的旅游者必须随团前往和离开旅游目的地,但在旅游目的地的活动是完全自由的,形同散客。参加零包价旅游的旅游者可以获得团体机票的优惠,并可以由旅行社统一代办旅游签证。国内旅游界出现的"自由人"旅游就属于零包价旅游。

5. 单项服务

单项服务是旅行社根据旅游者的具体要求而提供的各种非综合性的有偿服务。旅游者需求的多样性决定了旅行社单项服务内容的广泛性，但其中常规性的服务项目主要包括导游服务、交通集散地接送服务、代办交通票据和文娱票据、代订饭店客房、代客联系参观游览项目、代办签证和代办旅游保险等。旅行社单项服务的对象也十分广泛，但主要是零散的旅游者，包价团中个别旅游者的特殊要求一般也视为单项服务。单项服务在旅游业界又称委托代办业务，旅游者可以采取当地委托、联程委托和国际委托等不同的方式交旅行社办理。随着电子商务的发展，旅行社网站的建设，单项服务已成为一些旅行社的新的经济增长点。同时，一些专做客房预订、车船票预订的专业网站也应运而生，去哪儿网、携程网等专业网站也正在分割着单项服务市场。旅行社在受理单项服务时应注意以下事项：

(1) 旅游者个人资料准确、齐全，包括姓名、性别、国籍、证件等；
(2) 委托项目明确，如用餐是否包括酒水，是中餐还是西餐；
(3) 付款情况准确明了；
(4) 明确旅游者取消委托代办项目的经济责任。

6. 组合旅游

组合旅游即通常所说的散客拼团，一般常见于国内旅游，旅游者分别从不同的地方来到目的地，然后由事先确定的旅行社组织活动。组合旅游具有以下特点：

(1) 组合旅游团内无全程导游或领队；
(2) 组团时间短，旅游者只要办妥手续就可成行；
(3) 易于成行，改变过去不足10人不成团的做法；
(4) 旅游者选择性强，既可以参加团体活动，亦有相当多的自由时间；
(5) 旅游行程变化多。

旅行社的产品形态丰富，在我国目前旅行社是以团体、标准、全包价的文化观光旅游为主要旅游经营产品的。随着我国国民经济的不断发展，旅游者消费观念的日趋成熟，外资旅行社集团在中国旅游市场抢滩登陆，旅游市场竞争的白热化，我国旅行社企业必将加强产品开发管理，不断推出新的旅游产品，适应消费者的不同需求，在竞争激烈的旅游市场中，获得生存、发展的机会。

第二节　旅行社产品开发与设计的方法

一、影响旅行社产品开发的决定因素

旅行社产品开发，是旅行社依托旅游吸引物、旅游服务设施和设备，根据旅游市场需求，对旅游诸要素进行编排、调整、组合或创造的过程。

旅行社产品开发主要有全新型产品、改良型产品、仿制型产品。

全新型产品是指本企业以前从未生产和销售过的新产品、新开辟的旅游线路、新开发的旅游景点、新建成的旅游饭店等,这些全新产品是不可能经常出现的。因为投资和风险较大,开发周期较长。

改良型产品是旅行社对其原有产品做部分调整或改造,冠以新的名称投放市场的产品。

仿制型产品是指市场上已经存在,本企业对其进行模仿后经营的产品。

旅行社产品的形态是多种多样的,但无论哪种产品的开发,都是在资源赋予、设施配置和旅游需求等多种因素的制约下进行的。

(一)资源赋予

资源赋予是指一个国家或地区拥有旅游资源的状况,与旅行社产品开发相关的资源因素包括自然资源、人文资源、社会资源和人力资源。

(二)设施配置

旅游设施的构成要素,可以划分为旅游饭店设施、旅游交通设施、旅游景区景点设施和各项文体活动设施四大部分。

(三)旅游需求

旅游需求是指旅游消费者在一定时间内以一定价格愿意购买旅游产品的数量。旅游需求不仅与人们的消费水平有直接关系,而且也反映出旅游者的旅游兴趣。因此,从某种意义上讲,旅游需求决定着旅行社产品开发的方向。

二、旅行社产品开发设计的原则

旅行社产品开发要把握的基本原则就是市场的认可。赢得市场关注、参与、好评是旅游产品开发的硬道理。围绕这一法则,旅行社产品开发时要把握以下几个方面。

(一)人性化——针对性原则

"以人为本"的思想应当贯穿于旅游发展的始终,以人文关怀、为人民服务的理念,针对不同年龄、性别、爱好、职业、种族、国籍的旅游者的不同的旅游需求,在充分突出旅游资源特性的基础上设计不同的旅游产品项目。

旅游项目设计的针对性原则,就是要求在充分突出旅游资源特性的基础上,针对文化、历史、环境、种族、娱乐、业务等各种类型的旅游需求,设计出丰富多彩的项目。同时,要求针对季节变化,设计具有周期性变化的季节特色项目;特别针对旅游淡季,设计人工干预性强的全天候项目等。要站在旅游者的立场上设计出温馨、舒适、健康的游程和服务。

(二)个性化——特色性原则

个性化原则要求旅游产品的设计要突出主题,结合地方特色、文化特色、区位特色、资源特色,突出旅游体验的别致性,以形成旅游主题特色。特色性原则要求从开发区域旅游资源的深度和广度入手,加以艺术化的开拓和组织,做到人无我有、人有我特。特色的达成需要创新。旅行社通过产品创新,提供优质的顾客价值,提升顾客满意度,扩大市场份额、提高经济效益,增强企业的凝聚力,激发创新精神,从而形成企业竞争优势的源泉,改变一贯低价竞争的局面,将竞争焦点从价格竞争转移到差异化竞争,促进旅行社行业的良性发展。

(三)生态化——限制性原则

生态旅游的产生是人类认识自然、重新审视自我行为的必然结果,体现了可持续发展的思想。生态旅游是经济发展、社会进步、环境价值的综合体现,是以良好生态环境为基础,保护环境、陶冶情操的高雅社会经济活动。生态旅游是现在世界上非常流行的旅游方式,其所提倡的"认识自然,享受自然,保护自然"的旅游概念是未来旅游业的发展趋势。

生态旅游客观上要求那些生态环境脆弱的旅游地接待人数要控制在一定的范围内。因此,旅行社设计线路时就要把好流量关,特别针对敏感旅游地,可设计高价位品质路线,限制低价位多人次的常规线路。

(四)动感化——畅达性原则

一条好的旅游线路就好比一首成功的交响乐,有时是激昂跌宕的旋律,有时是平缓的过度,都应当有序幕、发展、高潮和尾声。在旅游线路的设计中,应充分考虑旅游者的心理与精力,将旅游者的心理、兴致与景观特色分布结合起来,注意高潮景点在线路上的分布与布局。旅游活动不能安排得太紧凑,应该有张有弛,而非走马观花,疲于奔命。旅游线路的结构顺序与节奏不同,产生的效果也不同。

交通选择以迅速、舒适、安全、方便为基本标准,与旅程的主题结合,减少候车时间。一次完整的旅游活动,其空间移动分三个阶段:从常住地到旅游地、在旅游地各景区旅行游览、从旅游地返回常住地。这三个阶段可以概括为:进得去、散得开、出得来。

同时,旅游景点之间的距离要适中,旅游线路中的景点数量要适宜;同一线路的旅游点的游览顺序要科学,尽量避免走重复路线,保持各旅游景点的差异搭配。

(五)品牌化——创新性原则

品牌是企业竞争的王牌。对于生产者来说,品牌有助于他们区分不同产品和进行产品介绍及促销,也有助于培育回头客并在此基础上形成顾客忠诚。对于购买者来说,品牌可以帮助他们识别、选择和评价不同生产者生产的产品。品牌意味着质量、信誉和保障。

创新是以新思维、新发明和新描述为特征的一种概念化过程。创新就是改变,推陈出新;创新意味着付出,一分耕耘一分收获;创新就会面临风险和更多的挑战,开创新的领域、新的局面需要智慧,更需要勇气和精神。旅行社产品品牌化发展定位本身就是创新战略。旅行社产品创新就要在品牌化方向全面创新,创新内涵,创新手段,创新内容,创新服务,创新经营,使旅行社走向差异化健康发展之路。

安全性是任何产品设计的第一要义。安全性之于旅行社产品更是重中之重,贯穿食、住、行、游、购、娱各项始终。

案例 2-1

驴妈妈"先游后付"入选2019"中国服务"旅游产品创意案例

"先游后付"是驴妈妈针对符合条件的用户提供的一种"先出游、后付款"的创新型旅游体验,为游客提供6大服务保障、3大专属权益,通过精选合作伙伴、严选整体爆款、优选旅游导服3个标准做产品,打造极致服务与度假体验。2018年11月30日,"先游后付"在第三届中国旅游IP高峰论坛上正式发布,2019年先后在陕西、广西、河南、山东、西藏等地构建"先游后付诚信联盟"。目前联盟成员已有数十家,涵盖了当地重要旅行社、景区、酒店等,消除了游客对跟团游的疑虑,受到游客、景区、旅行社等多方认可。

驴妈妈的初心是"让游客自由而有尊严地行走","先游后付"创建了一个旅游生态命运共同体,在共同体成员之间彼此信任、相互监督、协同发展的基础上参照游客意愿提升供应链及导游服务质量。"先游后付"不仅是一种流程再造,更是饱含服务之心的承诺。

驴妈妈始终坚持以客户为中心,注重服务品质及创新,为游客、景区和各级政府创造更大价值。2019年,驴妈妈凭借综合服务创新能力再次荣列中国服务业企业500强,此外驴妈妈也是上海市旅游行业第一批先行赔付的试点单位,第一批加入12315、旅游12301平台联网单位,被上海市工商行政管理局授予"消费维权联络点"。智慧文旅时代,驴妈妈也将通过科技赋能旅游,提供更多创新服务,助力行业发展。

资料来源:上游新闻.

三、旅行社产品开发设计的运作程序

(一)产品设计方案的构思与拟定

产品设计方案的构思与拟定需要进行调查分析,在此基础上进入创意设计。

1. 市场调查分析

旅行社产品的开发,必须进行周密的市场调研与分析。对现有市场环境进行冷静的分析,把握市场需求,寻找市场亮点,找准产品开发的市场切入点。调查分析的要点包括以下几个方面:

(1)国家政策:合法性、政策重点扶持、政策倾斜等;
(2)市场前景:市场规模、市场稳定性及消费趋势等;
(3)新产品的销售市场:市场需求量、影响范围、目标市场等;
(4)竞争对手状况:竞争对手的价格策略、市场占有率、竞争策略、手段等;
(5)内部情况:内部的人力、财力、物力,管理水平,服务水平等。

2. 构思创意

创意就是具有新颖性和创造性的想法。旅行社产品创意就是勾勒出旅游产品主题、内涵、品质等能达到的最佳理想蓝图。它强调思路的创新性、前瞻性和指导性。独特性和人性化是思维创意的根本。

在创意与新颖占主导地位的今天,如何设计一份让游客满意的旅游产品,能让旅游者在旅游后回忆之余,翻开的不仅仅是那有着记忆的静止相片,更能在品味旅游的同时,对这份游历产生一股愈久愈醇的记忆,从而变"头回客"为"回头客",是众多旅游企业应该考虑的首要问题。

(1) 以"消费者数据库"为核心——"小题大做"。结合旅游者个性资料和特征,以消费者数据库为整个产品开发以及市场营销的核心,形成以年龄、籍贯为主的人口统计资料;以性格和心理特征为主的心理统计资料;以消费内容和档次为主的消费记录资料;以顾客价值关注点为主的消费者价值体系资料。进而在以这四大统计资料为主的基础上,结合旅游者的兴趣爱好以及相关的其他特征,设计出一整套符合旅游者个性化的特色旅游产品,"小题大做"。

(2) 以"分"和"合"的有效整合为关键——"大题小做"。"分"就是将产品设计链适当断化,以具体的表现方式、时间、地点为出发点,从而使服务特色化、有形化、具体化,便于工作的整体落实。"合"就是将具体的产品设计链向上或向下延伸整合,使产品系列相互关联、有效整合。注重产品的系统性和全面性,并在实施和落实的过程中,学会分解,化整为零。将一个整体的产品概念组合成一个个局部的考虑范围,以地方特色和优秀传统为基础,突破原有的方式,在产品表现形式、时间、地点等方面有意识地区别于原来的表现方式。从而"大题小做",实现产品设计的"分"与"合"的有效整合。如在前往可进入性较差的旅游景点的行程中,将整个行程进行有效的分解,将沿途经过的一些地名进行深发掘,从地名文化的角度向旅游者讲述该地名的来源以及相关的历史及典故。这样在颠簸的旅途中,既缓解了旅游者的疲劳以及长途乘车的乏味,又能很好地增加目的地的吸引力。

(3) 以接触管理和双向沟通为突破——"无题也做"。"无题也做"的主旨就是从平凡中寻找不平凡,在常规中寻找创新,寻找突破口。接触的概念就是将品牌、产品和任何市场资讯传给消费者或潜在消费者的过程。接触管理的目的是实现双向沟通。时间和信息资源的有限性在一定程度上影响着旅游商品设计的时效性、灵活性以及独特性,而旅游活动又表现为一种流动的过程,滞后于旅游产品设计的存在而存在。在形式上表现为按照既定的合同和路径完成的一种经历,然而现实旅游活动的不可预测性,决定着单纯的既定合同和路径已经远远无法满足消费者的心境和需求。因此有必要将活动延伸至活动前、活动后的过程中,不断地通过接触管理,实现双向沟通,从沟通中获取新的信息,临时组织并设计旅游产品,从常规中寻找突破和创新,有意识地"无题也做",为旅游者设计旅游产品。如在旅行社的售后服务中,为旅游者送上一份由在整个旅途过程中所拍摄的有关个人、朋友以及重要领导的一些照片所形成的影集,给人一种备受尊重的感觉,从而变旅游者与旅行社之间的"合同关系"为"情感关系"。

案例 2-2

感谢"邮"你,南极过大年

同程旅游自 2015 年与海达路德游轮公司签订战略协议,一直在为有梦想去南极的游客精心准备。2017年,航次"午夜阳光号"邮轮抵达南极大陆时,正值春节期间,同程旅游结合春节期间南极邮轮包船产品,策划了"感谢'邮'你 南极过大年"主题活动,和游客一起在"午夜阳光号"上办春晚,在地球的另一端进行拜年活动。

"南极过大年"还包括新人旅拍、"光影南极"摄影大赛招募、游轮上除夕夜包饺子大赛、新年倒计时、大年初一南极祈福等系列活动。"午夜阳光号"邮轮是目前在南极提供登陆活动的最大邮轮,共有274间精巧舱房,有2个全景大厅,可容纳500名乘客。游客在游轮上享受别样春晚,在地球的另一端给全国人民拜年。别样的佳节将旅游与传统节日进行创意融合。

资料来源:同城旅行网.

(二)产品设计方案的选择

结合前期的市场调研和产品创意思路,进一步确定主题,按照人本化品质要求设计、安排食、住、行、游、购、娱等旅游要素组合。

1. 确定线路主题名称

线路主题名称是对线路的性质、内容和设计思路等的高度概括。因此,确定线路主题名称时应考虑多方面的因素:文字简练、主题突出、富有时代感、富有吸引力等。如"枫叶为什么这样红——天华山修学游""缅怀革命先辈——重走长征路""夕阳红专列华东五市7日游"等名称主题突出,富有感染力。

2. 确定游览节点和内容

旅游产品中的游览节点是指能直接满足旅游者在旅游活动中的精神需求和物质需求的地理空间单元,一般是城市或独立的风景名胜区。游览节点是旅游产品的核心硬件因素。它决定着产品的特色,是旅游产品主题的载体和依托。节点的筛选、节点的数量、节点的更新和组合都会直接影响旅游者的体验质量,也决定着产品的成败。

3. 确定线路路线

从形式上看,旅游线路是以一定的交通方式对线路上的各个节点进行的合理连接,实际上,它是旅游全过程的各个环节和项目安排。

在确定符合主题特色的节点城市或风景区后,线路确定包含对节点游览顺序的安排、计划活动日程,选择交通方式,安排住宿餐饮,安排购物次数和时间,安排适当的娱乐活动等内容。各要素要全面考察、综合平衡,合理选择,宗旨是利于企业和旅游者的最优性价比。

(三)产品设计方案的试产试销

此阶段,首先对设计的线路试产落实,进而进行试销。

1. 试产落实

落实的任务就是按照策划设计的产品线路中包含的食、住、行、游、购、娱等各服务项目与相应的单位和部门进行沟通、确认,确定价格并签约,做市场预热和启动。对于组团社来说,最重要的是选择目的地接待社。主要从以下几个方面考量:

(1)查看地接社的资质。
(2)查看地接社的接待能力,特别是对当地旅游资源的掌控能力。
(3)了解地接社工作人员的情况,特别是计调的业务熟练程度和态度。
(4)了解地接社在当地市场的声誉。
(5)了解地接社的产品和报价。
(6)了解地接社的管理水平,如操作程序是否正规,文件是否完善,反应是否及时,对突发事件的处理水平等。

2.试销

试销是产品投放市场初期,产品是否如预期以及是否需要加大市场培育力度和推广,是这个阶段的调研重点。主要通过市场反应、产品发展趋势、竞争态势、损益平衡和价格等方面评价,重点是损失平衡分析和价格反应强度。

(1)了解新产品的市场销路;
(2)检测市场经营组合策略的优劣势;
(3)发现问题、解决问题、完善产品。

(四)产品投放市场

旅行社产品经过试销达到预期效果,便对当前市场和潜在市场进行商业化运营。确定产品投入市场的时间、地点、目标客源、产品定位和具体的营销策略。

(五)方案实施效果的检测与评价

产品正式投放市场后,旅行社还应该进行跟踪、寻访、考察和分析,以便实时掌握产品运行动态和运营环境变化,采取应对措施,站稳市场,保持产品的生命力。

1.检测内容

(1)销售市场:产品需求量、目标市场支持率、旅游者态度、销售渠道等。
(2)发展趋势:产品销售年均增长率、产品生命周期等。
(3)竞争态势:竞争对手策略、比较优势、市场占有率等。
(4)产品收益:损益分析等内部条件(产品配套服务、协作部门、成本降低)。

2.检测方法

(1)产品损益平衡分析。
(2)产品市场增长-占有率检测模型。
(3)产品评价量度表。
(4)十字图表分析(SWOT)等。

【小知识2-1】　　　　　　　定量分析举例

定量分析的核心问题是准确计算各种方案所需的成本和可能达到的利润额。

例如,某旅行社拟开发某条旅游线路,该旅行社对线路的需求大致估计为高、中、低和很低四种情况,每种情况出现的概率无法预测。为了开发此条线路,旅行社设计出四种方案,计划经营3年。根据计算,各方案的损益额见表2-2。

表 2-2　　　　　　　　线路设计方案损益分析对比表　　　　单位：千元

损益额 \ 方案	方案1	方案2	方案3	方案4
高	600	800	350	400
中	400	350	220	250
低	0	−100	50	90
很低	−150	−300	0	50

1. 等概率法

所谓等概率法，就是假定每种市场需求状况发生的概率相同。由此可得各方案的损益为：

方案 1＝1/4×(600＋400＋0−150)＝212.5
方案 2＝1/4×(800＋350−100−300)＝187.5
方案 3＝1/4×(350＋220＋50＋0)＝67.5
方案 4＝1/4×(400＋250＋90＋50)＝197.5

根据计算结果可以判断，方案 1 为最优方案。

2. 最大的最小值法

使用最大的最小值法时，首先确定各个方案在不同市场需求状况下的最小收益值，然后在其中选择收益值最大的方案作为最优方案，各方案的最小收益值分别为：

方案 1＝−150
方案 2＝−300
方案 3＝0
方案 4＝50

由此可以判断，方案 4 为最优方案。

3. 最大的最大值法

使用最大的最大值法时，首先确定各个方案在不同市场需求状况下的最大收益值，然后在其中选择收益值最大的方案作为最优方案。各方案的最大收益值分别为：

方案 1＝600
方案 2＝800
方案 3＝350
方案 4＝400

由此可以判断，方案 2 为最优方案。

4. 乐观系数法

在使用最大的最小值法和最大的最大值法时决策者根据自己对未来的判断进行决策，但决策的过程中缺少未来各种状况发生可能性的程度判断。设乐观系数为 a(0≤a≤1)，则 1−a 为悲观系数。乐观系数表示对最大值发生可能性的程度判断，悲观系数表示对最小值发生可能性的程度判断。

设 a＝0.2，则 1−a＝0.8，那么各方案损益额分别为：

方案 1＝0.2×600＋0.8×(－150)＝0
方案 2＝0.2×800＋0.8×(－300)＝－80
方案 3＝0.2×350＋0.8×0＝70
方案 4＝0.2×400＋0.8×50＝120
由此可以判断,方案 4 为最优方案。

第三节　旅行社产品定价

一、旅行社产品价格的构成及影响因素

(一)旅行社产品价格的构成

1. 直接成本

直接成本是直接发生的费用。主要包含固定成本和变动成本。

(1)固定成本。固定成本是指在一定生产规模内,不随产品的种类和数量而变化的费用,如房屋租金或折旧等。

(2)变动成本。变动成本是指随着产品的产量变化而变化的成本费用,如景点的门票费、住宿费、餐费、交通费等旅游费用。

2. 运营费用

运营费用就是旅行社的运转费用,包括房租、员工工资、财务支出、管理费用、税金等。

3. 预期利润

预期利润就是旅行社想要达到的利润,是旅行社运营的效益来源。

(二)影响旅行社产品价格的影响因素

1. 市场供求关系

旅行社在指定产品价格的时候,必须考虑售价与市场供求之间的内在联系,也就是供给量、需求量和价格之间的相互关系。其表现为:

(1)在一定时间内供给量是一定的,如果需求增加,价格就会上涨,如果需求减少,价格就会下降,即需求规律。

(2)在一定时期内需求是一定的,如果供给量增加,价格就会下降,如果供给量减少,价格就会上涨,即供给规律。

(3)如果价格上涨,市场需求减少,就会出现供过于求的现象;如果价格下降,市场需求增加,就会出现供不应求的状况。

(4)如果市场供求平衡,就会存在一种均衡价格。这个价格既可以满足旅游者的需要,又可以满足供给者的需要。

旅行社产品价格的高低可以调节市场需求,价格合理可以吸引更多的旅游者。因此,旅行社不但对旅游市场的供求有灵敏的反映,而且应该研究旅游者的旅游消费水平,

使得十分敏感的旅游价格一旦报出,就能在旅游市场上具有吸引力。

2. 需求弹性

需求弹性就是需求的价格弹性,它表明需求对价格变动的反映程度。其计算公式为:

旅行社需求弹性 E = 旅行社产品需求量变化的百分比/旅行社产品价格变化的百分比

$E>1$,表明价格的变化会引起较大的需求变化;$E<1$,说明旅游者对价格不敏感,价格的增减不会引起需求量的大幅度变化。

一般说来,旅行社产品的需求弹性比较大,因为旅游是一种高级消费方式,不同于生活必需品,这就要求旅行社在利用价格调节需求的时候,必须充分考虑到需求弹性的大小,尽量避免价格决策的失误。

另外,旅行社产品价格的高低,极大地影响到旅游者对目的地的选择、停留的时间和支出的水平。因此,价格弹性系数也是旅行社合理的旅游地区差价、季节差价、质量差价和数量差价的重要依据。

3. 汇率

汇率是两种不同货币之间的比价,也是一国货币单位用另外一个国家的货币单位表现出来的价格。旅行社在国际旅游市场的产品销售价格,一方面取决于产品本身的价值,另一方面取决于本国货币与外国货币的比率。在旅行社产品价值不变的情况下,产品的价格应与汇率变化呈反比例变化,以避免由于汇率变化而带来的损失。在人民币贬值的时候,旅行社应该适当提高产品的外汇售价;在人民币升值的时候,为了避免因为价格的实际上涨而失去客源,旅行社应该适当降低旅游产品的外汇售价。

汇率变动对旅游业具有多重影响,最直接的就是本币升值,刺激出境旅游的发展;本币贬值,刺激入境旅游的发展,进而影响旅游外汇收支的平衡。随着经济的快速发展,我国外汇供求关系已经发生了根本的转变。旅游创汇在全国外贸进出口额中已经占到相当大的比重,同时外汇储备一路跃升,这一现状使人民币升值的压力将长期存在,本币升值将成为今后较长时期内我国旅游业发展的基本面,并将对我国旅游业产生众多影响。

阅读资料 2-1

2019年我国出入境旅游数据统计

2019年我国实施了一系列的通关便利政策,加之旅游产业快速发展,2019年出入境人数创新高。根据国家统计局数据:2019年全国入境游客14530.78万人次,同比增长2.9%。其中,外国人3188万人次,同比增长4.4%;香港同胞8050万人次,同比增长1.4%;澳门同胞2679万人次,同比增长6.5%;台湾同胞613万人次,与上年同期基本持平。入境旅游人数按照入境方式分,船舶占2.9%,飞机占17.4%,火车占2.6%,汽车占21.2%,徒步占55.8%,其他占0.1%。

2019年外国人入境游客3188.4万人次,同比增长4.39%;检查出入境交通运输

3623.5万辆(架、列、艘)次,同比增长3.4%。

2019年中国入境过夜游客6573万人次,同比增长4.5%;相比2018年入境过夜游客有大幅增加。其中:外国人2493万人次,同比增长5.5%;香港同胞2917万人次,同比增长3.5%;澳门同胞611万人次,同比增长10.4%;台湾同胞552万人次,同比下降0.2%。入境外国游客人数中,亚洲占75.9%,美洲占7.7%,欧洲占13.2%,大洋洲占1.9%,非洲占1.4%。其中:按年龄分,14岁以下人数占3.8%,15~24岁占13.9%,25~44岁占49.3%,45~64岁占28.1%,65岁以上占4.9%;按性别分,男占58.7%,女占41.3%;按目的分,会议商务占13.0%,观光休闲占35.0%,探亲访友占3.0%,服务员工占14.7%,其他占34.3%。按入境旅游人数排序,我国主要国际客源市场前20位国家如下:缅甸、越南、韩国、俄罗斯、日本、美国、蒙古、马来西亚、菲律宾、新加坡、印度、泰国、加拿大、澳大利亚、印度尼西亚、德国、英国、朝鲜、法国、意大利(其中缅甸、越南、蒙古、印度、朝鲜含边民旅华人数)。

2019年中国居民出境人数16921万人次,同比增加4.5%;比2018年的16199.34万人次增加不多。全年内地居民出入境3.5亿人次,香港、澳门、台湾地区居民来往内地(大陆)分别为1.6亿、5358.7万、1227.8万人次,外国人入出境9767.5万人次。

4. 旅游价格管理体制改革

自1993年4月国家旅游局会同国家物价局发布了《关于国际旅游价格管理方式改革的有关问题的通知》以来,我国的旅游价格改革基本适应了经济体制的转轨,逐步建立起了旅游价格管理的中央和地方两级协调制度。目前旅游行业的主管部门积极适应市场经济条件下的新情况、新局面,转变政府职能,使政府职能部门以各方利益的协调者和旅游市场秩序的维护者的身份管理旅游价格,使得市场在旅游价格决定中发挥了主导作用。

此外,成本因素(特别是旅行社采购成本)、营销目标、市场竞争因素等都是旅行社产品价格的重要影响因素。

二、旅行社产品定价程序和定价方法

(一)旅行社产品定价程序

旅行社通过对目标市场购买力、产品费用成本、产品需求弹性、市场竞争环境等重要因素进行分析,综合评价确定定价目标,选择定价方法,最后确定产品价格,如图2-1所示。

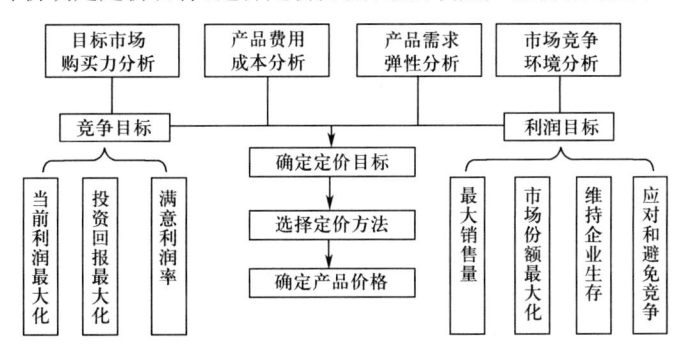

图2-1 旅行社产品定价程序

(二)旅行社产品定价方法

1. 成本加成定价法

从理论上讲,旅行社产品的价格构成为

旅行社产品价格＝直接成本＋固定资产折旧＋工资＋管理费用＋税金＋利润

在实际业务中,人们一般简单表示为

旅行社产品价格＝直接成本＋利润

这里的利润是指包含旅行社各种费用在内的利润,它通常根据直接成本的一定比例来确定,这一比例的大小则通常取决于本地区的旅行社行业的平均利润率。因此,成本加成定价法的公式应该进一步表示为

旅行社单位产品价格＝单位产品直接成本×(1＋平均利润率)

成本加成定价法是旅行社的一种常见定价方法,其主要优势是计算简便,而且在市场环境基本稳定的情况下能够保证旅行社通过销售产品获得一定比例的利润。然而这种方法是以成本为中心的定价方法,它只是从保证旅行社本身的利益角度制定产品价格,忽视了市场需求多变的现实。所以,利用这种方法制定出来的产品价格有时不能被广大的旅游消费者普遍接受,甚至会因此而造成旅行社产品在市场上缺乏竞争力。

2. 目标收益率定价法

目标收益率定价法力求为企业带来适当的利润以弥补投资成本。采用目标收益率定价法进行定价的时候,应该首先确定目标收益率以及目标利润,预测总成本(固定成本加变动成本),并预测销售量,最后确定产品的价格。产品的价格公式为

旅行社产品价格＝(总成本＋目标利润)/预期销售量

以收益率为目标进行定价的时候,应该仔细确定成本、需求、收入、利润之间的关系。因此,应该使用损益平衡分析。

目标收益率定价法的优点是可以保证在一定的销量条件下收回全部成本,实现既定的目标利润。但这种方法在旅行社定价中用得较少。这是因为,此方法是根据销售量来推算价格,忽略了价格对销售量的决定和影响作用,这样制定出来的价格不一定能为旅游消费者所接受,从而不一定能保证销售量达到预期目标。只有经营垄断性产品或具有很高市场占有率的旅行社才有可能依靠垄断力量按此方法进行定价。

3. 理解价值定价法

所谓理解价值,是指旅游消费者对旅游产品的主观评价,而不是产品的实际价值。理解价值定价法认为,消费者对某一个产品和服务进行购买之前,基于对产品的广告、宣传的信息以及自身的想象,对产品价值有一个自己的认知和理解过程。只有产品的价格符合消费者的理想的时候。他们才有可能接受这一价格。如果产品的价格超过了目标市场的理解价值,他们就不会进行购买活动。

采用理解价值定价法的时候,应当配合宣传促销活动,以宣传促销活动为产品树立良好的市场形象,根据消费者对产品形象以及价值的理解确定价格。因此,理解价值定价法的关键在于正确测定理解价值。

4. 以竞争为中心的定价法

以竞争为中心的定价法又称为随行就市法,是指旅行社参照行业平均价格或主要竞争对手的平均价格来确定自己的价格。它基本上有两种形式:一种是本行业完全自由竞争,各个企业以本行业的平均价格水平或者习惯价格水平作为自己的定价依据,这种方法非常适用于成本难以精确估算的,竞争对手价格变动难于预测的企业。另一种形式是本行业中有少数企业处于垄断地位,这些企业起到了领袖价格的作用,各个中小企业为了应付竞争就尾随其后,依据价格领袖的定价来确定自己的价格。

这种定价方法充分考虑了市场竞争的因素和旅游者的反应,所制定出的产品价格易于被旅游者所接受,并能够使旅行社在市场竞争中获得优势地位。但是这种定价方法有时容易引起旅行社间的恶性削价竞争。

5. 对新产品采取灵活的价格策略

(1) 撇脂定价策略。即在新产品刚刚进入市场阶段,采取高价投放政策,以便在短期内获取高额的利润。但是这种定价方法的缺点是在产品尚未在消费者中间建立起声誉之前,实行高价投放,不利于开拓市场。如果高价投放销路仍然很好,则迅速吸引竞争者,致使竞争白热化。一般说来,具备以下条件之一的新产品可考虑采用撇脂定价策略:

① 接待能力有限;
② 垄断性经营;
③ 需求缺乏弹性。

(2) 渗透定价策略。与撇脂定价策略相反,渗透定价策略采取低价投放,以便增加销量,开拓市场,并可以有效地排斥竞争对手的加入,长期占有市场。但实行渗透定价策略风险比较大,投资回收期较长,若旅行社销售数量达不到一定水平,无法补偿研究开发费用和初期较高的成本,另外当因成本发生变化等原因需要提高旅游产品价格时,不一定为旅游者所接受,从而影响该产品的销路。一般说来,具备以下条件之一的产品可以考虑采用渗透性定价策略:

① 具备大批量接待的能力;
② 非垄断性经营;
③ 需求富有弹性。

(3) 有针对性地采用多种多样的优惠价格和差价。优惠价格包括现金折扣和数量折扣等。差价包括等级差价、季节差价、地区差价、年龄差价等。需要强调指出的是,旅行社无论采取什么定价策略和定价方法,都必须综合考虑以下因素:

① 价格必须反映产品质量;
② 价格应该有连续性和稳定性;
③ 对不同的市场,价格应该具有灵活性;
④ 应该特别注意和竞争对手同类产品的价格比较;
⑤ 合理安排各项服务之间的比价关系;
⑥ 产品价格应该服从国家政策的要求。

案例 2-3

对特殊旅行社产品定价策略失当，北京旅行社错失 F1 商机

F1 上海站盛装落幕，十余万国内外观众一起涌入上海。其中北京的旅游者，不算自助散客至少也有 2000 人。但遗憾的是，北京旅行社却没能成功组成一个"F1 赛事游"团来，让人大跌眼镜。

F1 上海站比赛的观赛票在中国总共销售了 15 万张，在开赛前一个月就已全部售完。其中，上海春秋国旅是分销机构之一。它在北京的全资子公司北京春秋国旅获得的 1027 张票很快售罄。

事实上，北京春秋国旅的战略思路是借助资源优势，对该社原有的北京出发的华东 5 日游添加 F1 赛场参观以及观赛项目，打造成"F1 观光游"，但未果。

客观现实是，上海当地的交通问题，酒店房价的瞬时疯涨问题（普通三星平时只要 150 元人民币，F1 临近期间涨至 700～1000 元），旅游者消费心理问题（专业车迷会自己定好住宿和交通，不在意价格，且相当一部分人不通过旅行社），使得北京春秋国旅对外报价需要在原来基础加上加 2000 元才能保本。此外，机票折扣变化和临时政策变化，都令北京的旅行社晕头转向，没有对 F1 专项产品做宣传和包装。

与北京春秋国旅相比，上海春秋国旅却大赚一笔。仅售票就达到了 1.2 万张，销售额在上海分销商中排第一。卖票一项就稳赚了 200 万元，此外，上海春秋国旅还接待了几千人的 F1 专项旅游。该社开发的这条线路，是以普通华东 5 日游为基础报价，旅游者再随意添加不同的票的等级，使得最终报价翻了 2～3 倍。

资料来源：搜狐财经（旅游行业动态）（整理）.

第四节　旅行社产品知识产权保护及品牌化管理

阅读资料 2-2

海南多举措推进旅游产品知识产权保护

海南日报 2019 年 7 月 11 日报道：近日，在首届"大三亚"旅游产品创新设计大赛启动仪式上，有一项特别的议程：三亚市旅游行业协会联合会与省知识产权协会、东方国信律师事务所三方签署合作协议，共同探索如何对企业创新旅游线路的知识产权进行保护。

由于旅游产品的特殊性，多年来如何对企业独创的旅游线路产品进行保护一直是难点和热点问题。业界人士坦言，近年来这方面问题愈发严重，主要表现为景区名称商标频繁被抢注，旅游路线、旅游活动安排等内容抄袭严重。

近年来，海南省有关部门、行业协会、法律机构，通过开展宣传普及和培训工作、优化知识产权申请服务等多举措，推动旅游市场提质发展，擦亮琼岛旅游品牌，提升旅游品

质。结合三亚及景区特色,设计推出了不少旅游 IP 产品,包括'海角哥''天涯妹''鹿先生'以及'恋爱神兽小松鼠'等,通过线上宣传、线下互动等多种形式,向游客传播海南文化,提升景区品牌知名度,做出了可喜的成绩。

一、旅行社产品知识产权保护

多年来,旅游线路产品知识产权保护问题一直困扰着旅游行业。长此以往,势必影响旅游行业在旅游线路产品方面的投入,造成旅游行业在旅游线路产品研发方面的相对滞后,对旅游行业的健康发展极为不利。

(一) 知识产权的概念与范围

知识产权是指人们对于自己的智力活动创造的成果和经营管理活动中的标记、信誉依法享有的权利。第一,知识产权是一种无形财产权,属于民事权利的范畴;第二,知识产权的客体是智力活动创造的成果和经营管理活动中的标记、信誉;第三,知识产权是一系列权利的总称,包括著作权、专利权、商标权、商业秘密权等多项权利;第四,知识产权的取得必须有法律依据,未经法律规定的任何对象不能产生知识产权。知识产权有广义和狭义之分。广义的知识产权包括著作权、邻接权、商标权、商号权、商业秘密、产地标识权、专利权、集成电路布图设计权等各种权利。狭义的知识产权,即传统意义的知识产权,包括著作权(含邻接权)、专利权、商标权三个主要组成部分。

(二) 旅行社产品的法律属性

旅行社产品的核心要素是旅游服务,一方面是旅游经营者凭借其独特的旅游物质条件和专业技能,根据旅游者的要求,对其旅游过程中的食、住、行、游、购、娱以及其他活动进行系统的组织安排并提供服务;另一方面则是旅游消费者为了获得旅游服务而向旅游经营者支付约定的报酬。旅游产品的生产和消费活动均是围绕旅游服务这一基本环节展开,这种服务本身就是无形的产品,旅游者需因此与旅游经营者签订旅游合同并向其支付相应报酬。并由此在旅游经营者与旅游消费者之间形成了一系列的民事法律关系。而旅游产品的知识产权保护问题主要涉及的是旅游经营者相互之间因行业竞争而形成的法律关系。

(三) 旅行社产品涉及的知识产权保护

知识产权是国家法律赋予智力创造主体并保障其创造的知识财产和相关权益不受侵犯的一种专有民事权利。

旅行社产品作为一种凝结着旅游经营者及其服务人员智力与体力劳动的产品,在创意、设计、销售以及管理过程中,会引发诸如专利权、商标权、著作权、反不正当竞争等知识产权诉求和争议。适用于什么,如何保护,需要全面探索和论证,使其得到《知识产权法》的调整和保护。

总之,旅行社产品知识产权的保护是一个综合性很强的系统工程。旅游产品内容的综合性决定了其知识产权保护方法的多样性。一种共识是,面对激烈的旅游行业竞争,旅游经营者完全可以采用全面的创名牌战略辅之以商标法律保护、著作权法律保护以及积极参加旅游市场公平竞争辅之以反不正当竞争法律保护措施,维护自己的合法权利,营造一个公开公平的旅游竞争环境。

二、旅行社产品品牌化

(一)品牌的含义

品牌是一个复合概念。著名市场营销专家菲利普·科特勒认为:品牌是一种名称、术语、标记、符号或图案,或是它们的相互组合,用以识别某个消费者或某群体消费者的产品或服务,并使之与竞争对手的产品或服务相区别。

著名品牌专家大卫·爱格从品牌管理的角度提出品牌的定义:品牌就是产品、符号、人、企业、人与消费者之间的连接和沟通,品牌是一个全方位的架构,牵涉消费者与品牌沟通的方方面面。

国际上公认的品牌应包括以下六层含义:

1. 利益

给购买者带来的物质上、精神上的利益。

2. 个性

传达出差异化的个性。

3. 属性

表达出产品特定的属性。

4. 价值

体现制造商的某些价值观。

5. 文化

品牌附加及象征的文化。

6. 使用者

体现购买和使用这种产品的那一种消费者。

(二)旅游产品的品牌及其作用

1. 旅游产品的品牌

旅游产品的品牌是指旅行社向旅游者所展示的用来帮助旅游者识别旅游产品的某一名词、词句、符号、设计或它们的组合。包括品牌名称、品牌标识、商标。

2. 旅游产品品牌的作用

在激烈的市场环境下,产品品牌化是提高旅行社竞争力的重要因素。

(1)保证质量和信誉,提高旅游产品的附加值。品牌以质量取胜,附有文化情感内涵,形成了高信任度、高追随度。有助于旅游者选择和评价不同生产者的产品,并通过消费名牌产品获得心理的满足和回报。当某一旅游产品成为名牌产品时,旅游者就不会在购买价格上过分在意,甚至在价格稍高于其他旅游产品的情况下,旅游者也可以接受。所以,品牌加大了市场占有率,拓宽了市场,增加了产品附加值,能带来高效益。

(2) 易于商品识别,降低旅游者信息成本。品牌的建立是由于竞争的需要,是用来识别某个特定产品的。实际上每个旅行社品牌产品的打造都代表不同的产品特征,不同的文化背景,不同的设计理念,不同的心理目标,不同的产品服务质量。旅游者可以根据自身的需要,依据产品特性进行选择。这就省去了搜寻信息的过程,降低了旅游者搜寻旅游产品的成本。

(3) 利于实行网络化、集团化经营,增强企业核心竞争力。网络化、集团化发展道路是当今国际上大多数企业的发展模式。品牌化经营的一个益处就是造就一种连锁经营模式。只要有一个相对有名的旅游品牌,不论是依托旅游地生存的旅行社还是旅游品牌的横向发展,都会在地域上拓展、领域内拓宽,最终实现网络化和集团化的经营模式,从而大大拓宽市场占有空间,增强企业核心竞争力。

案例 2-4
好客山东——品牌核心价值的构建

品牌是产品与消费者之间的关系,一个品牌的生产必须以产品和消费者为必要的基础。一个强大的品牌能够跨越地域,让人感知,产生偏好,它是由知名度、美誉度、忠诚度和信赖度共同组成的,缺少任何一个环节都不算是完整的品牌。而构成品牌竞争优势最关键的要素,则是品牌的核心价值。

构建品牌核心价值,关键是要全面认识和准确把握产业特色和市场主体需求的趋势,从旅游产业的本质来讲,其核心价值体现在服务,而市场主体对于旅游产业的需求同样是服务,山东正是立足服务这个主体线索来提炼"好客"品牌的核心价值理念和价值目标:以人为本;一切为了游客,为了一切游客。

山东旅游品牌的核心价值、始终如一的市场表述和经营诉求就是"以人为本"。好客价值反映了以游客为主体,体现了旅游业以人为本的核心理念,好客则代表了山东旅游"一切为了游客,为了游客的一切"的产品建设理念、旅游服务理念和管理理念,具体体现在旅游产品、旅游管理、旅游服务中处处表现出关心人、尊重人、理解人、提升人。这种品牌定位跳出了以资源定位吸引人的阶段,上升到质量、效益的高度,贯穿于产品、市场、服务、管理等多个领域。

"好客山东"品牌的形成,是在极为深入的基础调研、非常系统的市场分析,极其严谨的科学概括的前提下完成的。这是我国旅游产业品牌建设的成功案例和典范,标志着中国旅游业的发展已经进入了一个品牌经营时代。

资料来源:豆丁网,好客山东品牌核心价值与品牌延伸战略(整理).

(三) 旅行社产品品牌设计原则

广义的品牌设计应包括:战略设计、产品设计、形象设计和 CI 设计。品牌设计的目的是将品牌个性外化为品牌形象,为更好地实现这一目标,在进行品牌方案设计和实施时,应遵循下列原则。

1. 全面兼顾

品牌战略的实施,会贯穿和融入旅行社运营的各个方面。因此,品牌设计要从企业内外环境、内容结构、组织实施、传播媒介等方面综合考虑,全面贯彻实施。切忌因某一环节的失误或缺失而影响全局,要以企业发展战略为核心。

2. 以消费者为中心

旅游产品是以满足旅游者需要为宗旨的,因此设计产品时必须时刻贯彻以消费者为中心的原则。要贯彻这一原则,要求旅行社首先做好市场定位,好的品牌定位是品牌成功的一半。品牌定位是为了让消费者清晰地识别并记住品牌的特征及品牌的核心价值。在产品研发、包装设计、广告设计等方面都要围绕品牌定位去做。其次,要尽量尊重消费者的习惯、习俗,努力满足消费者的需要;再次,要正确引导消费观念,而不是一味地迎合消费者。旅行社要做旅游的引导者和开拓者,近几年倡导并兴起的"红色旅游"、生态旅游、体育旅游、自驾车旅游等都需要旅行社在设计产品时注意引导。

3. 真实诚信原则

品牌设计要展示的是企业的综合竞争力和长久的发展方向,真实的形象、真实的实力最有说服力。在产品开发方向定位上,旅行社要充分考虑自身的优势和特点,选择最适合企业发展的,只有这样才能走上成功的品牌经营之路。在产品质量建设上,质量战略是实施品牌战略的关键、核心,质量是产品的生命,严格的质量管理是开拓、保持、发展名牌的首要条件。在市场开拓上,要突出品牌的定位和核心价值,找准产品与消费者之间的情感交汇点,注重培养消费者对产品的认知度、忠诚度。

(四)旅行社产品品牌建设要素

1. 质量——品牌的根本

美国著名的质量管理专家朱兰博士从顾客的角度出发,提出了产品质量就是产品的适用性,即产品在使用时能成功地满足用户需要的程度。质量是品牌的根本、基础,是品牌的生命力。品牌的显著特征就是能提供更高的、可感觉的质量。顾客为什么不惜高价购买品牌产品?就是因为品牌所体现的质量优势赢得了顾客的放心和满意。产品品质是旅行社创名牌的根本,是使顾客产生信任感和追随度的最直接原因,是品牌大厦的根基。

中国社会调查事务所曾进行"中国百姓品牌意识"的调查,当问到"你认为什么是品牌"时,被调查者中有90.16%的人认为是"产品质量好"。

朱兰博士说:21世纪是"质量的世纪"。旅行社又该如何把好质量关呢?

(1)充分考虑旅游者的实际需要和潜在需求。旅游者的需要是动态的、变化的、发展的和相对的,"需要"随时间、地点、使用对象和社会环境的变化而变化。因此,旅行社要注意倾听旅游者和专家的意见,要经常对市场进行调查,做市场分析和预测,旅游产品要从多方面、多层次、多角度考虑旅游者需要并进行设计,满足旅游者的基本需要和不断发展变化的需求。不仅注意适应市场,还要注意培育市场、开发市场。

(2)建立独特的质量形象。每个旅行社的产品都很难做到各个方面都优秀,应做好定位,抓住一个独特的卖点,树立独特的质量形象,如安全可靠、服务上乘、特色鲜明等。

(3)随时掌握旅游者对质量要求的变化趋势。旅游者对旅游产品的质量要求是不断变化的,不能闭门造车。

2. 服务——品牌的支柱

做品牌,就是做人的学问。服务就是"以人为本",体现的是人格上的尊敬、礼仪上的诚敬。现代人追求自我价值的实现、个性的张扬,人本化的服务是树立品牌形象,让企业美誉度和知名度以递增的趋势得到传播的支柱、纽带和载体。在旅游路线趋同化发展的今天,服务成为旅行社软实力的个性特征和核心竞争力。

(1)树立"品牌就是服务"的意识。旅行社必须树立全心全意为旅游者服务的意识,旅行社越为旅游者着想,离成功就越近。

要深入理解"以人为本"的服务理念。以人为本就是顾客至上,快乐服务、亲情服务,用心服务。

(3)系统完善的全过程服务。售前、售中、售后都要提供优质的服务。

(4)优化服务措施,加强培训工作。尤其在接待服务方面,要加强对计调、导游、司机等人员的培训,健全培训网络,完善设施,不断优化服务措施。

3. 形象——品牌的标志

形象是品牌表现出来的特征,反映了品牌实力与品牌实质。旅行社的品牌形象由旅游者评价,使之成为赢得旅游者忠诚的重要途径。做好品牌形象设计与打造,还会直接影响旅行社员工的凝聚力和生存环境。

4. 文化——品牌的灵魂

"山不在高,庙不在大,品牌建设靠文化"。品牌的背后是文化。旅行社产品既体现着旅游资源厚重的文化,也同时体现着旅行社的企业文化。品牌文化是文化物质在品牌中的沉积,是品牌活动中的一切文化现象。品牌包含着文化,以文化来增强附加值。文化支撑着品牌的丰富内涵,品牌展示、张扬着其代表的独特文化魅力。文化与品牌相辅相成,相映生辉。旅行社在建设产品品牌时必须做足文化这篇文章。

案例 2-5

夏令营品牌设计案例

中国秘境阿拉善——"非常2+1"西部生态访谈环保联合行动

西部访谈考察理念:行动起来,小脚丫、大脚丫一起守护人类共同家园

访谈考察区域:内蒙古西部阿拉善左旗;

集体成果:《中国西部生态文明建设进行时态》;

1. 这是一个全程西部考察课题制作工作组单元,由2位小脚丫+1位大学生组成,每团最多15个工作组。

2. 每个工作组6天的考察将奠定考察报告资料《中国西部生态文明建设进行时态——××方面专题考察报告》的基础。

专项考察内容：

1. 生态农牧承载力状况
2. 退牧后的农牧民产业安置途径
3. 传统农牧业对生态环境的威胁
4. 沙漠化的自然成因与治理途径
5. 沙漠化的社会成因与治理措施
6. 沙漠地区合理的文明存在模式
7. 生态地区水平衡问题
8. 沙漠地区生态链平衡问题
9. 沙漠地区生态经营全新观念
10. 沙漠治理的困境与解决途径

访谈考察行程：

D1：7月11日(周六) 开启秘境之门：北京——银川

首都机场乘机飞抵宁夏首府银川。

[游学主题1]小脚丫走天下系列之：民俗景观——古堡中的西北风情。

镇北堡西部影城——中国电影走向世界的地方,全方位感受"西北风"。

[游学主题2]小脚丫走天下系列之：世界遗产——万里长城考察行——三关口。

踏访贺兰山三关口明代长城遗迹。

[游学主题3]小脚丫走天下系列之：特色民俗——马背上的蒙古族。

进入阿拉善,品尝蒙古族特色晚宴,参与传统的迎宾仪式——下马酒祭天地。

D2：7月12日(周日) 新农牧区移民访谈

上午：李井滩农田采摘瓜果蔬菜+走访退牧农家。

李井滩是阿拉善左旗引黄灌溉农业区、阿拉善退牧移民安置区。

[游学主题4]小脚丫阅历拓展系列之：阿拉善退牧移民访谈——生存状况与农牧民的期望。

下午：在头道湖荒漠草原上寻找骆驼群,担当牧驼人;夕阳西下的草原上,学唱草原歌曲。

傍晚：阿拉善奇石街逛一逛,买些心仪的小美石送给亲爱的爸爸妈妈。

D3：7月13日(周一) 感触梦幻沙海——腾格里沙漠

[游学主题5]小脚丫走天下系列之：自然景观——沙漠,并非死亡之海。

以越野车、沙滩摩托、徒步的"三维方式"进入腾格里沙漠,体验极富乐趣的沙海冲浪,穿越沙海。迎着黄昏,细品沙湖之静美。

在沙漠边缘的治沙阵地,小脚丫"治沙造林拯救家园"接力种第3棒,为第1、第2棒小脚丫梭梭林浇浇水,巩固绿色希望,让"小脚丫生态林"扎根在沙尘暴之源,西部发展有我的贡献。

D4：7月14日(周二) 社会访谈拓展

民族联谊会：相约少年——小脚丫与阿拉善蒙古族实验小学。

[游学主题6]小脚丫阅历拓展系列之：阿拉善奶源基地退牧移民访谈——生存状况与农牧民的期望

走进空旷无垠的伊利集团巴润别立镇奶源基地,在退牧移民的牛场里、家里、炕头上、收奶站进行更深入的访谈,继续小脚丫社会访谈的原始材料的广泛收集。

D5:7月15日(周三) 我们这样一起守护人类家园的未来

上午:奥伊斯嘉国际组织(OISCA)生态产业研究基地实验项目考察。

坚定的七年沙漠志愿者富坚智先生介绍目前正在进行的科研试验项目:

1.鸸鹋产业化养殖实验,盐碱地土壤改良实验,非转基因西红柿和非洲油果豆驯化种植。

2.如何通过新产业的推广,为退牧后的牧民寻找新的就业途径,为提高农牧民经济收入做出技术支持?

下午:志愿援助阿拉善沙漠产业开发——我为"飞播种子加工"做义工。援助奥伊斯嘉生态站,缓解人力短缺的困难。

D6:7月16日(周四)

[游学主题7]小脚丫阅历拓展系列之:创新力——盐碱地成因及改良

上午:1.走访由日本世界绿化协会与阿拉善黄河文化研究会合作建设的"中日合作腾格里沙漠东缘生态项目"。了解该项目几年来为治理阿拉善生态环境做出的贡献和动人事迹。

2.考察阿拉善的盐碱地——小脚丫盐碱地改良之我见。

下午:《中国西部生态文明建设进行时态——××方面专题考察报告》开题报告指导与大纲撰写。

晚饭后飞回北京。

资料来源:北京青旅亲子游学主题活动实例.

本章小结

旅行社产品是一个综合概念,是旅行社根据旅游市场的需求,为旅游者提供的各类产品的总称。核心而完整的旅游产品是旅行社为旅游者在旅游过程中提供的食、住、行、游、购、娱等各环节的行程安排、服务和承诺等的综合。

随着旅游市场需求的多样性和个性化需求的提高,对旅行社产品的设计内涵及内容也提出了更高的要求,在满足基本需求基础上,针对不同目标群体的精神内涵和文化内涵建设是旅行社产品设计中的灵魂。旅行社要加强品牌化建设及保护。

案例分析

千名老人游丝路

——驼铃声声走戈壁,异域歌舞醉游人

一、日程表

新疆敦煌、甘肃兰州、西宁青海湖、嘉峪关、吐鲁番、乌鲁木齐(双卧10天、单飞9天)。行程安排见表2-3。

表 2-3　　行程安排表

日期	行程安排	用餐	交通	住宿
6月11日（周五）	上海火车站集合，乘T116次火车15:31赴兰州	—/—/—	火车	火车
6月12日（周六）	下午16:16抵达兰州，地接社接团，办理入住手续，晚上自由活动，欣赏兰州夜景，自由品尝兰州美食	—/—/—	大巴	兰州
6月13日（周日）	(青海湖风光)早餐后前往中国最大咸水湖——青海湖，经青藏公路，远观日月山、日月亭、倒淌河、青海草原、雪山、蓝天、白云，尽情摄影。远眺西部歌王王洛宾《在那遥远的地方》的创作地——金银滩草原	早/中/晚	大巴	西宁
6月14日（周一）	(艺术三绝——酥油花)早餐后参观藏传佛教六大宗主寺之一、藏传佛教格鲁派创始人宗喀巴的诞生地，以"艺术三绝"而闻名遐迩的塔尔寺，后乘车返回兰州，车程时间约3小时，晚餐后乘火车硬卧前往嘉峪关	早/中/晚	大巴	火车
6月15日（周二）	(河西走廊)早抵嘉峪关，游览"天下第一雄关"万里长城最西端的嘉峪关，外观保存完好的明长城城楼——嘉峪关城楼，参观矿石厂，中餐后乘车赴敦煌，途中远观桥湾古城。抵敦煌市区。晚餐后游览沙洲夜市	早/中/晚	大巴	敦煌
6月16日（周三）	(艺术宝库——莫高窟)早餐后游览沙漠与泉水共存的自然奇观——鸣沙山、月牙泉，自费骑骆驼畅游沙漠，感受驼铃古道的韵味，参观被联合国教科文组织列为"人类文化遗产"的、保存最完整、规模最大、艺术价值最高的"石窟艺术宝库"——莫高窟，另有多尊色塑像如沙漠中的天然画廊。参观夜光杯厂，晚餐后乘火车硬卧前往有"火洲"之称的吐鲁番	早/中/晚	大巴	火车
6月17日（周四）	(沙漠绿洲吐鲁番)早接火车后乘空调旅游车1小时左右赴火洲吐鲁番，参观《西游记》中唐僧师徒西天取经翻越的火焰山、万佛宫（包括传承区葡萄谷），举行"丝路风采，千名老年登火焰山比赛"，并颁发火焰山景区纪念品。下午游览坎儿井（沙漠植物园、海拔零点），下午走进维吾尔族人家亲身感受新疆民族风情。后乘车返回乌市，沿途远眺古丝绸之路军事要隘"白水涧道"——达坂城古镇，穿越"中国死海"——盐湖、风力发电站、柴窝铺湖，晚抵达乌市。晚餐后安排"丝路风情书画大赛"现场评比，现场颁奖	早/中/晚	大巴	乌市
6月18日（周五）	(瑶池仙境)早赴国家4A级景区——天山天池(乘缆车或区间车上下山，票价35元，自理)，欣赏天池美景。下午参观东西亚商品交汇地——二道桥国际大巴扎。后在民族风味浓郁的餐厅品尝新疆特色餐及欣赏新疆民族歌舞的表演	早/中/晚	大巴	乌市
6月19日（周六）	早餐后准备返程。6月19日火车抵达上海或飞机当天抵达上海。结束愉快旅行，回到温馨的家	早/—/—	火车或飞机	

二、费用

双卧：××××元，单飞：××××元，不含火车餐及部分自由餐，各景区门票按照相关规定执行。

费用含：往返火车硬卧、景点首道门票、餐费(7早12正)、三星标准用房、全程空调旅游车、全程视频、全程导游服务、旅游保险。

报名电话：××××××××、××××××××。

三、服务标准

住宿：全程三星或同级酒店标准间。

交通：景区空调旅游车。

餐饮：全程用餐7早12正；10人一桌，8菜1汤。

门票：全程景点首道大门票。

导游：全程优秀导游服务。

馈赠：全程视频记录。

交通：兰州—嘉峪关硬卧、敦煌—吐鲁番硬卧。

四、发团时间

第一班：2021年6月11日上海发团。

第二班：2021年7月11日杭州发团。

7、8、9月根据情况开专列或定期发班。

备注：上海—兰州硬卧：×××元/人，乌鲁木齐—上海机票全价：××××元/人(届时按实际折扣结算)。

五、说明

1. 报名时需提供旅游者的姓名、身份证号码，儿童必须报姓名及出生年月。
2. 在不减少景点的前提下，本社有权视具体情况对景点进行顺序上的调整。
3. 因不可抗拒的因素所产生的费用由旅游者自行承担，如遇国家政策性调整，本社将收取差价。
4. 如果出现单男、单女将与其他旅游者拼房或加床，多用床位需现付房费。
5. 此报价不含机场建设费、燃油费。

资料来源：某旅行社旅游产品案例(整理).

案例思考：

根据这份行程单，请你概括出旅行社线路产品的定义，并指出旅行社线路产品的构成。

思考与练习

一、记忆题

1. 什么是旅行社产品？
2. 旅行社产品开发原则是什么？
3. 什么是旅行社产品价格？

4.旅行社产品品牌化的内涵是什么?

二、思考题

1.影响旅行社产品价格的因素有哪些?

2.影响旅行社产品开发的因素有哪些?

3.旅行社产品开发过程分哪几个阶段?

4.旅行社产品品牌建设的策略有哪些?

5.如何进行旅行社产品的知识产权保护?

三、操作性练习

基本线路设计:以自己熟悉的群体作为目标群体(如大学生),结合其需求特点,设计一条三日旅游线路。要求包含食、住、行、游、购、娱的全部信息。

第三章
旅行社营销实务与管理

学习目标

旅行社产品的生产与消费不可分割、不可储存、需求弹性大、季节性强等特征,促使旅游业比其他行业更注重产品的营销,而旅行社企业的利润主要来源于旅游产品的批零差价和销售佣金,因此,旅行社市场营销的策略和管理直接关系到旅行社企业的生存和发展。

旅行社营销是一个系统工程,贯穿于旅行社业务及运营的始终。通过本章学习使学生全面熟悉、了解和掌握旅行社营销实务与管理的原理、程序和方法,重点掌握旅行社目标市场细分、市场定位、销售渠道选择与促销实务及管理过程。

重要概念

市场细分;市场定位;销售渠道;促销管理

导入案例

bikego 成了旅游界的"滴滴"

自由行已经成为年轻人出行的主流方式。蚂蜂窝旅行网、中国旅游研究院联合发布了《重新发现世界:全球自由行报告2017》,2017年全国国内旅游人次已经达到50亿,同比增长接近13%,其中自由行人数占比97%。而在自由行人群中,自由行却不自驾的人数接近一半。

2016年,bikego成立了。bikego采用"当地人"2~6人的小团/小车方式,向自由行但是不自驾的游客,提供当地玩乐向导服务,主要面向的用户群体是24~36岁的大城市的白领人群。bikego在云南大理起步,从2016年年初至2017年第一季度末,毕胜和他的团队扎根大理,花了5个季度在做一件事——供应链的合作模式的探索和如何让合作模式产品化、规范化,探索出"互联网众包模式"。前几年,bikego主要通过马蜂窝、天猫等OTA平台获客,接下来的战略目标是能够通过品牌获得更多客户,做自己的流量和用户运营。

资料来源:腾讯网,众包制做日游服务,bikego成了旅游界的滴滴(整理).

第一节 旅行社市场细分与市场定位

一、旅行社市场细分

(一)旅行社市场细分的概念

旅行社市场细分是指旅行社根据旅游者的需求特点、购买行为和购买习惯等方面的差异,将整体旅游市场划分为若干个需求大体相同的旅游消费者群的过程。每一个旅游消费者群就是一个细分市场。

旅行社的市场细分不是由人们的主观意志决定的,而是由旅游需求的多元化以及商品经济内在矛盾的发展引起的。人们的需求存在着差异性和类似性,将差异性群体分开,类似性人群聚合是旅游市场细分的普适性依据。

在旅游大众化、个性化的时代,旅游市场进入了高度竞争、复杂多变的氛围。旅游者的旅游需求比以往任何时候都更加多样化、理性化和动态化。传统的按需求类别对旅游者进行分割、集聚的方式已经不能完全适应旅游者更加理性、更加追求差异个性化的现实。将旅游市场细分到终极限度,使每一个旅游者都是具有独特个性的细分市场,是旅行社业发展面临的新任务、新课题。

客观上,任何一家旅行社既没有精力,也没有足够的实力面向整个旅游市场,满足所有旅游者的全部需求。即使是面对某一旅游细分市场,旅行社也难以寻找到独霸这一市场的有效途径。旅游行业的竞争环境也迫使旅行社业寻找异质化发展空间,对多元异质的旅游市场进行恰当的市场细分,并从中选择一个或几个细分市场作为本企业的产品定位和营销对象,是旅行社发展的战略重点,是旅行社业务管理的重要内容。旅行社市场细分是旅行社业由分散到集中、由同化到异化的竞争和提升过程。

旅游市场细分为旅行社提供了非常有效的分析工具,对旅行社开展营销活动、提高综合竞争能力有着十分重要的作用。科学合理的市场细分,有助于旅行社了解整个旅游市场及每一个细分市场的情况,确切掌握不同细分市场的旅游需求特点及其满足程度;有助于旅行社针对目标市场的需求和愿望,制定适当的市场营销策略,更好地满足旅游消费者的需要;有助于旅行社合理地使用人力、物力、财力资源,增强竞争能力,提高营销效益。

(二)旅行社市场细分的原则

旅行社在进行市场细分时,必须充分注意市场细分的实用性和有效性,使之能为旅行社选择目标市场提供有价值的依据。为此,旅行社市场细分必须遵循以下几条原则。

1. 可衡量性

可衡量性是指细分市场的需求特征必须是可以识别和可以衡量的。即通过细分后的各细分市场均须具有明显的差异性,对每一细分市场的规模、购买力大小等均可以做出明确的估计,从而为制定营销决策提供依据。

2. 可进入性

可进入性是指旅行社有足够的营销能力在该细分市场上进行必要的营销活动。经细分后的市场，首先必须是值得旅行社去占领的；其次必须是能够占领的。如果旅行社无力通过自己的营销活动去影响旅游消费者，那么这样的市场细分是毫无意义的。

3. 稳定性

稳定性是指细分的市场特征在一定时期内能够保持相对不变。细分市场变化快不利于旅行社制定和实现长远营销战略方案。因此，细分的市场规模要相对足够大，保持一定的现实需求量和潜在需求量。

4. 发展性

发展性，即旅行社选择的目标市场不仅要能为企业当前经营创造利益，而且通过努力市场可以进一步扩大，要能为旅行社的未来发展带来利益，使之长期保持持久效益。

（三）旅行社市场细分的标准

差异性是旅行社市场细分的基础。群体（或个体）的差异性受其生活环境、个性特质的影响很大。因此，旅游市场细分通常依据地理因素、人口特征、消费心理、消费行为等指标量划分。

1. 按地理因素细分

按地理因素细分是指旅行社按照不同的地理情况将整体旅游市场划分成若干个不同的细分市场。

按地理因素细分市场是市场细分中最常见的形式。旅游求新求异的本质特点，使得地域环境对市场需求影响很大。不同地理环境下的旅游消费者，由于自然条件、文化传统和社会经济发展水平的差异，对旅游需求的偏好与消费习惯具有明显的差别，并因此形成不同的旅游需求特点。

细分参照指标包括国家、地区、距离、地形、气候、人口密度、城市规模等。例如世界旅游组织将全球旅游市场细分为六大市场，即欧洲市场、美洲市场、东亚及太平洋市场、南亚市场、中东市场和非洲市场。在我国北部区域，如东北市场、华北市场、西北市场等的划分都是依据地域性差异。

按地理因素细分旅游市场对于分析不同地区旅游消费者的需求特征、需求总量及其发展趋势具有一定意义。有利于旅行社开拓区域旅游市场。需要指出的是，地理因素相对来说是一种静态因素，比较容易辨别和分析。但是，同一地域的旅游消费者需求仍然存在很大的差异，因此，旅行社要选择目标市场，还必须同时依据其他因素进一步细分市场。

2. 按人口特征细分

按人口特征细分是指旅行社按照人口统计变量将整体旅游市场划分成若干个不同的细分市场。人口统计变量主要包括旅游者的性别、年龄、家庭结构、种族、民族、国籍、社会阶层等。人口是构成市场的最主要因素，由于旅游消费者的需求和欲望与人口统计变量有着密切关系，且人口统计变量相对其他变量较为稳定，也更容易衡量。因此，人口统计变量往往是旅行社市场细分最常用的标准。例如,根据性别旅游市场可分为男性旅游市场和妇女旅游市场;根据年龄旅游市场可分为老年旅游市场、中年旅游市场、青年旅游市场和儿童旅游市场等。旅行社既可以将每一种人口统计变量作为旅游市场细分的具体标准,也可以把几个人口变量组合起来作为市场细分的依据。如同时可以把性别(男、女)、年龄(老年、成年、儿童)、收入(高、中、低)、家庭结构等变量结合起来进行市场细分,对每个子市场的销售潜力、竞争程度和收益进行分析,在此基础上确定自己的目标市场,并根据目标市场的需求特点来制订营销方案。

3. 按消费心理细分

按消费心理细分是指旅行社按照旅游消费者的心理特征来细分旅游市场。心理因素直接影响旅游消费者的购买动机。然而,心理因素是多种多样的,非常复杂,难以测定,也无固定的统一标准。主要参照指标如社会阶层、生活方式、价值观念和个性特征等因素,这些都决定着旅游者社会心理的需要层次、个性差异及兴趣爱好等。如,相对富有阶层,希望得到他人的承认,喜欢和具有同样社会和经济地位的人一起旅游,旅游方式以家庭式为主;具有探险倾向者喜欢到陌生的地方去接触异族,喜爱大自然,喜欢野营,甚至会到沙漠、密林、山区去游玩。旅行社需要根据更为精细的心理研究来定位市场。

4. 按消费行为细分

按消费行为细分是指旅行社根据旅游消费者的购买动机、利益追求、购买时机、购买频率、购买形式、营销因素敏感度、待购状态、产品使用状态、品牌忠诚度、对产品的态度等行为变量来细分旅游市场。行为因素一般属于结果性变量,据此进行细分可以较好地把握旅游者消费行为的动态变化,因而它是旅行社细分市场时最常用的细分标准。例如,根据购买动机,可将旅游市场分为观光旅游市场、休闲度假旅游市场、会议商务旅游市场、奖励旅游市场、探亲访友旅游市场等;根据购买形式,可将旅游市场分为团体旅游市场、散客旅游市场等。

旅行社在运用上述细分标准进行市场细分时还要注意一些问题。首先,市场细分的标准是动态的。它随着经济发展及市场状况的改变而不断变化,如收入水平、城乡人口比例、消费时尚等都会随时间的推移而发生变化,因而所用标准要随实际变化而调整。其次,不同的旅行社在市场细分时会采用不同的标准。因为各旅行社的资源、产品特性和所处产业链的位置不同,观察旅游消费群体的角度也不同,因而所采用的标准也会有所不同。再次,每一个标准都不是孤立存在的,因此,旅行社细分市场需要综合考量,选择重点,确定最合适的市场定位。

(四)旅行社市场细分的方法

市场细分是旅行社选择目标市场、制定营销策略的重要前提。旅行社市场细分的方法通常有以下三种。

1. 单一因素法

单一因素法是指旅行社只选用一个影响旅游消费需求的因素对旅游市场进行细分的方法。如根据年龄,可以将国内市场分为老年、成年、儿童旅游市场。

2. 综合因素法

综合因素法是指旅行社根据两个或两个以上影响旅游消费需求的因素,同时从多个角度对旅游市场进行细分的方法。因为某些产品市场上旅游消费者的需求差别常常极为复杂,只有从多方面去分析、认识,才能更全面、更准确地将其区分为具有不同需求特点的旅游消费群。

3. 序列因素法

序列因素法是指旅行社运用两个或两个以上影响旅游消费需求的因素,依据一定的顺序逐次对旅游市场进行细分的方法。即按照一定的顺序,一次又一次地对市场进行细分,直到基本能区别不同旅游消费群的需求特征为止。

值得一提的是,国内外有关旅游市场细分的研究文献近年来逐渐增加,其研究方法和结论,为旅游营销提供了重要的参考。

在市场细分研究中,分析的模式主要有两种:第一,基于顾客与基于产品。其中,基于顾客的方法是:观察不同类型顾客的具体特征;基于产品的方法则是关注产品本身的具体物理特征,顾客希望从产品中获得的利益类型,产品使用量或使用模式等。第二,事前方法与事后方法。其中,事前的市场细分方法是:根据预先所知或推测的与企业产品或服务消费相关的一些影响因子划分顾客群,如人口统计特征、购买量、地理区域等。按国籍、年龄、职业等划分属于事前市场细分模式。事后市场细分则是以问卷调查反馈为基础,例如顾客的价值取向、需求、使用量和使用模式、态度和感知度等。

(五)旅行社市场细分的程序

旅行社市场细分是由一系列程序组成的一个完整过程,通常按以下程序进行。

1. 确定旅行社经营的市场范围

旅行社在确定经营领域与经营战略目标之后,一般要确定其经营的市场范围。可以这样说,旅行社经营的市场范围是旅行社市场细分的基础和前提。因此,旅行社要进行深入细致的市场调研,分析旅游市场消费需求的动向,结合企业本身所具有的资源和能力,做出相应决策。

2. 确定市场细分的因素与标准

旅行社市场细分的关键在于科学地确定细分的因素与细分标准。旅行社要确定市场细分因素与细分标准,必须尽可能地将各种旅游消费需求列出并归类,并据此决定市场细分的标准。

3. 确定细分市场的名称

旅行社根据各细分市场旅游消费者的主要需求特征,用形象化的方法,为经过筛选后可能存在的各个细分市场确定名称,如商务型、冒险型等。

4. 分析各个细分市场的经营机会

旅行社根据细分因素与细分标准对市场进行细分之后,还要对所有的细分市场的经营机会进行分析。一般来讲,细分市场的经营机会是与细分市场的需求规模和竞争强度相联系的,需求规模愈大、竞争强度愈弱,细分市场的经营机会就愈好,否则就愈差。

案例 3-1

开往春天的列车——坐着高铁去云南

随着国内高速铁路的不断开通和提速，四通八达的高铁网络大大缩短了祖国东西南北的空间距离，乘坐高铁旅游已成为一种新的时尚方式。各地旅游部门把握市场动态，借势发力。比如，在沪昆高铁全线开通之际，云南省旅发委在贵阳、长沙、南昌、杭州、上海五大城市开展主题为"开往春天的列车——坐着高铁去云南"的旅游推介会。推介会颠覆传统模式，拓展推介群体，在全国300家同程体验店同步开展"七彩云南，红遍神州"风情体验周大型活动，通过品一杯正宗普洱茶，尝一块手工猫哆哩，领一份云南特色手提包，看一场民族风情表演等场景化体验，创新营销七彩云南旅游品牌。

资料来源：长沙晚报资料整理.

二、旅行社目标市场的选择

(一) 旅行社目标市场的概念

旅行社的目标市场，是指旅行社根据自己的优势条件相应地选择一个或几个细分市场作为自己的营销对象，被选择的细分市场即为目标市场。

选择目标市场是现代旅行社经营管理的重要内容。实践证明，实力再雄厚的旅行社其资源也是有限的，不可能也没有必要去面向整个旅游市场，满足所有旅游者的全部需求。因此，旅行社在营销决策之前，必须选定目标市场，这是旅行社确定发展战略和市场营销组合策略的关键，直接关系到旅行社营销的兴衰成败。

(二) 旅行社目标市场应考虑的因素

旅行社选择什么样的细分市场作为目标市场，最终要考虑细分市场对旅行社是否具有相对理想的长期盈利潜力。因此，旅行社选择目标市场必须要考虑各种相关因素。

1. 市场规模和发展潜力

这是旅行社选择目标市场时应该首要考虑的因素。如果市场规模过小，发展潜力不大，即使旅行社市场占有率很高，也不会带来较高的利润。但有些旅行社往往只重视规模大的客源市场，忽视规模小的客源市场，形成众多旅行社在同一细分市场竞争的局面，这样既增加了竞争强度，又加大了旅行社经营的费用，使一些旅行社处于不利的地位。同时，旅行社满足旅游消费者的需求，不仅是满足现实的旅游需求，更要发掘尚未满足的、未来的潜在旅游需求。对旅行社来说，市场上存在着未满足的旅游需求，就意味着市场需求，意味着潜在效益。因此，作为目标市场，必须具备一定的规模和充分的发展潜力。

2. 市场结构

市场结构是指旅行社与市场的关系特征和形式。旅行社与市场的关系主要表现为行业内的竞争者、潜在竞争者和旅游中间商对旅行社经营的威胁。

当旅行社选定的目标市场已经存在一定数量的竞争者时，该目标市场就会失去经营吸引力。因为在目标市场上随着供应能力的不断扩大,旅行社之间的竞争就要加大,要想坚守这个目标市场,旅行社就必须加大促销力度,提高产品质量,并运用价格手段参与竞争,这样就必然会大幅度降低旅行社的利润。所以,旅行社应尽量选择竞争对手较少的细分市场作为自己的目标市场。

如果旅行社选定的目标市场可能吸引一定数量的新的竞争者进入,那么该目标市场的竞争加大,就会失去经营吸引力。因此,旅行社在目标市场选择过程中,应考虑目标市场上潜在竞争者进入的难易程度,选择那些潜在竞争对手难以进入的细分市场作为自己的目标市场。

当旅行社选定的目标市场中,负责提供客源的中间商具有较强的杀价能力时,中间商会提出要求旅行社压低价格、增加产品项目、提高产品质量等要求。这样,旅行社的经营利润就会大幅下降。因此,旅行社应选择中间商杀价能力较弱的细分市场作为自己的目标市场。

3. 旅行社的经营目标和资源

旅行社在选择目标市场时,还要将旅行社的经营目标和资源与目标市场的情况结合起来考虑,以便确保旅行社的目标市场与企业的经营目标及资源状况相适应。

(三)旅行社目标市场的策略

旅行社在选定目标市场后,就要考虑旅行社产品进入目标市场的具体营销策略。一般有以下三种。

1. 无差异性营销策略

无差异性营销策略是把整个市场看作一个整体,即一个大的目标市场,不再细分,忽略各细分市场上需求的差异性,寻求各类购买者需求相同的部分,推出一种旅游产品,运用一种营销组合的营销策略。旅行社的无差异目标市场策略适用于以下三种情况。

(1)整个客源市场的需求虽有差别,但需求的相似程度较大。

(2)客源市场的需求虽有实质上的差别,但各个需求差别群体的经济规模较小,不足以使旅行社通过某个细分市场的经营取得效益。

(3)旅行社业内竞争程度较低,客源市场的需求强度较高。

这种策略最大的优点在于:能减少营销活动开支,降低旅游营销成本。缺点在于:忽视了需求的差异性,满足不了旅游消费者多样化的需求,不利于在市场竞争中取得优势。该策略适用于那些垄断性强、吸引力大的旅游产品,如故宫、长城等。而对大多数旅游产品来说并不适用。

2. 差异性目标市场策略

差异性目标市场策略是指旅行社把整体旅游市场划分为若干细分市场,并针对不同细分市场的需求特征,分别设计和提供不同的旅游产品,运用不同的营销组合,以满足不同细分市场上旅游消费者需求的营销策略。旅行社差异性目标市场策略适用于以下三种情况。

(1)客源市场的需求存在着明显的差异。

(2)按细分因素与细分标准划分的各类客源市场都具有一定的经营价值。

(3) 旅行社规模较大,且产品经营能力足以占领更多的细分市场。

同无差异性目标市场策略相比较,差异性目标市场策略通常能取得更好的经营绩效。由于它针对性强,满足市场需求的程度高,对旅行社扩大市场占有率是十分有利的。但是旅行社采取差异性目标市场策略,旅行社的市场调研、开发、管理、促销成本也会相应上升,增加了各种经营成本和经营费用。

3. 密集型目标市场策略

密集型目标市场策略,又称为集中型市场策略,是指旅行社在市场细分的基础上,选择其中一个或几个细分市场作为目标市场,集中所有力量向其提供最能适合其需求特点的产品和营销手段。密集型目标市场策略适用于以下两种情况。

(1) 细分市场具有明显的、实质性的需求差异。

(2) 旅行社规模较小,且经营能力有限。

密集型目标市场策略的优点在于可以提高旅行社的知名度;有利于旅行社在某一个或几个细分市场上确立自己稳固的地位,形成竞争优势;还可以降低营销成本,增加盈利。不足之处是经营风险较大,一旦某一目标市场突然变化,旅行社就有可能陷入困境。

三、旅行社市场定位

市场定位也称作营销定位,是企业用以在目标市场(该市场上的客户和潜在客户)的心目中塑造产品、品牌或组织的形象或个性的营销技术。

旅行社目标市场定位,是指旅行社为使其产品或服务在目标市场顾客的心目中树立鲜明、独特及深受欢迎的市场形象而进行的各种决策和展开的各项活动。它直接关系到企业产品能否赢得市场、占领市场、进一步开拓市场等一系列问题。其宗旨是在消费者心目中树立独特的形象,如恋爱最终俘获芳心般,创造出一个心理期待。

案例 3-2

增加体验互动,老地方设计新玩法

随着旅游消费的日趋理性,那些走马观花式的"大众化产品",早已失去吸引力,因此,如何打造特色产品,提升线路吸引力,是旅行社业需要持续面对的重要问题。

从整个旅游市场看,各大旅行社都在推陈出新,开发更休闲、更深度的游玩线路,把产品推向纵深发展来引导消费,即便是一些看似普通的老地方、老景点,也要开发和赋予创新玩法。比如,泉州中国旅行社推出的针对中老年人的"京津休闲六日游",线路虽说看似常规,但实际上,旅途中却设计了不少独特的体验环节;在景点观光游的基础上,旅游者不仅能走进摄影棚,与知名主持人、嘉宾、明星面对面,还能亲身感受央视或北京电视台节目录制的现场气氛;闲逛老北京胡同时,旅行社还特别邀请陈氏太极传人亲临现场,传授太极招式和延年益寿的保健经验;参加京城知名的健康大讲堂,普及医学知识等。除此之外,线路在食宿安排上也颇具特色,深受市场的认可和欢迎。

资料来源:闽南网,打造特色线路和个性服务 跟团游一样可以很美好(整理).

(一)旅行社市场定位的步骤

市场定位的任务,就是要使旅游者能把本企业与其他竞争者区分开来。旅行社在进行市场定位时,一要洞察旅游者需求信息,以便投其所好;二要研究竞争对手在市场上的地位、实力和特点,明晰自身的竞争潜力;三是在确立自己的市场定位后,进行形象塑造和推进。

1. 分析目标市场的消费需求,确认潜在的竞争优势

旅游消费者对旅行社产品的利益期望是构成其购买的决定性因素。如果旅行社塑造的市场形象不能给旅游消费者带来实际利益,这样的定位将是无效的。所以,旅行社必须首先分析研究旅游消费者选择旅行社的关键因素以及他们对现有旅行社的看法,据此找准正确的定位。

2. 研究竞争对手的定位情况,初步定位

市场定位的关键是企业要设法在自己的产品上找出比竞争者更具有竞争优势的特性。因此,旅行社要通过调研等各种渠道,全面认真地分析主要竞争对手的各种信息,包括他们的市场目标、财务状况、组织机构、产品特色、产品价格、服务质量、管理水平等,把握其市场定位。知彼知己方能百战不殆。

3. 形象传播,显示独特的竞争优势

旅行社为产品塑造的特色是其参与市场竞争的有力优势,但这些优势并不会自动在市场上显示出来。要使这些优势发挥作用,进而影响消费者的购买决策,旅行社就需要通过积极主动地与消费者沟通,将产品的这些独特个性传递给消费者,以引起消费者的注意,求得消费者的认可,在消费者心目中形成一种特殊的偏爱。

(二)旅行社市场定位的策略

市场定位策略实质上是一种竞争策略,它反映市场竞争各方的关系,是关于旅行社在已经确定的目标市场上如何处理与其他企业竞争关系的基本思路。从这个角度出发,市场定位策略可分为以下几种类型。

1. 领先定位

领先定位是通过展示旅行社独一无二的属性,在消费者心目中占据领先的位置。这是最容易实施的一种定位策略,但要求旅行社在产品质量、价格或服务等方面具有绝对的优势。然而有绝对实力的旅行社毕竟是少数,所以还要依据其他方法进行定位。

2. 避强定位

这种策略是指旅行社力图避免与实力最强或较强的其他旅行社直接发生竞争,而将自己的产品定位于某个产品"空隙",使自己的产品在某些特征或属性方面与最强或较强的对手有比较显著的区别。这种策略的优点是,旅行社能够迅速占领市场,并在消费者心中树立一定形象。由于这种定位策略的市场风险小,成功率高,常常为多数企业所采用。

3. 迎头定位

这种策略是指旅行社根据自身的实力,为占据较佳的市场位置,不惜与市场上占支配地位的、实力最强或较强的竞争对手发生正面竞争,而使自己的产品进入与对手相同的市场位置。旅行社实施这种策略时,由于竞争对手是最强大的,因此竞争过程往往相当引人注目,企业及其产品容易较快地为消费者了解,达到树立市场形象的目的。但是迎头定位可能引发激烈的竞争,具有较大的风险。因此,实行迎头定位时,旅行社必须做到知己知彼,应该了解市场容量的大小,自己是否拥有比竞争者更多的资源和能力,是不是可以比竞争者做得更好。

4. 逆向定位

逆向定位是借助于有名气的竞争对手的声誉来引起消费者对自己的关注、同情和支持,以便在市场竞争中占有一席之地的广告产品定位策略。大多数企业的商品定位都是以突出产品的优异性能的正向定位为方向的,但逆向定位则反其道而行之,把自己定位在消费者心目中第一位形象的对立面和相反面。最有名的例子是美国的七喜汽水。他们在广告宣传中把饮料分为可乐型和非可乐型饮料两大类,可口可乐是可乐型饮料的代表,而七喜汽水是非可乐型饮料的代表,从而突破可口可乐和百事可乐垄断饮料市场的局面,使企业获得空前成功。

5. 重新定位

重新定位是指对销路少、市场反映差的产品进行二次定位。初次定位后,由于顾客需求偏好发生推移,市场对本旅行社产品的需求减少;或者由于新的竞争者进入市场,选择与本旅行社相近的市场定位,致使本旅行社市场占有率下降。在这些情况下,旅行社就需要对其产品进行重新定位。因此,一般来说,重新定位是企业摆脱经营困境,寻求新的活力和获得增长的一条途径。但也有的旅行社并非因为已经陷入困境而重新定位,相反,却是由于发现新的产品市场范围引起的,例如,某种专门为男性设计的产品在女性中也开始流行后,这种产品就需要重新定位了。

案例 3-3

研学旅行

研学旅行是我国全面深化素质教育的创新实践项目,2013年2月2日国务院办公厅印发国民旅游休闲纲要(2013—2020年)首次政策性提出,并在同年由教育部发起试点启动,2014年7月14日教育部发布《中小学生赴境外研学旅行活动指南(试行)》,2016年11月30日教育部、国家旅游局等11部委联合发布《关于推进中小学生研学旅行的意见》,研学旅行在全国全面推进实施。从酝酿、出台、试行、推进,国务院及教育部和文旅部两大主管部先后在研学旅行境外活动、研学旅行基本思想、研学旅行基本任务、研学旅行试验区和基地建设、研学旅行服务规范等诸多层面出台一系列政策,为研学旅行持续发展保驾护航。近日,教育部职业教育与成人教育司公布2019年度增补专业通告,在旅游专业大类增设"研学旅行管理与服务"专业,自2020年起执行。这是教育部针对研学旅行实施中的服务管理人力资源问题的新举措。标志着国家推动研学旅行的决心和行动力。

资料来源:根据时事信息整理(杨宇).

第二节　旅行社产品销售实务

一、旅游产品销售渠道概述

旅行社将旅游产品销售给旅游消费者,是通过一定的渠道实现的,即在指定时间、指定地点,通过某一个人或某一个组织,以指定方式提供给旅游消费者,它是旅行社实现经营目标的必要通道。

(一)旅游产品销售渠道的概念

旅游产品销售渠道,是指旅游产品从旅游生产企业向旅游消费者转移过程中所经过的一切取得使用权或协助使用权转移的中介组织或个人,也就是旅游产品使用权转移过程中所经过的各个环节连接起来而形成的通道,又称为分销渠道。旅游产品销售渠道的起点是旅游产品的生产者,终点是旅游消费者,中间环节包括各种代理商、批发商、零售商、其他中介组织和个人等。其常见形式如图3-1所示。

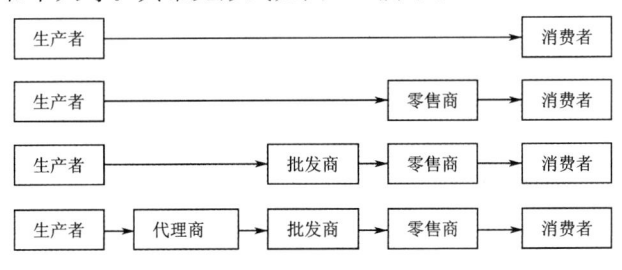

```
生产者 ──────────────────────────────→ 消费者
生产者 ─────────────────→ 零售商 → 消费者
生产者 ──────→ 批发商 → 零售商 → 消费者
生产者 → 代理商 → 批发商 → 零售商 → 消费者
```

图 3-1　旅游产品销售渠道

在旅游市场不断发展并逐渐成熟的条件下,大多数旅游产品并不是由旅游生产企业直接供给旅游消费者,而是要经过或多或少的中介组织(旅游中间商)才能供应给旅游消费者。旅游中间商是社会分工和商品经济发展的产物,在旅游市场营销活动中有着客观存在的必然性。由于旅游产品的生产和消费之间存在数量、品种、时间、地点等方面的矛盾,为解决这些矛盾并节约社会劳动,就需要中间商发挥生产与消费联结人的作用。对于旅游产品的生产企业来说,旅游中间商是专门化的市场营销组织,市场接触面广、信息来源多、熟悉消费者并可实行规模化经营,因而旅游生产企业借助于旅游中间商,就可使自己的产品打入广阔的市场,减少资金占用,提高营销效率和投资收益率。

(二)旅游产品销售渠道的类型

1. 美国营销学家科特勒的划分

科特勒认为,产品的销售渠道可以分为以下四种。

(1)零层次渠道:旅游产品生产者→旅游消费者。

指产品生产者在向消费者(或使用者)转移其产品的过程中,不涉及任何中间环节或中间商的销售途径。

(2)单层次渠道:旅游产品生产者→旅游零售商→旅游消费者。

指产品在向消费者(或使用者)转移的过程中,需经由一个中间环节或中间商的销售途径。

(3)双层次销售渠道:旅游产品生产者→旅游批发商→旅游零售商→旅游消费者。

指产品由生产者向消费者(或使用者)转移的过程中,需经由两个中间环节或中间商的销售途径。

(4)多层次渠道:旅游产品生产者→本国批发商→外国批发商→外国零售商→外国旅游消费者。

指产品在向消费者(或使用者)转移的过程中,涉及三个或更多的中间环节或中间商的销售途径。

需要注意的是,旅游产品通过销售渠道转移与普通的实物产品通过销售转移不同,旅游者购买旅游产品在绝大多数情况下购买的是一种契约,是一种有时间、地点限制,甚至是有资格限制的预期的旅游经历和体验,只有有限使用权而不拥有所有权。无论是旅游景点、饭店,还是旅游线路,旅游者都必须在指定的时间到指定产品的所在地消费。

2. 美国夏威夷大学旅游管理学院朱卓仁教授的划分

朱卓仁教授根据旅游产品供应者和购买者之间的中介环节的数量将旅游产品的销售渠道划分为四种系统,分别为一级系统、二级系统、三级系统和四级系统。

(1)一级系统:旅游产品供给者→旅游产品购买者。

(2)二级系统:旅游产品供给者→经营商、批发商或专业媒介者→旅游产品购买者。

(3)三级系统:旅游产品供给者→经营商、批发商或专业媒介者→代理商→旅游产品购买者。

(4)四级系统:旅游产品供给者→批发商或经营商→代理商→专业媒介→旅游产品购买者。

从以上的两种分类中我们可以看出,不论是分层还是分级,旅游产品销售渠道都是以旅游产品销售过程的简单与复杂为依据来划分的。

3. 按中间环节划分

按中间环节来划分,旅游产品销售渠道可以归纳为两大类:一类是旅游产品直接销售渠道;另一类是旅游产品间接销售渠道。

(1)直接销售渠道

①旅游产品生产者在生产现场直接将旅游产品销售给旅游消费者,旅游产品生产者充当零售商。

②旅游消费者通过通信、计算机网络等方式向旅游生产者预定购买旅游产品。

③旅游产品生产者在市场拥有自设的零售系统,直接向旅游消费者销售旅游产品。

(2)间接销售渠道

①旅游产品生产者向旅游零售商支付佣金,通过旅游零售商将旅游产品销售给旅游消费者。

②旅游产品生产者与旅游批发商有直接业务关系,旅游批发商再通过旅游零售商将旅游产品销售出去。

③旅游产品生产者与本国旅游批发商往来,本国旅游批发商再与外国旅游批发商联系,外国旅游批发商通过外国旅游零售商将旅游产品销售给旅游消费者。

二、旅行社销售渠道概述

(一)旅行社销售渠道的概念

从旅游产品销售渠道的概念中,我们不难看出,旅行社销售渠道是指旅行社将其产品提供给最终消费者的途径。旅行社产品的销售渠道主要包括两大类,即直接销售渠道和间接销售渠道。

1. 直接销售渠道

直接销售渠道是指旅行社直接将产品销售给最终消费者,中间没有介入任何中间环节。

2. 间接销售渠道

间接销售渠道是指在旅行社和旅游产品的最终消费者中间介入了中间环节的销售分配系统。间接销售渠道可以只是一个中间环节介入,也可以有多个中间环节介入,如我国的旅行社通过国外的旅游批发商或旅游零售商销售其旅游产品时采用的就是间接销售渠道。

(二)我国旅行社销售渠道的类型

1. 国内旅行社常用销售渠道类型

在国内旅游方面,我国经济发达地区的国内旅行社目前大都采取直接销售渠道策略,就地招揽客源;而旅游资源相对丰富的地区则多通过横向联系获得旅游接待的机会。它主要包括两种类型:

(1)旅游服务供应者→接待社→组团社→旅游者。

(2)旅游服务供应者→接待社→旅游者。这是旅游销售中最短的渠道,即直接销售渠道,简称直销。

2. 国际旅行社常用销售渠道类型

在国际入境旅游业务中,由于关税壁垒、企业自身资金和技术的不足以及促销力度不够,知名度不大等原因,广泛采取的是间接销售渠道,主要有三种。

(1)专营性销售渠道策略。在一个客源市场(国家或地区)内只找一家旅游批发商作为自己在该市场的独家代理或总代理。这种渠道策略销售成本低,且双方的合作关系稳定,但是会导致旅行社产品的市场覆盖面窄,市场风险大。

(2)广泛性销售渠道策略。指通过经营商把产品广泛分派到各个零售商,以满足旅游消费者需求的一种渠道策略。其优点是销售范围广,联系面宽;缺点则是销售成本高,合作关系不稳定。

(3)选择性销售渠道策略。即在一个市场上从众多的旅游中间商中,选择少数几家推销能力强、经营范围广、信誉度高且与旅行社较对口的中间商,设法同他们建立比较稳定的合作关系。其优点是销售成本低,市场覆盖面宽,合作关系稳定;缺点则是实施的难度大,具有一定的风险。

(三)旅行社销售渠道的作用

旅行社销售渠道是一个较为完整的体系,在新的市场条件和诸多因素的影响下,拓宽旅行社销售渠道,实现旅行社经营的旅游产品在潜在旅游者感觉更方便的地点销售,对旅行社来说非常重要,对整个旅游产品的流通也起着极大的促进或制约作用。

首先,旅行社销售渠道是保证旅行社经营产品顺利进行销售的前提条件。旅行社经营的旅游产品,不仅要符合社会需要,而且必须能及时地销售出去。通过旅行社销售渠道,加速旅游产品的销售,满足顾客的需要,从而实现旅行社的战略目标。如果旅行社销售渠道流通不畅,那么即使客源地生产出优质对路的产品,也不能保证顺利到达顾客手中,这必然使旅游企业再生产过程受阻。

其次,旅行社产品销售渠道是旅行社接近旅游者的有效途径。现阶段,越来越多的人有条件进行旅游,包括远程旅游在内的各种旅游细分市场都发展迅速,很多旅行社的目标市场同自身的经营地点的空间距离不断拉大。因此,旅行社应当建立并利用各种销售手段和销售渠道,尽可能地接近旅游者,特别是首次购买的旅游者,并适应远程国际旅游者提前预订的购买习惯,为旅游者购买旅游产品提供更多的便捷,从而实现旅游产品销售量的增加。

再次,合理选择旅行社产品销售渠道是提高旅行社经济效益的重要手段。旅行社销售渠道的数量、环节以及容量等问题,对旅游产品的销售有着直接的影响。合理选择销售渠道、加强渠道的管理以及适时营造新的营销渠道,就能加快旅游产品的流通速度,加速资金周转,合理使用营销资源,提高旅游企业的经济效益。

三、旅行社销售渠道决策的确定

旅行社销售渠道决策,是旅行社依据本企业的经营目标和现有条件,参考相关的影响因素,对有关销售渠道的问题进行理性的抉择,也就是指某一产品生产者如何选择最优的销售渠道并管理这一渠道。它是旅行社面临的最复杂和最富挑战性的决策之一,可以说,不同的渠道系统将决定不同的销售成本和收益水平。而且,一旦选定了某种渠道,旅行社通常就必须在相当一段时期内依从这种渠道。所以,选定的渠道将直接影响旅行社的其他营销和经营决策。旅行社销售渠道决策以渠道长度、渠道宽度和中间商的决策最为关键。在这里将分别给予介绍。

(一)选择旅行社销售渠道的原则

1. 旅游者导向原则

在市场经济条件下,企业进行市场营销的最基本原则是消费者导向,而对旅游产品的供给者旅行社来说,坚持旅游者导向的原则同样适用与必要。也就是说旅行社首先必须生产和经营符合市场需求的旅游产品,进行有针对性的旅游市场促销活动,同时选择便于旅游者购买的销售渠道。旅行社在对旅游产品销售渠道进行选择时,也应该坚持这一基本原则,如果在销售渠道的选择方面忽视旅游者的需求,会对最终的营销效果产生影响。

当今的旅游业已成为一个竞争十分激烈的行业,新的旅行社不断涌现,旅游产品甚至同类旅游产品的数量也在不断增加,再加上旅游产品又具有替代性强的特点,旅游者的选择余地非常大。在其他条件相同的条件下,选择合适的时间和地点使旅游者能够便利地购买到本企业的旅游产品,可以使旅行社在竞争中赢得更多优势。

2. 经济效益原则

旅行社销售渠道并非自然形成的,它需要旅行社经营者的认真规划、组建和开拓,并且需要营销人员采用各种方式加以维持,这种开拓和维持需要支付一定的费用。这些费用需要从建立后的销售渠道所带来的营业收入中得到补偿。如果旅行社自身的经济实力不足以支付开拓和维持某一销售渠道所需的费用,这一渠道显然不具有选择的意义。如果某一销售渠道所带来的销售收入不能补偿其维持费用或不能带来足够的利润,这一渠道也是不经济的。所以在销售渠道的选择中应比较各种渠道所带来的销售收入、利润和成本,只有那些不但能够带来一定的销售收入,而且在扣除其维持费用之后还能够使本企业的利润得以增加的销售渠道才是值得选取的销售渠道。

3. 与企业自身实力相一致原则

旅行社销售渠道的选择应与自身的规模实力相一致,特别应该考虑旅行社的营销实力,包括旅行社的营销资金、营销人员的水平和管理经验。资金实力雄厚、营销队伍精干、营销管理科学的旅行社,在销售渠道的选择上有较强的主动性,能够依靠自己的力量自行设立销售网点,即建立直接销售渠道,即使采用间接销售渠道,也能够更多地从自己的意愿出发选择中间商,采用多种销售渠道去争取足够企业生存和发展的客源量。相反,营销资金和营销队伍实力不足的旅行社,由于自身条件的限制,在选择销售渠道时较为被动,多采用间接销售渠道,对中间商的选择性较小而依存较高。

(二)旅行社销售渠道的决策

1. 旅行社销售渠道的长度决策

旅行社销售渠道的长度,通常是指旅游产品从生产者(或供应者)向最终消费者的转移过程中所经过的中间环节的多少。所经的中间环节或层次愈多,销售渠道就愈长。因此,销售渠道长度决策,就是对选择什么样的中间环节的决策,即决定选用直接销售渠道还是间接销售渠道,如果选用间接销售渠道,选用几个层次的销售渠道为宜。

(1)旅行社销售渠道长度决策分析

近年来,旅行社业的竞争日趋激烈,企业经营利润最大化的观念深入人心,尽可能缩短销售渠道,成为许多旅游企业考虑的问题。一般地说,旅行社销售渠道长度选择的基本原则是短渠道优于长渠道。这主要是因为以下几方面的原因:

首先,从旅游产品的流通情况来看,通过间接渠道的销售,旅行社代理商要向被代理的旅游企业收取佣金;而旅游批发商则要在批发价格的基础上,加价出售。因此,多增加一个层次,旅游产品的销售成本就要增加。与企业利润最大化这一经营目标相一致的是销售环节最少化倾向,只要有可能,旅行社和购买者都会尽可能减少中间商环节。

其次,就旅游者心理而言,直接销售意味着旅游企业以出厂价销售其产品,因而价格比较便宜。当然,这一问题也会因旅行社批量购买所得的折扣而消减。

最后,中间层次的增加,可能会影响旅游产品生产者与旅游消费者彼此之间信息的沟通速度,甚至可能因中间层次的原因而发生信息误导。

当然,这种分析,并非绝对之言。对于特定的旅行社,究竟选用何种长度的销售渠道,要根据产品、市场、企业自身条件及政治、社会因素进行权衡与评估。在某些因素的制约下所选定的销售渠道未必一定是最佳的或次佳的,而只是诸多选择中比较适合的渠道而已。

(2) 决策时应注意的事宜

我国旅行社在对销售渠道长度决策的问题上,应该考虑到方方面面的因素,以中国国际旅行社为例,采取销售渠道长度决策时,应注意下列事宜。

① 做销售成本分析。如果证实某个中间销售环节的成本大于收益,那么应及时地予以缩减。在取舍某个销售环节时,必须考虑到对方可能做出的反应,要权衡利弊。例如,如果某外国客户的代理要越过大批发商直接和旅行社做生意,就必须考虑到该大批发商会有何反应。如果对方可能采用报复手段,改与其他旅行社甚至是旅行社的竞争对手合作,就没必要冒此风险。

② 旅行社在海外的直销经营的初始阶段应先着眼于市场。现今我国在海外建立的旅行社,一般发展都比较缓慢,规模也不大,此时应尽量避免同外国客户竞争,更不能以取代它们为目的,必须熟悉当地社会法律制度,先着眼于了解市场情况,为当地客户提供信息,或主要经营散客业务,提高自己的知名度,建立适当的客源网络,这需要一段长时间的发展。

③ 旅行社在海外的直接销售活动,必须不伤害当地旅游中间商的利益。除非旅行社可以通过直接销售完全取代当地旅游商的作用,否则必须采取保护代理人的策略。例如,旅行社在海外的直销机构,在原有的客户继续销售其产品的情况下,不应随意以低于原客户的价格出售产品,以避免与客户引起利害冲突,导致其报复性措施。

2. 旅行社销售渠道的宽度决策

所谓销售渠道的宽度,通常是指一个旅行社具体销售渠道及产品销售网点的数目和分布格局。其中既涉及旅游中间商的数目,同时也涉及本企业和中间商面向市场的销售网点的数目及其合理程度。一个旅行社的销售渠道系统中,经销和代理其产品的中间商及本企业和中间商在各目标市场所设的销售点,与该旅行社销售渠道的宽度成正比。因此,旅行社销售渠道宽度决策包括两个方面,一是销售网点数目和分布的选择,二是中间商数目的选择。根据目前我国旅行社经营情况,旅行社销售渠道的宽度决策主要有以下几种。

(1) 广泛性销售渠道策略

旅行社广泛性销售渠道策略,是指旅游企业在自身实力有限的情况下,为扩大产品的销售而广泛采用中间商的经营策略。即在某一市场上,与愿意推销本家产品的批发商都建立业务关系。相应的,旅行社也不禁止对方购买自己竞争对手的产品。这一策略的主要特点是在使用中间商时不经过多选择,只要中间商愿意且能够销售其产品,并且双方能在利益分配上达成协议,就能够成为合作者。但旅行社也会根据具体情况给予中间商不同程度的重视,其表现是支付不同中间商的佣金水平不同或对不同中间商采用不同的报价,另外在销售特价优惠产品或某些特殊产品时,对中间商会有所选择。

旅行社产品的销售和其他日用消费品的销售一样,人们希望迅速、方便地满足自己的需求,特别是旅游业发达的国家,人们外出旅游频繁,有众多的零售商方便旅游者购买。广泛性销售渠道策略的优点在于采用间接销售方式,选择了较多数量的批发商和零售商,广泛推销产品,方便旅游者购买,也利于旅行社联系广大的潜在旅游者和客户。在刚开始向某一目标市场推销产品时,有利于旅行社寻找理想的中间商。这种渠道策略的不利之处在于成本较高,产品销售过于分散,没有较强的接待能力和产品供应能力是难以满足市场需求的;而且客户的流动性大,难以建立固定的销售网,会给旅行社的销售管理增加一定的困难。

(2)选择性销售渠道策略

选择性销售渠道策略是指旅行社根据自己的销售实力和目标市场分布格局,只在一定市场范围内挑选少数信誉好、服务水平高的中间商的一种销售渠道策略。选择此策略的旅行社,往往是那些尝试过广泛性销售渠道策略的企业,在经过评估中间商在市场营销中的作用、组团能力及销售量变化的情况后,选择其中有利于产品销售的几家中间商。

选择性销售渠道策略尤其适用于销售价格较高或数量有限的旅游产品。其优点在于有目的地集中少数有销售能力的中间商进行产品推销,可降低成本,并与客户建立比较稳固的合作关系。但当旅游产品处于买方市场的状态下,更多的是买方(客户)挑选卖方,而不是相反,因此,操作起来比较困难。而且,中间商如果选择不当,可能影响旅行社产品的整体销售。

(3)专营性销售渠道策略

专营性销售渠道策略是指旅行社在一定时期、一定地区内销售其产品时仅仅选用一家信誉卓著、销售能力强的中间商的销售渠道策略。通常是在一个客源市场内只找一家旅游批发商作为自己在那里的独家代理或总代理。在建立这种关系后,目的地旅行社不得再和对方的任何竞争对手合作。相应地也要求对方只向本家企业购买旅游产品,不能再去找其他的旅行社。实际上,这是一种极端的选择性策略,也是最窄的一种销售渠道。

专营性销售渠道策略的优点在于可以密切与中间商的协作关系,以提高中间商的积极性和推销效率,有利于旅行社对销售渠道的控制。同时,由于产销双方利害关系紧密,更能相互支持与合作。同时,由于交易费用低,与中间商联系单一,可以降低销售成本。但是,这种销售渠道灵活性小,不利于旅游者的选择购买。同时,如果对中间商的选择不明智,专营中间商经营失误,就可能在该地区失去一部分市场,也可能使整个销售渠道出现问题,因此风险较大。而且只靠一家批发商的销售,销售面和销售量都可能受到限制。因此,这种策略比较适用于推销某些客源面不广泛的特殊旅游产品。

案例 3-4

旅游批发商的未来路在何方?

2020年1月9日下午,由尚游汇文旅主办,飞扬假期承办的微沙龙活动在飞扬假期北京总部新址举办。本次微沙龙以"旅游批发商的未来"为主题,邀请到众多业界大咖参与,神舟国旅集团门市公司总经理刘玉松先生、途牛旅游副总裁齐春光先生、携程旅游北京渠道事业部总经理王诚先生、华程国旅集团北京公司副总经理徐妍女士及本次沙龙的东道主飞扬假期董事长吴静女士,在尚游汇创始人钟晖先生的组织下,围绕旅游批发商的未来趋势和旅游产业链的变革等话题进行了深入交流和智慧的碰撞,"大格局、新视角、求共赢是未来批发商和零售商和谐发展的大趋势"成为共识。

资料来源:闻旅网,旅游批发商的未来路在何方?(整理)

四、旅游中间商

旅行社的生产经营活动与旅游消费者的购买、使用过程往往受很多因素的制约,在时间、空间上存在一定的差异。因此,在客源量大、客源结构复杂的条件下,旅游企业除发挥自身的营销资源优势外,必须运用旅游市场的中介组织力量,与之形成较为稳定的营销利益共同体,促使旅行社的旅游产品在广阔的空间为广大的旅游消费者所知晓、理解、认可和购买。特别是在经营国际旅游产品时,由于中国旅游产品在海外的总体促销有限,影响其知名度的扩展,限制了直接销售渠道的发展。由于社会、政治、文化和消费习惯等方面的原因,许多外国旅游者在消费心理与行为上,会倾向于信任本国的旅游经销商,也就是说,国外中间商能够有效地推动产品广泛地进入目标市场,所以对于国际旅行社来说,选择合适的中间商就更为重要。

(一)旅游中间商的概念与类型

旅游中间商是指介于旅游产品生产者与旅游消费者之间,专门从事旅游产品销售的组织或个人。可以形象地理解为是旅游产品从生产者到消费者的分销链条上的连接环。

旅游中间商按照不同角度,有不同的分类:

按其业务方式,旅游中间商可以分为旅游批发商和旅游零售商。其中旅游批发商不直接服务于旅游者,旅游零售商直接面对旅游者从事销售业务。

按其经营性质,旅游中间商可分为旅游经销商和旅游零售商。其中,旅游经销商是通过预付定金或足额购买的方式批量订购旅游产品,再直接转售或加工组合之后销售给旅游者,也就是买进以后再卖出。旅游经销商在购买之后对产品拥有所有权,与旅游产品的生产者共同承担市场风险,其利润来自旅游产品销售过程中买入价和卖出价之间的差额。而旅游代理商则只是接受旅游产品生产者或供给者的委托,在一定区域内代理销售其旅游产品,不需要预付定金或购买产品,对产品不具有所有权,其收入仅来自被代理旅游企业按协议支付的佣金。

(二)旅游中间商的选择与评估

由于旅游中间商的类别多种多样,而且各自在目标市场、经营规模、营销实力、信誉程度及合作意愿等方面不尽相同,因此旅游产品生产者在评价待选旅游中间商时,至少应从以下几方面进行。

1. 中间商可能带来的经济效益

旅行社选择中间商应考虑到在对中间商提供一定的支持和援助后,能否获得最大的销售量或销售额。在这里,通过估测中间商的单位销售费用和销售总额,就可以基本衡量中间商的效果。如果对方是从事代理业务的中间商,所考虑的就是对方所要求的佣金率。当然,旅行社还应该根据自己的经营实力,在利润大小和风险高低之间进行均衡。因为,在利润相同的情况下,风险最小的销售渠道应是最理想的渠道,但利润和风险往往在很多情况下是成正比的。

2. 中间商目标市场与旅行社目标市场的一致性

中间商的目标市场或代理商所联系的旅游消费者必须与旅行社的目标市场相一致,而且在地理位置上应接近旅行社客源较为集中的地区。这样便于旅行社充分利用中间商的优势进行产品推销。例如,美国是中国国际旅行社的主要目标市场之一,而美国只是一个大的地理概念,其出国旅游市场并非均匀分布,而是相对集中地分布在有限的区域。据美国旅行与旅游局的统计,美国的出国旅游者50%集中在加利福尼亚、纽约、新泽西、佛罗里达、得克萨斯和伊利诺伊六个州,日本的出国旅游者相对集中在东京都、京阪神和东海三大城市圈,占比高达68%。这些信息说明,旅行社选择的旅游中间商,在地理位置上应接近这些客源相对集中的地区,并在此基础上考虑旅游中间商的目标市场与旅行社目标市场的一致性。

3. 中间商的商业信誉与经营实力

中间商应有良好的履行合同的信誉,这方面的情况一般可从有关银行或咨询调查机构中进行了解。应摸清中间商在业务活动中是否守信用,有无长期拖欠应付款或无理拒付应付欠款的历史等。国外旅行社在考察与选择中间商时,应首先了解旅行社的资信和满足合同要求的能力。其次了解旅游中间商的人力、物力和财力状况、服务质量、销售速度及开展促销和推销工作的经验和实力等。经营实力不能完全以企业大小来判断,应依据相关的统计和调查资料进行综合分析、评估,并按评估结果排列有关中间商的顺序。

4. 中间商对旅行社的业务依赖性

有的国外旅游中间商专营或主要经营中国旅游业务,对中国比较了解,与中国旅行社合作紧密,对中国旅游产品的推销也很尽力,如英国促进旅行社、日中旅行社、日中和平观光公司等。这些专营中国业务的旅行社大都为中小规模,其中有许多旅行社经济实力不强,销售渠道不够宽,抵御风险的能力差。有的海外旅游中间商经营多个旅游目的地的产品,对某个具体旅行社依赖较小,甚至不存在任何依赖性。这类中间商一般经济实力雄厚,商业信誉好,经营方法比较正规,企业的规模也较大,销售渠道宽,抵御风险的能力比较强。对我国旅行社而言,这两类中间商都有可取之处。通常许多旅行社与这两类中间商都发展业务关系,但专营中国业务的中小旅行社的发展潜力总不如大旅行社,因此开辟客户的侧重点应放在大旅行社上,要通过旅游宣传提高它们对中国旅游产品的兴趣。大旅行社一般注重长远发展战略,大规模经营也是其主要特点,所以我国旅行社应多设计有利于它们的价格策略,如数量折扣等。但最重要的问题始终在于产品质量保证,因为有影响的旅游中间商很珍视自己的商业信誉,只有在它认为所合作的旅行社质量高、信誉好、配合默契时,才会稳定地大批量输送客源。

5. 中间商的数量

旅行社在同一地区应选择适当数量的中间商。因为中间商过多,会造成促销方面不必要的重复与浪费,而且中间商本身也会因粥少僧多而影响推销积极性;中间商过少有可能形成垄断性销售或销售不利的局面。

6. 中间商的合作意愿

旅行社和旅游中间商之间的合作关系实际上是一种双方情愿的关系,因此,旅行社在选择中间商时,所选取的对象必须有合作的诚意。有些中间商是为多家同类旅游产品供应者代理零售业务,合作诚意就更为重要,否则无法保证其积极推销产品。总之,选择中间商是旅行社在开拓销售渠道工作时必须加以认真对待的课题,不仅需要有战略的眼光,而且需要有务实的精神。只有综合考虑上述因素,才有可能获得与条件理想的旅游中间商的合作。

五、旅行社销售渠道管理

旅行社销售渠道的管理既包括对间接销售渠道的管理,也包括对直接销售渠道的管理。在这里主要介绍对间接销售渠道的管理,研究对中间商的有效管理以及对销售渠道的适当调整。

(一)中间商的管理

在间接销售渠道中,旅行社与旅游中间商的联合从本质上说属于一种不稳定联盟。这主要是因为其中参与各方仅仅是建立在协议基础上的一种合作关系。旅游经销商之所以能够积极销售某一旅游产品,是因为签约定购了该产品;旅游代理商之所以愿意并积极销售某一产品是为了获取佣金。在这样一种销售系统中,旅游产品销售渠道的控制权并非完全可以人为决定,而是在很大程度上取决于市场供需状况。旅游产品供不应求时,生产者或供给者往往具有更多的控制权;旅游产品供过于求时,旅游中间商的控制能力更强。

旅行社希望旅游者注重自己的产品,扩大产品的销售量,同时又希望尽量减少销售渠道的维持费用;旅游批发商追求高营业量和高利润,也愿意开发那些使自己能从多种产品中方便地购买适合产品的项目,而且所付代价越小越好。根据这一合作关系的特征,旅行社只有拓展互惠互利的领域,才能既激发旅游中间商的积极性,又有利于企业自身的发展。下面介绍几种途径。

1. 采取适当措施提高中间商的积极性

维护中间商的尊严与利益,是提高其合作积极性的重要前提。旅行社可以有针对性地采用高销量、高佣金的办法,根据中间商的销售情况、服务质量、信誉程度等,有区别地调整旅游产品的卖出价或佣金比例,即对超过定额的销售量提高佣金率。也可以采用灵活的方法和形式给予旅游中间商各种优惠,比如减收或免收预订金、组织旅游中间商的奖励旅游、考察旅游、实行领队优惠、联合推销、提供各种宣传材料、颁发奖品以及其他的物质和精神奖励等。当然,这些措施能够卓有成效的前提是旅游产品的生产者必须保证其产品的质量和销售服务的可靠性。

2. 以经济的原则考虑与中间商的合作关系

注意按照有关标准和要求,定期检查和评价旅游中间商的质量变化,适时调整与中间商的合作关系。对于经常违背高效率和低成本原则的销售商,应及时终止合作关系。检查和评估工作不必太琐碎,只要发展趋势表明其销售业绩难见好转,为旅行社带来的销售利润十分有限,甚至难以支付该渠道的维持费用,或对本企业旅游产品的市场营销产生不利影响的中间商,旅行社就可考虑放弃这一业务合作。在另外一些情况下,比如旅行社需要重新确定目标市场,产品种类和档次进行了调整,需要扩大销售,竞争环境发生了变化等,旅行社也需及时调整中间商。旅游企业选择中间商的根本目的是为了扩大产品的销售量,增加企业的收入,对企业销售影响很大的中间商应成为合作的重点。对于业绩一般或未达到企业要求的中间商,要找出原因及补救办法,以保证整个销售渠道的效能。

3. 加强与中间商的沟通和联络

保证旅行社与中间商双向信息沟通的顺畅,不仅包括旅行社向中间商及时、准确、完整地提供产品信息,而且还包括主动从中间商处获得有效信息。另外,人际交流,特别是个人交往也是与中间商友好合作的一大保证。一个中间商可以代理这家企业的产品,也可以代理其他企业的产品;有的中间商甚至同时销售两个竞争对手的同类产品。旅游中间商与旅游企业实质上是两个相互独立的经济实体,是通过签订协议建立的合作关系,因此,加强与旅游中间商的合作,调动其积极性,是旅游中间商管理的重要工作。

4. 建立旅游中间商档案

建立旅游中间商档案既是旅行社业务档案管理中的重要环节,也是企业重要商业机密之一,应加强管理。中间商档案的内容可以包括名称、地址和联络人之类的一般情况,详细的还涉及中间商的营销能力、信誉调查、经济效益、偿付表现、销售业绩、渠道费用等重要信息。档案的建立可使旅行社综合掌握本企业中间商的历史和现状,为销售渠道决策与具体管理提供客观的依据。

(二)旅行社销售渠道的调整

在选定销售渠道进行经营销售后,旅行社还应根据市场需要,适时做出旅行社销售渠道调整措施。例如,对于散客旅游占较大比例的旅游市场,旅游企业都在努力发展直接销售渠道,并且努力建立和扩大与广泛分布的旅游代理商的合作关系;对于团体旅游占优势的市场,则需更多地通过旅游批发商销售旅游产品。对旅游产品销售渠道的调整可以通过增减销售渠道中的中间商的方式,在对中间商进行评价的基础上,对旅游中间商进行筛选,或根据竞争对手销售渠道的变化,对中间商进行调整,从而保证旅游企业产品的销售量。

在波动的旅游市场中,旅游企业有时会发现其销售渠道过多或有的销售渠道作用不大,从高效率的原则出发,可以适当缩减一些销售渠道;当发现销售渠道不足,不能使旅游产品有效地抵达目标市场时,则应增加销售渠道。具体措施如下。

1. 改变部分销售渠道

旅游企业根据市场需要,改变部分销售渠道。如,当旅游产品生产者和组织者在某一区域市场的销售量有较大的发展,而自有品牌又能得到当地市场认可的情况下,为获得更大的经济效益,避免中间商过多的控制和威胁,可以考虑抛弃中间商,设立自己的分支机构进行直接销售,此做法部分地改变了销售渠道。

2. 改变整个销售渠道

改变整个销售渠道意味着取消原来的销售渠道,建立新的销售渠道。通常发生在旅游企业无法解决原有销售渠道中存在的问题,整个销售渠道混乱或严重丧失功能;或者旅游企业的战略目标和营销战略发生重大调整,需要对销售渠道进行重新设计和组建时。对整个旅游产品销售渠道进行改变,旅游企业必须认真细致地进行市场调研,充分论证,才能做出决策。

案例 3-5

2019 年旅游营销的新模式

中国旅游从游览观光到休闲娱乐、再到度假体验的阶段性过渡,旅游营销也从渠道为王、品牌为王、再到产品为王,发生着本质上的改变。而主导营销理念从本质上改变的正是互联网不断进步带来的沟通介质衍变,游客影响旅游供应的程度在不断加强,主流游客的喜好主宰着旅游产品的发展方向。

1. 用户主导渠道和平台的衍变

从 QQ、微博、再到微信的强势崛起,从优酷、爱奇艺、腾讯视频、快手秒拍、再到抖音雄霸天下,从各大新闻门户网站、搜索平台、今日头条、天天快报,再到趣头条、小红书等众多小众精准 App 的燎原之势,中国的互联网网民从被动接收信息推送到 UGC 兴起主动参与信息互动,再到根据自己兴趣爱好选择关注领域,由大数据平台优先筛选匹配精准信息,这一系列的发展变化一步步地在影响、倒逼互联网计算方式的改变和平台更迭。直至今天,用户主导着媒介与内容向着讨好受众方向的进化格局正式形成。在旅游行业上的表现就是越来越多的游客用脚投票,硬生生地踩出了如青海茶卡盐湖、阿坝州浮云牧场、西安永兴坊摔碗酒等网红旅游产品。

2. 用户自我认同倒逼营销方式改变

伴随国内经济的快速发展,95 后、00 后已成为旅游市场的主流群体之一。他们会根据自己的兴趣去打卡,为网红、动漫、网游、颜值、影视拍摄地、极限项目等去买单。借助互联网技术的发展,这批新新人类自我认知和独立思考的能力逐渐成熟,他们坚持好玩比好用更重要,对品牌忠诚度越来越低,对合适、有趣的产品依赖越来越高。这直接导致景区传统广告投放效果越来越差,而类似故宫文创、寻找中国锦鲤等创新营销模式越来越受欢迎。所以用户运营,将成为旅游营销工作的第一要务。如何培育用户、为用户提供极致化场景运营,将是旅游供应商首先要考虑的。

3. 以价值观共鸣运营用户

用户运营思维是互联网思维模式。对于旅游供应商来说，不是所有游客都是可以运营的用户，只有通过互联网手段联系并互动起来的才是运营对象。可运营的旅游者对旅游景区或项目有深度的了解，基本认可其旅行价值观，会主动维护并传播相关信息，可帮助景区做二次、三次营销传播。当下很多景区在主动做这方面的工作，如开通官方双微、抖音账户等。但维护思路需要调整，如抖音内容更新的连贯性、剪辑拍摄水准等，这是留住用户、吸引粉丝的重要因素。

4. 策划、构建和运营一体化，实现产品即媒介

有了用户级核心游客后，下一步就需要考虑让用户进行二次、三次传播的文物、产品、节庆、活动、文创等媒介，构建用户运营的新场景。清明上河园的切糕哥、鼓浪屿冰激凌店的土耳其小哥、各地粉黛乱子草、网红小火车、乌镇戏剧节、冒烟冰激凌、横店影视城的台词头饰等均是通过运营引导，由用户级游客发掘并传播出来的，真正实现了产品即媒介、用户即渠道。相比传统的广告投放形式，更具带入感和打卡诱惑力。需要注意的是，用户运营需要更多考量，新媒体温婉而精细的运营能力、同理心的线下服务能力、创新化的产品打造能力，这是一个早于规划设计、高于营销推广、与景区运营同步的新模式。

资料来源：搜狐网，2019年我们的旅游营销有哪些新思路？

第三节 旅行社产品促销

旅行社的促销管理是旅行社市场营销组合策略的基本构成要素，其核心是旅行社促销策略的制定与实施，具体内容包括旅行社促销目标与促销要素组合的有效措施。本节将着重介绍旅行社的促销管理内容、促销目标确立以及促销预算的制定等内容。

一、旅行社促销概述

（一）旅行社促销的概念

促销这个词来源于拉丁语，原意是"向前行动"。而促销也正是要促使顾客采取采购行动。促销是市场营销组合的四个基本要素之一，促销观念和促销手段是随着旅游市场从卖方市场向买方市场转化而逐步形成的。在买方市场条件下，由于可供选择的旅游产品较多，旅游者在旅游产品交易中居于主动地位，但是，旅游者往往都存在着信息接收不完全或根据偏好接收信息的问题，不可能注意和了解每一个产品。因此，每一个提供旅游产品的企业都面临着旅游者会选择购买他人产品而自己产品卖不出去的经营风险，促销是解决这一问题的方法之一。

旅行社促销的概念可表述为：旅行社经营者将本企业旅游产品的信息，通过各种宣传、吸引和说服的方式，传递给旅游产品的潜在购买者，促使其了解、信赖并购买自己的旅游产品，以达到扩大销售的目的。

旅行社促销的实质就是要实现旅行社与旅游产品潜在购买者之间的信息沟通。有的营销者为了有效地与购买者沟通信息，可通过发布广告的形式广为传播有关旅游产品

的信息；可通过各种营业推广活动传递短期刺激购买的有关信息；也可通过公共关系面对面地说服潜在购买者。

（二）旅行社促销的类型

根据旅游促销侧重的促销目的，旅行社促销有以下三种类型。

1. 旅游目的地促销

旅游目的地促销侧重于向目标市场或有关公众传送特定旅游目的地的宣传信息，所以又称目的地形象宣传。这些信息主要包括目的地的旅游资源、旅游设施及旅游服务等方面的情况。这类促销针对潜在的旅游者，往往采用大众传媒，在报刊、电视上登广告，分发和播放各种文字和声像宣传品，参加各种展览会、研讨会等活动，邀请名人或记者前来访问并进行广泛报道，组织文艺团队的巡回演出等。许多国家举办大型活动，如国际体育比赛、大型文化艺术节、各种博览会、民间传统节庆等，以吸引公众的注意，增加目的地的旅游者。

由于这种宣传是推广整个目的地而非某个旅游企业的产品，且耗资巨大，因此，单个旅行社极少有实力独立承担这类促销。通常由目的地政府的旅游管理部门或半官方的旅游组织统一协调进行。比如，在我国内地就是由国家旅游局市场开发公司或其他地方政府旅游管理部门承担了绝大部分的目的地促销活动；香港地区的目的地促销则由香港旅游协会统一组织进行。经费来源是政府拨款或是从各旅游企业征收的旅游发展基金或旅游税等款项。

2. 旅游产品促销

旅游产品促销的侧重点在于向目标市场或有关公众传递某种旅游产品的宣传信息。在旅行社采用直接销售渠道的情况下，产品促销的对象为潜在的旅游者。但在旅行社广泛采用间接销售渠道情况下，促销的对象大多是客源地旅游中间商，此时直接面向潜在旅游者的促销任务则主要由这些旅游中间商承担。当然，有些中间商也会在必要时邀请旅行社参加某些促销活动。

3. 目的地旅行社促销

准确地说，目的地旅行社促销属于旅行社的企业名号促销，这类促销是旅行社侧重于向目标市场、客户或有关公众传递本企业形象的宣传信息。我国经营入境旅游业务的旅行社，即为目的地旅行社，其促销的对象主要是外国旅游中间商，尤其又以旅游批发商为关键。这类促销活动往往与前面一类旅游产品促销密不可分。目的地旅行社促销侧重于使更多的外国旅游商了解本企业，以建立客户关系，树立良好企业形象；而旅游产品促销则着眼于如何使中间商和消费者更多地购买自己的产品，以扩大产品销售，促销的是产品本身。

事实上，上述三种旅游促销都是紧密联系、相互交叉的。很自然，旅游产品总是某目的地某旅行社的产品，对旅游者而言，目的地或旅行社形象的决定因素都在于旅游产品本身。这三者的促销成效是相互促进的，但要注意的是每种促销所动用的促销方法，或是所选择的方法的具体使用会有很大不同。有关这一问题，下面还要进一步介绍。

阅读资料 3-1

影响旅游者选择旅行社的因素

1. 旅行社的规范性

旅行社的规范性有两个层次的含义,一是指该旅行社是否为根据我国《旅行社条例》相关规定设立的合法旅行社,二是指该旅行社在经营过程中是否存在欺骗旅游者、不正当竞争和超范围经营等违规行为。旅行社的规范性是旅游者在选择旅行社时首先要考虑的因素。

2. 旅行社产品的价格

旅游者之所以选择旅行社组织的旅游线路,一个很重要的原因就是希望节省旅游费用。因此,旅行社能不能在向旅游者推介旅游线路时提供诱人的旅游价格,在很大程度上决定着旅游者的购买决策。

3. 旅行社的服务质量

随着我国旅游消费者渐趋理性,越来越多的旅游者在选择旅行社的时候,已不仅仅着眼于旅行社的报价,而是综合平衡旅行社所提供旅游产品的性价比,从而权衡其所做出的购买决定是否物有所值。因而,旅行社的服务质量在旅游者心目中所占的分量越来越重。

4. 旅行社产品的丰富度和个性化程度

进入 21 世纪以来,人们的旅游消费观念正在发生多方面的变化,其中之一就是旅游消费需求的多样化和个性化。传统的团体标准等全包价旅游产品对旅游者的吸引力越来越小,相反,那些能够为旅游者提供多种包价形式和旅游服务,尤其是能够根据旅游者的特殊需要度身定制旅游产品的旅行社越来越多地受到旅游者的青睐。

5. 旅行社的诚信度

诚信是旅行社企业立足于社会和长期盈利的基石,也是旅游者选择旅行社的关键因素。旅行社的诚信主要体现在是否能够切实履行其出行前向旅游者所做的服务承诺。

6. 旅行社的品牌形象

旅行社产品的无形性特征增大了旅游消费者的购买觉察风险,而购买名牌产品是降低该风险的有效方法。所以,旅行社在旅游者心目中形成的品牌形象,直接影响到旅游者的购买选择。

(三)旅行社促销的作用

旅行社开展促销活动可以影响旅游者或旅游中间商的购买行为,甚至直接促进旅游者或旅游中间商购买行为的发生。

1. 向潜在旅游者或中间商提供产品信息

旅行社在何时、何地和何种条件下,向何种消费者提供何种旅游产品,显然是旅行社促销活动所要传递的基本信息。潜在旅游消费者或中间商正是通过这些信息,了解、熟悉旅行社的某种旅游产品以及在何种条件下能够满足其需求或营销目标。如时下各地举办的各种旅游交易会就是常见的一种展会形式的促销活动。

2. 强化产品特色,提升知名度和形象

相互竞争的同类产品往往差别不甚明显,尤其是作为无形服务的同类旅游产品的差别更不易被旅游消费者所分清。旅游促销恰恰是传播旅游产品市场定位特色的主要手段,它通过对同类旅游产品某些差别信息的强化传递,对不同具体产品(服务)特色起到聚焦、放大的作用,强化本社产品的特色。即使对于没有实际所需和精神所需的特殊效用和利益,旅游者也会由此对某种旅游产品形成购买偏好,从而使旅行社在目标市场上占有其特有的位置。

3. 刺激旅游需求,引导旅游消费

由于旅游是一种高层次的消费与审美活动,生动而有说服力的旅游促销活动,往往可以通过生动、友好、热情、活泼、多样的旅游促销手段,唤起旅游消费需求,赢得更多潜在旅游消费者的厚爱。旅游市场风云多变,一旦出现有碍旅游地或旅游企业发展的因素时,就可通过一定的宣传促销手段,改变自身的消极印象,重塑自身的有利形象,以达到恢复、稳定甚至扩大其市场份额的作用。

由于旅游市场的高度竞争性,旅游产品的无形性和产销同一性,使得促销在旅游市场营销中,比在其他有形产品的营销中发挥着越来越重要的作用。

案例 3-6

旅游节整合营销与全民撬动

苏州旅游一直走在全国旅游品牌创新的前沿,2016年第十九届"东方水城"苏州国际旅游节与第九届省园博会同天开幕,本次旅游节突破传统彩船巡游模式,从旅游节品牌出发,定制了旅游节视觉识别系统,并策划执行了千万红包大派送、千言万语说苏州、百米长卷绘苏州、万人狂欢闹苏州四大系列活动,以线上+线下的方式进行全域整合,尤其是以惠民促销与祝福征集的形式在全国旅游市场形成了大力传播,极大地延长了旅游节的时间并扩大了其影响力,使苏州旅游节以及苏州旅游品牌得到全方位的传播。

资料来源:搜狐网,脑洞大开!国内11个顶级创新营销案例是如何风靡网络的?(整理)

二、旅行社的促销管理

旅行社的促销管理是协调不同促销组合要素的活动,具体包括:设定特定要素试图达到的目标;制定确保目标实现的预算;设计实现目标的具体实施计划;评价效果;采取必要的改正措施。促销管理简单地说,就是旅行社将本企业产品的有关信息用多种有效的传播手段最大限度地送达目标人群,通过反复提示和劝导,以增加其产品的销售量。

旅行社的促销管理是指旅行社在促销信息选择、信息发送方式和渠道、信息接收者

的类型、财务预算、促销组合、衡量促销效果以及管理和协调整个促销过程等方面的决策总和,即对促销对象、促销方法、促销投入、促销效果进行科学选择、配置、控制和评价的过程。

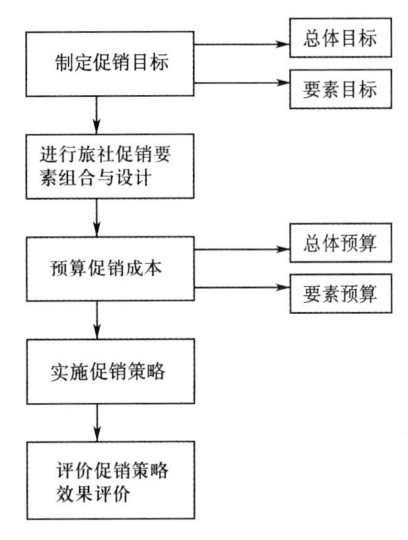

(一)旅行社促销管理步骤

旅行社促销管理的基本步骤分为:制定促销目标、进行促销要素组合与设计、预算促销成本、实施促销策略、评价促销策略效果等(图3-2)。旅行社促销策略制定的基础是旅行社的总体发展战略和总体发展战略指导下的市场营销策略,因为促销策略只是旅行社市场营销策略的一个组成部分,它不可能孤立于旅行社的总体营销策略而存在。单就旅行社的促销策略而言,总体目标是基础,总体预算是保障,而所有促销要素目标都必须为总体目标服务,所有促销要素预算都受总体预算的限制。旅行社促销效果既是检验促销策略有效性的重要环节,也是旅行社不断提高促销管理水平的重要途径。

图3-2 旅行社促销管理的基本步骤

(二)旅行社促销目标与预算

1.旅行社促销目标的制定

旅行社的促销目标,就是旅行社在一定时期内,通过对各种促销要素的有机组合而要达到的总体目的。在旅行社的经营实践中,旅行社的总体促销目标是确定旅行社各促销要素目标的依据,同时旅行社促销的总体目标也是通过各促销要素目标的实现而实现的。

旅行社在一定时期内的总体促销目标是旅行社促销策略的基础和核心,因为目标决定旅行社的促销预算、促销要素的组合策略,是评价促销效果的依据。有鉴于此,旅行社促销目标的确定,不仅成为旅行社促销策略成败的关键,并且会直接影响旅行社的市场营销策略。

(1)旅行社的促销目标一般应符合以下要求:

①目标必须具体、准确。

②目标必须量化、可测定。

③目标必须切实可行。

④各促销要素目标必须协调一致。

(2)促销目标的分类

一般说来,旅行社促销目标可以划分为直接目标和间接目标两类。

直接目标是指寻求受众明显行为反应的目标,如提高多少百分比的销售额,增加多少销售额的市场份额等。

间接目标是不直接导致消费者行为的目标。如提高产品知名度、改善形象、传播知识、改变旅游者态度等。间接目标对消费者行为可以起到积极的影响和促进作用。

在旅行社采用直接销售渠道的情况下,促销目标的确定和表达一般较为直观;在旅行社采用间接销售渠道的情况下,旅行社促销活动的对象并不是其最终消费者,而是旅游中间商,因而旅行社促销活动的主要目标也主要表现在以下三个方面。

①向旅游中间商提供信息

旅行社应该经常通过不同的途径向中间商提供最新的产品信息,使中间商能够及时掌握产品的变化情况。实践证明,邀请中间商进行实地考察是行之有效的方式,这既可以使中间商亲自了解旅游目的地的情况,又可以借此机会与中间商建立起良好的私人关系,这种私人关系在旅行社产品的销售过程中是极为重要的。当然,这种促销方式费用较高,一般只适用于比较重要的客户。

②将旅行社产品纳入旅游中间商编印的产品目录

旅游中间商一般都编印自己的产品目录,以备旅游者索取。国外旅游经营商编印产品目录后会广泛发送给旅游批发商和旅游代理商。旅游经营商的产品目录一般印制精美,图文并茂,并附有价目表,以备旅游者选择。由于这一促销方式影响大,效果好,所以能够在主要客源产生地的旅游中间商所印制的产品目录中占有一席之地,也就成为旅行社产品促销活动的基本目标之一。

③签订合同

合同,是指当事人之间为表现一定的经济目的,明确相互权利义务关系的协议。旅行社与中间商签订合同的目的在于以法律的形式明确双方的合作关系,并且确保各自利益的实现,它是双方合作的基础和依据。合同的具体内容由当事人协商确定。

2. 旅行社的促销预算

促销预算是旅行社促销管理中极为重要的决策,因为促销预算过多必然会影响到旅行社的利润水平;促销预算过少则会影响销售量,从而影响旅行社的利润。与此同时,促销预算决策也是极为困难的,因为促销活动的效果很难事先预测,且受到众多因素的影响。

根据西方经济学原理,当边际收入等于边际成本时,企业利润达到最大化。将这一理论运用到旅行社促销管理的实践中,则可以将其理解为只要促销活动尚有可图,活动就应继续进行。例如,某旅行社现有促销预算为10万元,计划增加3万元,那么是否应该增加这部分促销预算呢?答案很简单,只要追加3万元促销预算能够带来比3万元更大的利益,旅行社就应追加这部分预算。

根据上述理论,旅行社在确定促销预算时需要回答一系列因果关系问题,这就是说,旅行社的促销预算只有在确切知道促销结果的条件下进行才可能是准确的。但事实上,旅行社的决策者在进行预算时根本无法确知这一结果,因而上述理论也就无法付诸实践。

(1)确定促销预算应考虑的因素

在实践中,旅行社的决策人员在确定促销预算时,通常应该考虑以下因素。

①促销目标。促销预算的数量应该以保证促销目标的实现为前提,目标大则预算必然大,目标小则预算必然小。

②竞争因素。在竞争激烈的市场环境中,旅行社的预算必然要以保证或增加自己的

市场份额为重要目的,这样一来,主要竞争对手的促销预算必然会影响到旅行社自身的预算。

③可利用的资金。旅行社特定时期的财力状况无疑会影响旅行社的促销预算。

当然,除此以外,旅行社的促销预算还取决于旅行社决策人员对促销的认识。

(2)确定促销预算的方法

①销售额百分比法。这是旅行社根据一定时期内销售额的一定比例确定促销预算的一种方法。这种方法由于计算标准不同,又具体分为计划销售额百分比法(即根据下年度的计划销售额确定促销预算)、上年度销售额百分比法(即根据上年度或过去数年的平均销售额确定促销预算)、平均折中销售额百分比法(即根据计划销售额和上年度销售额的平均值确定促销预算)和计划销售额增加百分比法(即以上年度促销预算为基础,再结合下年度计划销售增加比例确定促销预算)。

销售额百分比法的优点是计算简单方便,其不足是颠倒了销售与促销的因果关系,错误地把促销预算作为因变量,而将销售额作为自变量,即将促销预算看作销售额的函数,而事实上,销售额应当是促销预算的函数。根据这种错误的逻辑关系,如果某产品销售额预计将下降,旅行社则应该减少促销预算,而明智之举却应该是扩大促销预算,以防止销售额的进一步下降。因此,此方法一般不宜单独使用。

②利润额百分比法。利润额百分比法的原理与销售额百分比法的原理完全相同,只是利用利润额代替销售额,可以使用四种计算方法,即计划利润额百分比法、上年度利润额百分比法、平均折中利润额百分比法和计划利润额增加百分比法。

利润额百分比法还可以细分为净利润额百分比法和毛利润额百分比法两种。

利润额百分比法具有与销售额百分比法相同的特点,同时又使促销预算和利润直接挂钩,适用于旅行社不同产品之间的促销预算分配。但此种分配比例也不应该绝对化,如新产品在开拓期,需要进行大量促销,其促销支出比例就应该高于其他产品。

③目标达成法。采用目标达成法,旅行社应该首先确定某一时期的促销目标,然后确定为实现这一目标所应该进行的促销活动,并具体测算每项促销活动所需要的经费,在此基础上确定旅行社在特定时期的总体促销预算。

使用目标达成法时,促销目标决定促销预算的方法决定了预算结果的科学性。只要促销目标明确,旅行社便可以制定出较为准确的促销预算,同时还可以在促销活动实施后有效地检验促销效果。不仅如此,目标达成法还使得旅行社能够灵活地适应市场变化,有针对性地调整其促销策略。但是,目标达成法比较复杂,应用起来相对较难,旅行社应该注意在决定促销预算时,同时运用其他预算方法,使促销预算的确定切实可行。

④竞争对抗法。竞争对抗法又叫竞争对等法,即旅行社根据竞争对手的促销预算确定本旅行社的促销预算。这种方法事实上是把促销作为商业竞争的武器,实行针锋相对的促销策略。采取这种方法的大都是财力雄厚的大旅行社,资金不足的中小旅行社使用这种方法具有一定的风险性。这种方法在实际应用中又可以分为市场占有率法和增减百分比法两种。

A.市场占有率法,即首先计算竞争对手的市场占有率及其促销预算,求得竞争对手单位市场占有率的促销费用,在此基础上,乘以本旅行社预计目标市场占有率,即得出本

旅行社的促销预算,其计算公式为

促销预算＝竞争对手促销预算/竞争对手市场占有率×本旅行社预计目标市场占有率

B.增减百分比法,即根据竞争对手本年度促销预算比上年促销预算增减的百分比,作为本旅行社促销预算增减百分比的参数,其计算公式为

促销预算＝(1＋竞争对手促销预算增减率)×本旅行社上年促销预算

竞争对抗法最主要的缺点是当旅行社与竞争对手在市场营销策略、产品和目标市场未必完全相同(事实上不存在完全相同的企业)的情形下,盲目追随竞争对手的促销预算,这实质上是将旅行社的促销预算制定权在无意识中拱手让于竞争对手,造成不必要的浪费。

⑤支出可能法。支出可能法也称全力投入法,它是按照旅行社的财力可能来确定促销预算,促销预算可以根据市场供求变化情况灵活地加以调整。这是一种较适应旅行社财务支出状况的方法,但其局限性也是显而易见的。

在实践中,旅行社通常综合采取几种不同的方法确定促销预算。

三、旅行社促销要素与促销效果评价

(一)旅行社促销要素

旅行社的促销活动主要由旅游广告、营销公关、销售推广、直接营销、现场传播和网络营销等促销方式构成,这几种方式又称为旅行社促销要素。

1.旅游广告

旅游广告是由旅游目的地国家和地区、旅游组织或旅游企业,用付费的方式选择和制作有关旅游方面的信息,由媒介发布出去,以扩大影响和知名度,树立旅游目的地、旅游企业、旅游产品的形象,达到促销的目的。

案例3-7

"甜野男孩"丁真走红,甘孜"理塘"旅游热度猛增620％!

2020年岁尾,一个藏族小伙的视频刷爆各大平台,迅速成为热搜。丁真火了!他清澈的眼神和纯真的笑容给人留下深刻印象。走红以后,丁真成了当地国企的一名正式员工,还担任了当地旅游形象大使,并拍摄了宣传片《丁真的世界》,为自己的家乡代言。

丁真走红后给家乡甘孜理塘带来更多的旅游宣传,让不少网友想去走一走、看一看。携程数据显示,"理塘"热度从11月20日起大涨。到11月最后一周,"理塘"搜索量猛增620％,比国庆翻4倍。甘孜的旅游热度也水涨船高。

与此同时,丁真走红,也让全国多个省区市的媒体、文旅部门在社交媒体上"吵翻了天",各地向他发邀约,引发"抢人大战":"四川发布"官方微博发文称:"丁真的家乡在四川省甘孜州,并欢迎广大游客到甘孜旅游。"而丁真本人更是特地手书汉字为家乡代言:"家在四川。";西藏日报在官方微博里连续更新三条动态,直接喊话丁真"我们在西藏等你",同时还放出了大量布达拉宫照片;随后,山东、云南、辽宁、青海等各省区也纷纷加入

进来,开启了混战模式,各地文旅账号纷纷贴出自己的旅游资源,邀请丁真去自己家乡。截至11月29日9时,"全国各地都在邀请丁真"的微博话题阅读量已达4.8亿次。网友们看得很开心,也表示喜闻乐见。与其说这是一场"抢人"大战,不如说是各地文旅部门通过丁真这个"窗口",联合促成了一次"旅游推介"。

这次"大战"是少有的只有赢家没有输家的营销"大战"。首先丁真的家乡理塘和甘孜拔得头筹,抢得先机,也占据主流。另外西藏也"躺赢"了一把,因为丁真在采访的时候说最想去拉萨。其他地方也做借势营销,各个地方通过参与这场营销"大战"都多多少少收获了粉丝和品牌推广,大家各得其所,一场欢乐的营销"大战"受益面是很广的。

资料来源:腾讯网,如何看待自己走红?(整理)

(1)旅游广告的特点

①旅游广告具有公开性强、传播面广、效率高的特点。旅游广告作为一种十分普及的信息传递方式,一经发布便能迅速铺开,这种高度公开的信息沟通方式能够增强旅游者对产品的信任度,利于实现快速销售。

②旅游广告具有重复性的特点。这有助于多次向旅游者重复同一信息,经常性地提醒旅游者,从而提高旅游产品或企业的知名度。

③旅游广告具有形式多样、表现力强的特点。通过对文字、音响及色彩的艺术化运用,有助于旅游产品树立形象。

④旅游广告的受众具有多样性的特点。旅游广告并非与旅游者直接对话,不会对旅游者形成压力;但旅游广告的受众,无论是现实旅游者还是潜在旅游者,都具有构成复杂、分布面广等特点。旅游客源分散,而且旅游者的性别、职业、文化程度、收入水平、生活方式、旅游动机、消费习惯、价值观念等都有所不同,因此旅游广告所达到的效果会因人而异。

(2)旅行社进行旅游广告决策时应考虑的因素

①目标视听群体的媒介习惯。如果是为目的地旅行社促销选择广告媒体,那么广告就不适合登在面向公众的一般性刊物,而应主要选择旅游商阅读的专业刊物。

②产品特点。根据产品特点选择媒介才能更有效地传达广告信息。例如,宣传自然风光的广告,最适宜的报刊媒体不是一般的报纸,而是有彩色图页的相关杂志。

③广告信息的特点。比如,需要快速传递的信息,往往以广播、电视和报纸为媒介,反之则以杂志或直接邮寄为媒介。

④广告信息的内容。以旅游印刷品为例,有的旅游产品目录和其他宣传品是直接分发给消费者的,而有的产品目录和宣传材料是向客源地旅游商发送的。后者的分发目的主要是希望中间商了解自己的产品,开拓客户关系。因此印刷的内容并不是供旅游者选购的"成品",而是供中间商选购的"半成品",用于旅行社之间的业务信息交流,分发范围并不广,有些目录的印刷规格也不必太高。另外需补充说明的是,这些产品目录一般不标明产品的具体价格,而留待以后双方商议。如果有印上价格的必要,也必须注明"内部价格",并严格控制范围,尤其要保证不能让客户的客户——另一家旅行社或旅游者获知,否则将泄露旅行社客户的具体利润额,因而破坏了商业合作的默契。

⑤干扰因素。同一媒介工具在同一时期发送的不同广告之间会相互干扰,结果会导

致广告的效用下降。这是因为观众的注意力被分散。解决方法是综合运用各类媒介,如旅游产品的广告,可综合运用旅游印刷品和电视广告,效果要比单独使用好得多。同时还要注意广告的连续性。

⑥广告费用。媒体的选择,也受预算额的限制。一般地讲,电视广告费用较高,而报纸广告或广播则成本较低。应在有限费用之内,艺术性地组合媒体运用的比重,以达到理想的促销效果。

阅读资料 3-2

小门票"印"出大爱心

社会发展造就了旅游企业的发展,也赋予了企业社会责任。十万张印有失联儿童信息的景区门票、为期一个月的展板展示、众多游客拿起手机将这些失联儿童的信息转发朋友圈……这是2018年8月2日山东第二季度全省旅游网络营销十佳案例公布的由泰安太阳部落景区送选的"让爱回家寻找失联儿童"社会公益活动入围作品。这是旅游企业作为社会力量加入公益行动的积极探索,也是旅游景区凝聚社会力量、唤醒公益意识、传递人文关怀的一次成功尝试。

泰安太阳部落景区把原本普通的景区门票变成寻找失联儿童信息的媒介,利用景区的人流量进行公众传播,依托媒体和景区进行宣传上的联动,在网络上形成舆论"阵地"。一张小小的门票虽微不足道,但积小成大,久久为功,公益活动为失联儿童早日回家提供了更多可能性,而只有更多的企业去反哺社会,去主动承担自己的社会责任,正能量才会得到更好的弘扬。

2. 营销公关

公共关系是通过信息沟通,发展企业与社会及公众之间的良好关系,建立、维护、改善或改变企业和产品形象,营造有利于企业的经营环境的一系列措施和行动。公关营销主要有面对公众群体的营销方式,如赞助公益事业和特殊事件、赞助社区活动、组织参观、出版期刊、举办各种活动等;还有面对新闻媒体的营销方式,如借助大型活动的新闻发布等。其目的是与公众和相关企业建立良好的关系,加强口碑和知名度宣传。

营销公关是一种促进与公众建立良好关系的方式。其主要特点是:借助第三者说话,可信度高;情节性、趣味性、可接受性强;最可能赢得公众对企业的好感;影响面广、影响力大,利于迅速塑造被传播对象的良好形象。

要注意的是,营销公关活动设计有难度,且组织工作量大;不能直接追求销售效果,运用限制性大。

3. 销售推广

销售推广,也称销售促进,是近年来发展极为迅速的一种促销方式,它是指旅游企业在特定的时间和空间范围内对同行(指中间商)或消费者提供短期激励的一种促销方式。

销售推广的方式往往是临时的、短期的,带有馈赠或奖励的性质,包括熟悉业务旅行、旅游博览会、交易折扣、联合(合作)广告、销售竞赛与奖励和提供宣传品等众多不同的方式,就一时效果而言,它往往比广告更能有效地促进销售的增长。其主要特点是:在点上的吸引力大,能把顾客直接引向产品;刺激性强,激发需求快,能临时改变顾客的购买习惯;有效期短,如持续长期运用不利于塑造产品形象;组织工作量大,耗费较大,而影响面较窄。

销售推广包括面向行业(旅游中间商)的销售推广和面向消费者(旅游者)的销售推广两类,在旅游业中以前者更为普及。面向中间商的考察旅行推广活动是目前国际上常用的推销手段,即组织中间商来旅游目的地进行考察,向他们介绍旅游路线和活动,特别是介绍旅行社的新产品,使他们通过实地考察,了解旅行社的产品和旅游目的地的情况,产生来本地旅游的愿望。尽管邀请中间商来访成本较高,但往往可以取得较好的推销效果。

旅游产品由于具有生产消费同一性的特点,只有实现销售才能进行生产,因而,相对有形产品,销售促进对旅行社起着更为重要的作用。这些作用主要表现在以下几个方面。

(1)促使旅游者和中间商试用产品。这种试用意味着机会,展示形象的机会、提供信息的机会和争取回头客的机会,尤为重要的是争取客户的机会。

(2)劝导试用者再次购买和增加消费。有的航空公司随机票附送优惠券,积累到一定数量后,即可凭此购买一张特价优惠机票。有时人们并非真的需要购买什么,但当他们得到一张折扣券或赠品券时,购买行为就发生了。这在旅行社许多业务中也较常见,例如针对组织机构的订票,公司企业的奖励旅游业务,往往用销售促进鼓励其继续合作。

(3)促进旅行社其他产品的销售。旅行社对某客户在订票上的优惠,可能会吸引该客户对旅行社其他产品的购买,例如来访人员的食宿安排等。

(4)销售促进常常能有效地针对竞争者而展开对抗竞争。例如,为推广某产品,给中间商更多的折扣等。

当然,旅行社也需了解,销售促进并不能保证建立客户对本企业产品的信任和忠诚。有的销售促进活动在停止后的一段时间里,销售额常常会回落到原来的水平。另外,如果产品本身市场潜力不大,或属于衰退期的将被市场淘汰的产品,销售促进也是回天无力的。

4. 直接营销

直接营销也是近年来发展迅速的一种促销方式,它包括人员推销、直接邮寄和电话营销三种主要形式。人员推销是一种历史悠久的推销方式,它通过销售人员与顾客的直接沟通来达成销售。但这是成本最高的推销方式,通常在有限范围内使用。旅行社在招徕要求复杂、消费较高的特殊旅游团(如重要会议或奖励团、朝圣团、休学团、怀旧团、校友会团等)或中间商等大客户时,需要应用人员推销。人员推销的主要特点是:个人行动,方式灵活,针对性强;易强化购买动机,及时促成交易;易培养与顾客的感情,建立长期稳定的联系;易收集顾客对产品的反馈信息;费时费钱,传播面小效率低,往往成为平均代价最高的促销手段。

5. 现场传播

现场传播是指通过旅行社的总体效应,如营业场所的建筑、室内设计和布置、宣传品的陈列与内部装饰等要素,向旅游者传播产品信息,增强旅游者购买的信心,促成旅游购买行为的发生。现场传播的主要特点是:构造良好服务氛围,增加旅游者对旅行社的信任度,但必须旅游者亲自到旅行社来才可体会到,因而只面向少数旅游者。

6. 网络营销

互联网作为信息双向交流和通信的工具,已经成为众多商家青睐的传播媒介,被称为继报纸杂志、广播、电视之后的第四种媒体。利用国际互联网促销已成为旅行社新兴的促销方式。旅行社利用互联网促销具有诸多优势。

阅读资料 3-3
国内旅行社上市公司发展动态——中青旅控股股份有限公司

中青旅前身为中国青年旅行社总社,成立于 1997 年 11 月,并于同年 12 月上市,是国内 A 股首家旅行社类上市公司。作为中国旅游行业的领先品牌和综合运营商,中青旅坚持以创新为发展的根本推动力,不断推进旅游价值链的整合与延伸,在观光旅游、度假旅游、会奖旅游、差旅管理、景区开发、酒店运营等领域具有卓越的竞争优势。目前,中青旅的主要业务包括旅游产品服务(主要为旅行社)、IT 产品销售与技术服务、整合营销业务(原会展业务)、景区综合经营以及酒店业务等,实现多元化的发展业态。

近年来,尽管旅游行业面临日益激烈的竞争,中青旅的净利润仍以 12.59% 的年复合增长率快速增长。盈利能力基本稳定,毛利率保持在 20% 左右,净利率保持在 5% 左右。近年来,公司毛利率明显上升,2016 年公司整体毛利率为 23.79%,与 2015 年相比,同比上升 2.6%。净利率方面,2017 年上半年,公司净利润为 10.84%,较 2016 年 9.43% 上升 1.41 个百分点。其中,旅行社业务作为公司的传统核心业务,仍是营收的主要来源,期内实现营业收入 16.51 亿元,同比下降 12%;乌镇、古北水镇业绩增长迅速,景区业务持续发力,净利润贡献比例超过 80%,成为上市公司最主要的利润来源;酒店业务发展稳健,成为新的利润增长点。2017 年 H1 实现营业收入 1.97 亿元,同比增长 13%。此外,受 MICE 整体市场环境及大项目周期变化影响,公司整合营销业务业绩有所下滑,营业收入 8.85 亿元,同比下降 17.08%,净利润同比下滑 30%。

总体来看,中青旅正在打造文化旅游一体化综合运营商,业务涵盖国内著名文化景区运营、国内游和出境游服务等。旅行社业务支撑主要收入,文化景区运营支撑主要利润,乌镇和古北水镇的运营成功得到广泛认可。在旅行社业务领域,中青旅坚定"一体两翼"战略,从旅游品牌、产品、销售、服务四个方面集中发力,以旅行社业务为主干,以酒店、景区业务为两翼,以连锁店、呼叫中心、遨游网为渠道,以观光旅游、休闲度假、会议奖励、商旅管理为核心商业模式,形成了一主多翼的品牌体系,实现了旅游主业的迅速发展。目前,中青旅旗下拥有中青旅会展、乌镇、山水酒店、遨游网、百变自由行等一系列国内知名旅游企业和产品品牌,在北京、上海、东京、温哥华、香港、广州、天津、南京、杭州、深圳等海内外三十余个核心城市设有分支机构,打造了公民游、入境游、整合营销、景区、酒店等旅游相关细分领域的专业化公司,整合旅游价值链,营造旅游生态圈。另外,中青旅持续强化旅游品质和产品创意,为客户提供定制化、主题化、精品化的旅游服务,重点打造中青旅遨游网,提出"遨游网+"战略,助力公司以及其他传统线下旅行社实现旅游服务的互联网化,凭借强大的网络布局优势,最大限度整合内外部满足客户各种规模的项目和多元化需求。

(1)适应国际旅游散客潮的需求,网络营销,散客成团

网络除了预订、查询功能之外,还便于散客成团。常规旅游线路因客流量较大,用不着拼团;而有一些生僻的项目就可以在网上组团,在网上设计产品。如上海春秋旅行社在网上就做这个散客成团的业务,他们提出的口号是"网上成团,散客享受团队价"。

随着旅游设施的不断完善和旅游者自主意识的增强,散客旅游日益成为潮流。由于散客的居住地分散、旅游时间随意以及旅游产品的需求多样化,因而旅行社对散客市场的促销具有特殊难度,网上促销就可以解决这方面的难题,每一个电脑网络终端都联系着潜在的散客市场,旅行社在网上设立E-mail信箱也为招徕散客提供了直接的便利。可以预见,在旅行社的客源开发中,国际互联网对客源市场的促销作用会越来越明显。

(2)成本低廉,效果强大

网络营销,制作和上网费用低,内容丰富,易于旅游产品开发、修改和补充,便于新产品的迅速投放,宣传面广,覆盖全球。而且网络营销越过了批发商、零售商,减少了销售环节,节省了佣金和费用,降低了销售成本。

(3)便于旅行社与旅游消费者之间的双向沟通,可满足旅游者个性化的旅游需求

旅游业市场具有分布广泛、客源分散的特点,因此,网络利用其信息量大、覆盖面广、传输迅速的优势,通过各种旅游信息站点及主页,进行供需双方全天候的信息交流,从而提高销售量。对旅游消费者而言,拥有充分的信息来源,对旅行社等旅游企业的选择范围更大;对旅行社而言,信息处理和传输的能力迅速增强,对市场的调研、细分和定位更深入可靠,并通过一对一的营销模式,实现了个性化服务。

(4)具有结算功能

网络营销以银行为中介,采用类似于外贸信用站证的形式,为交易双方提供担保,进行电子商务结算,解决旅行社拖欠款的问题。同时,网络营销还具备信用卡功能,方便旅游者,更有吸引力。

总之,旅行社网络技术的发展和应用使人们在信息和交流方面摆脱了时空的局限,进而对传统营销模式产生了巨大的冲击,网络营销是旅行社销售的新型武器。

案例 3-8

"抖"不完的魅力

2018年8月2日,山东第二季度全省旅游网络营销十佳案例公布:济南市旅发委选送的"玩转济南 泉是惊喜"抖音平台营销案例成功入围。

旅游者在选择旅游目的地和出行方式上,更注重体现个人的自主意识,人们可以通过网络便捷地获得来自旅游目的地的精彩推荐。而通过网络营销宣传,旅游目的地可能

一夜之间成为人们争相前来的"网红城市"。济南,就是这样的城市。

为提升"泉城济南"的知名度、美誉度以及品牌互动力,推动济南实现由景点旅游向全域旅游的全面转变升级,济南市旅发委积极探索旅游网络营销模式,对包括旅游达人体验、自由行创意分享会等在内的"玩转济南 泉是惊喜"系列宣传活动进行全网全平台宣传,宣传覆盖人次过亿;对新上线全域旅游品牌馆进行全平台发布,实现总流量达6500万+,订单过百万。此外,为更好地利用新媒体平台宣传济南旅游,济南市旅发委还对景区、建筑、文化、美食、游玩信息等进行创意短视频宣传,并指导景区进行联动宣传,将泉城济南打造为网红旅游地,让原本低调的泉城济南高调、新潮地走进大众视野。

资料来源:新浪网资料整理.

(二)旅行社促销效果的评价

1. 促销效果的测定

促销效果的测定,是指以促销策略实施后旅行社产品销售量增减的幅度作为衡量标准来测定促销活动的效果。通常认为,促销策略实施后产品增销的幅度越大,促销的效果越好;产品增销幅度越小,则促销的效果越差。

评估促销效果,一般有两方面指标为参照。一是认知与记忆指标,二是经济效果指标。下面简要介绍一下经济效果指标的两种评估方法。

(1)比值法。比值法是通过对旅行社产品销售额的变化来测定促销效果。计算公式为

$$R = (S_2 - S_1)/P$$

式中　R——促销效率;

　　　S_1——未促销前的平均销售量(一日或一年);

　　　S_2——本期促销后的平均销售量(一日或一年);

　　　P——促销费用。

使用此方法时,要注意促销效率并非与销售增量之间成正比关系,还要剔除促销以外其他因素的作用,如市场环境的变化、竞争对手的相应活动和企业规模的变化等。

促销总体上是一个长期行为,有些效果未必在短期内出现。所以,旅行社还可以用其他方法全面了解促销效果,例如,调查某促销措施的效果,可以调查目标群体对旅行社所传递信息的反应,其重点调查内容包括:识别和记住这一信息的人数百分比;对信息的知觉;对旅行社和产品过去与现在的态度;收集目标群体的行为数据,比如喜爱和购买产品的人数百分比。

此类调查虽然也有一定的难度,需专业人士协助进行,但有许多信息旅行社可以从日常服务和管理中获取。同时,在一些特定的市场调研工作中,可适当组合必要的促销成效调查,这也是旅行社需求管理中系统收集应用信息的途径。

(2)促销效果比率法。这种方法是测定一定时期内促销活动对销售或利润的促进作用,计算公式为

销售(或利润)效果比率=本期销售(或利润)增长率/本期促销费用增长率×100%

2. 促销自身效果的衡量

促销的自身效果又叫接触效果,是指以促销活动的视听率、记忆度和产品的知名度

等因素为依据测定的促销的效果。

旅行社促销活动推出以后,也许由于社会、自然、经济、市场等方面的原因或各种意想不到的变化,产品的销售量并没有大幅度的增长,甚至可能出现下降。在此情况下,只要有更多的人认识了旅行社促销的产品,就可以认为是达到了促销的自身效果。另外,旅游者最终购买行为的发生,往往也不是某一项或某一次促销活动的结果,而是旅行社一系列促销活动共同作用的产物。因此,那种单纯以销售量的变化来衡量促销效果的做法显然具有局限性。衡量促销自身效果的指标主要有视听率、记忆度、理解度、知名度和注意度等。

案例 3-9

中国旅游研究院:2020 年中国旅行服务业发展报告(摘要)

2020 年是能够载入旅游业发展史册的一年,突发的新冠肺炎疫情带来的不只是巨大的经济损失,更是对旅行服务业发展走向与竞争格局的深刻影响。旅行服务业在经历了一轮又一轮的技术变革后,旅游产品分发的逻辑已然发生变化,经历了"从门店到人""从平台到人""从人到人"的分发渠道的变迁,"前人后厂"的模式将进一步改变隐在市场现象背后的商业逻辑与产业组织方式。当人本身成为渠道,个人品牌时代正在到来,无论是直播带货还是社群运营,都是"人货场支付"甚至部分产品的交付的一体化实现,打破时空的限制,每个人能够链接到的客户和资源都在指数级扩大。供应链变革对旅行社行业转型发展引发思考:旅行社过时了吗?团游还有未来吗?导游还会存在吗?如何"破"与"立"?

《报告》阐述:不是旅行服务业当下亟须转型,而是当我们放宽旅行服务业的范畴,广义旅行服务业内的创新从未停止,新的市场主体从未停止进入,只是不是所有的旅行服务商都叫旅行社这个名字,诸多俱乐部、兴趣小组、教育机构、网红达人都在行旅行社之实但不具旅行社之名。所以,应使各类市场主体承担共同而有区别的被监管责任,以免对真正的旅行社业造成事实上的非正当竞争。事实上,即使在散客化、自助行高度发达的今天,并不是所有的旅行服务都能被取代,而是市场需要与时俱进的专业化创新服务。细分市场是旅游的未来,大众旅游时代的到来,恰恰伴随着大众市场被不断蚕食,细分市场快速崛起的过程。每个游客的画像都被贴上更细分的标签,每次出行的动机都可能更加具体,这些个性、细分、专业化的市场需求都需要旅行服务商以更创新更专业化的服务去满足。当更多的主体跨界切入旅游业,旅游业也正无处不在地渗透进其他行业,并在这种融合的过程中改变着行业格局。如果说传统的标准化打包产品的门槛并不高,那么这些广泛来自教育、体育、康养、冰雪、金融、文华艺术等各个领域的跨界主体的专业技能门槛却着实不低,使得一个又一个细分市场正在成为有进入壁垒的领域。正因为如此,我们不必焦虑团游有没有未来,而是应该思考如何给游客一个组团的理由,因为"团"是旅游社交属性的最直观体现,也是旅游业在快速变化中不变的属性之一。

总之,从产品创新到服务提升,从跨界主体进入全行业人力资本提升,从流量分散化到渠道多元化,从数智化转型到供应链革新,从将多主体纳入公平监管到行业营商环境变化,旅行服务业正面对更大的挑战,也面临着新的发展机遇。

资料来源:《2020年中国旅行服务业发展报告》.

本章小结

旅行社营销是旅行社重要的业务内容,是旅行社产品赢得市场的一个系统工程,决定着旅行社的发展和稳定,市场细分和目标定位是前提和基础,销售渠道选择是手段和方法,促销是促进和推进营销目标的达成。

案例分析

美匣科技是一家专注于旅游行业的软件系统服务商。公司使命是"永远提供适宜未来趋势的产品,助力旅行社持续变革,推动旅游行业持续升级"。公司自主研发的"美匣云"是一套集B2B同行分销平台、B2C微商城系统、旅行社内部管理系统于一体的旅游SaaS系统平台,全方位解决旅行社产品货源、直客销售、同业分销、内部管理等难题。用软件技术助力旅行社实现数字化营销和管理的转型升级,为旅游行业的共同进步和发展做出贡献。

自投入市场以来,美匣云已和多家旅行社达成长期合作。实践证明,美匣云很好地经受了不同业务模式和复杂场景的深度考验,切实帮助旅游商家提升了整体经营效率,获得合作商家们的广泛好评。

资料来源:美匣科技网站.

案例思考:

当今,旅行服务业外延不断拓展,从以传统旅行社为主的单一形态,已然转向包括传统旅行社、OTA、专业俱乐部、跨界企业等多业态多主体共存的融合发展状态。美匣云微商城从产品、商家、用户和销售维度,丰富产品、数据统一、资金中台、人员赋能、分销导购,专注旅行社痛点问题,为旅行社业突破常规助力。

思考与练习

一、记忆题

1. 什么是旅行社市场细分?
2. 销售渠道的含义是什么?
3. 什么是旅游中间商?
4. 促销预算方法有哪些?

二、思考题

1. 试述旅行社市场细分的标准及程序。
2. 旅行社目标市场策略有哪些?
3. 影响旅行社产品价格的因素有哪些?
4. 试述销售渠道选择的原则。
5. 结合实际谈谈如何进行促销管理。

三、操作性练习

某旅行社2017年销售额为1200万元,预计2018年销售额为1500万元,该旅行社确定2018年的促销预算占其销售额的比例为3%,使用比值法计算出2018年该旅行社的促销预算。

第四章 旅行社计调实务与管理

学习目标

旅行社是中介机构,为旅游者提供的食、住、行、游、购、娱等各项服务都要提前进行采购和储备,并作为生产资料进行组合、设计和调配,最终形成旅游产品供销售。因此,旅行社的各项服务采购是旅行社业务及管理中重要的环节,是旅行社存在的前提和保证。

通过本章学习,掌握旅行社计调业务及采购的内容、采购实务及管理,了解旅行社协作网络的重要性,掌握旅行社协作网络的运作与管理。

重要概念

旅行社计调;旅游服务采购;旅行社协作网络;供应链;采购合同

导入案例

工作失误导致旅行社受损失

西安某旅行社接待了一个西安地接团,团队计划在到达后第四天乘火车离开,操作计调因为忙于其他事情,委托一位同事代为预定返程火车票。第四天游程结束后,导游带着旅游者去火车站登车送站,结果却被拦在了检票口外,原来车票竟然是前一天的。过期的火车票自然无法登上火车,糟糕的是旅游者接下来还有行程,西安段耽搁了,意味着之后其他段的行程都面临变更和调整,产生的损失是巨大的。为减少损失、消除影响,西安旅行社紧急调车,用空调旅游车将旅游者送至下一目的地。这次事件产生了过期车票无法退还而作废、紧急调用车辆增加了车费、游客赔偿等损失,完全是由于计调工作上的沟通失误和衔接不好造成的。

资料来源:《旅行社 OP 计调手册》(熊晓敏).

第一节 旅行社计调概述

一、旅行社计调的定义

计调就是计划与调度的结合称谓,故旅行社计调是在旅行社内部专职为旅游团(者)

的运行走向安排接待计划,统计与之相关的信息并承担与接待相关的旅游服务采购和有关业务调度工作的一种职位类别。在从事国际旅游业务的旅行社,计调又称 OP (Operator)。

二、计调在旅行社中的角色及作用

计调在旅游行业处于一个特殊的地位,旅行社的发展往往取决于旅行计划的实施,而计划的实施在于计调人员的贯彻和执行。

计调人员对上要配合旅行社发展计划,完成总经理和计调经理制订的工作计划;对中要核算成本、利润、毛利率,在团队活动开始前向财务支取备用款项,团队活动结束后整理报账;对下要和前台及销售人员沟通,保证产品线路的销售。

团队运作顺利,说明计调工作尽心尽职;团队出现投诉及质量问题,说明计调在选择接待社及安排导游人选上出现失误,不够严谨。处理投诉及善后事宜,如何降低损失、维护旅行社声誉及利益取决于计调的应变能力、经验及前瞻性;重大团队谈判成功与否,取决于计调业务知识及谈判能力;工作计划、产品线路和同业的抉择一成不变,反映了计调的庸碌无为……

计调,是旅行社业务开展的命脉,在旅行社管理中销售部、计调部、接待部三大部门,与财务、人事等后勤部门组成了整个旅行社的运作体系。计调起着联系各方的作用。

三、旅行社计调的业务范围

旅行社计调业务,狭义上讲,是指一个旅行社在接待工作中为旅游团(者)安排各种旅游活动所提供的间接服务以及为确保这种间接服务而与其他旅游企业及与旅游业相关的各个行业和部门所建立的合作关系的总和;从广义上讲,旅行社计调业务是指计调部(或计划部)为业务决策而进行的信息提供、调查研究、统计分析、计划编制等参谋性工作和为实现计划目标而进行的统筹安排、组织落实、业务签约、协调联络、监督检查等业务性工作的总和。总而言之,计调业务既是旅行社全部接待业务中重要的组成部分,同时又是旅行社全部管理职能中重要的组成部分。

旅行社计调的工作内容比较繁杂,其业务范围如下。

(一)设计行程和报价

1. 地接

向外地即将来本地旅游的旅游团(者)提供线路设计及报价,如沈阳的某旅行社计调人员负责设计由南京某旅行社组织的来沈阳旅游的 17 人团队的行程和报价。

2. 组团

为本地有外出旅游意向并向本社进行旅游咨询的客户和本地旅游分销商同行设计外地的旅游行程,并做出相应报价。比如,大连某旅行社计调人员负责安排某学校教师暑假去厦门-武夷山-福州 6 天双飞团旅游的一切事宜。

以上的行程设计首先要以旅游者的需求为前提,在合理范围安排下要达到旅行社的利润最大化。若旅游者有特殊需求(安排宴请、招待会,预定文艺演出票,安排专项访问等)要及时和旅游者沟通,并妥善做出相应的接待方案。

(二)向供应商做相应的采购,并监督团队接待情况

若为地接团队,则需提前根据客户要求预订宾馆、车、餐厅、导游、返程火车票/机票/船票;若为组团赴外地旅游,则需提前与旅游者即将去的目的地城市的地接社洽谈和安排接待的一切细节,并做好传真确认,同时与航空票务处订购好往返程的大交通票。

无论地接还是组团都要根据安排好的行程和出发时间,做好以下工作安排:

(1)挑选适合本团队的导游带团。

(2)向导游详细交代工作计划,应把所带团队的各方面具体情况、特殊要求及注意事项分别详细地告知。

(3)对于此团在外旅游过程中有可能出现的问题,要做全方位的考虑和预算,以防出现差错。掌握旅游团取消、更改情况及突发的人为状况或自然灾害,并及时通知有关人员做好调整接待。

(4)在团队旅游的整个过程当中,监督团队的运行情况,认真听取导游和旅游者的反馈意见。发生任何问题要及时处理。

(5)做出接待计划,并在登记表上及时标出所有接待团队的编号、人数、带团导游服务等级、订房情况、抵离日期、航班/船班/车次时间等。

案例 4-1
计调在活动安排上应多与老导游交流

一个荷兰团队来北京旅游,爬完金山岭后,下午2点吃了午饭,5点钟团队返回宾馆,按计划应在5点30分吃晚饭。但客人们要求回房间洗一洗,换身衣服再吃饭。导游一想,吃饭时间是计调安排的,刚好这个时间是留给自己这个团队的,如果往后延,宾馆不会同意,那么多团队一餐一餐都压着。但客人们的要求也是合情合理的,谁愿意一身臭汗的吃饭。这名导游挺聪明的,没有擅自更改吃饭时间,而是给旅行社打了个电话,将情况说明,征得旅行社同意后,将晚饭时间往后延了。遇到这种情况就需要计调在安排上必须有灵活性,同时多与老导游交流,知道什么时间什么地方容易堵车,景点什么时间开门,等等。比如说,北京雍和宫星期一不开门,计调不知道,还是安排了,遇到个新导游也不清楚,带着团队去结果是白去,第二天还得再去一次,司机就不愿意了,这就造成了和合作单位间的摩擦。

资料来源:《旅行社 OP 计调手册》(熊晓敏).

(三)当好管家

在每次旅游团或散客旅游结束后,导游人员报账时,要严格把关,并与财务仔细核对每一个账目，确保准确无误。认真看旅游者填写的"意见反馈单"，如有问题，通知相关部门协调，下次改进。

阅读资料 4-1

宾客意见书
GUEST COMMENTS

亲爱的宾客：

Dear sir/madam：

欢迎您来华旅游，并希望您对我们的旅游服务质量和旅游设施提出宝贵意见和建议。我们深表感谢并祝旅途愉快！

Welcome to China, Would you please to make some opinions and suggestions about our service quality and tourism facilities? We will be thankful and wish you have a good time.

旅行团号 Group No：　　　　　　　导游人员 Guide：

请在您选择的项目中划 √

Please fill in the following form with tick √ as your answer

组团部 Unit		国籍 Nationality		团名 Group Code		人数 People	
抵达时间 Arrival Time		离开时间 Departure Time		导游 Local Guide			
服务质量 Service Quality	项目 Item / 等级 Class	行程 Itinerary	车 Bus	船 Boat	酒店 Hotel	餐饮 Food	地陪服务 L/G Service	购物 Shopping
	优秀 Excellence							
	良好 Good							
	一般 Fair							
	差 Poor							
您的总体评价 General Comments								
签字 Signature	领队 Tour Leader(National Guide or Guest)：				地陪 Local Guide：			
	游客签名 Signature：							

(四)设计新产品

对同行旅行社推出的常规、特色的旅游线路经常进行分析,并力推本公司的特色线路及方案,确保在激烈的市场竞争中占据一席之地。

(五)客户回访

旅游过程中及结束后认真听取客户对服务是否满意的反馈信息,如有问题做好安抚及解决问题的工作,为旅行社维护客户。对客户反映的旅行社工作有纰漏的地方,及时调整,以防后患。

(六)信息收集整理

(1)广泛收集和了解不断变化着的旅游市场信息及同行业务动向,并及时反馈给旅行社有关部门以供参考。

(2)向旅行社的决策层及时提供所需信息及资料分析报告。

(3)定期统计旅行社操作过的旅游团的接待信息,制作列表并存档;制作全社旅游业务月、季报表。

四、旅行社计调的种类

(一)组团类计调

组团类计调就是在组团社内负责操作组团流程的专职人员。

组团类计调按出行目的地又可分为中国公民国内游计调和中国公民出境游计调。

1. 中国公民国内游计调

(1)中长线计调。中长线是指从客源地通过各种手段招徕本地旅游团或散客,向旅游者提供的游程通常在3天以上,需要通过飞机、火车等交通方式运达旅游目的地,委托当地接待社完成所约定的接待项目,并在旅游目的地使用区间交通工具的旅游线路。负责这类线路操作的专职人员通常被称为中长线计调。

(2)短线计调。这里所说的短线,通常是指旅游目的地在客源地周边,游程在1~3天,以汽车作为主要交通工具,通常由组团社自己接洽或委托接待社安排用车、用餐、景点游览、酒店住宿、派发导游等事宜的旅游线路。负责操作这类线路的专职人员通常被称为短线计调,又称作周边短线汽车团计调。

2. 中国公民出境游计调

中国公民出境游,是指从中国境内客源地通过各种手段招徕本地旅游团或散客,将其送往大陆以外的国家或地区(含港澳台地区)游览,并委托境外旅游目的地的旅行社或接待机构负责完成所约定的旅行游览活动过程。负责操作这类出境旅游线路的人员称为中国公民出境游计调。

(二)接待类计调

接待类计调是指在接待社中负责按照组团社计划和要求确定旅游用车等区间交通工具、用餐、住宿、游览、派发导游等事宜的专职人员。按组团社的地区差异可以分为国内接待计调和国际入境接待计调。

1. 国内接待计调

国内接待计调即国内地接计调。按照旅游者活动区域、活动性质不同可分为：

(1)纯一地旅游接待计调；

(2)学生冬夏令营活动计调；

(3)中转联程旅游接待计调；

(4)商务会展活动接待计调。

2. 国际入境接待计调

国际入境接待计调，即入境地接计调，是指专门负责外国旅游者进入中国的接待安排工作的人员。

(三)批发类计调

批发类计调是指针对本地区旅游业内同行定向收集客源，专事某类或某种线路操作，以优惠价格让利于旅行社同行，定期发团的专职人员。批发类计调是旅行社和接待社之间的桥梁，也可以是接待社在这一地区设置或委托的联络机构。批发类计调既熟悉其专事的批发产品旅游目的地的接待成本，又能按照组团社的发团规律制订接待计划，解决了旅行社收到散客难以成行的困扰。批发类计调按旅游目的地区别又可分为国内游专线同业批发计调和出境游专线同业批发计调。

1. 国内游专线同业批发计调

国内游专线同业批发计调，是指集合本地区旅游同行的客源，将其送往中国大陆(不含港澳台地区)指定旅游目的地，交由接待社完成其对旅游同行承诺的接待内容和标准的专职人员。

2. 出境游专线同业批发计调

出境游专线同业批发计调，是指集合本地区旅游同行的客源将其送往中国大陆以外的国家和地区(含港澳台地区)的指定旅游目的地，交由当地接待机构完成其对旅游同行承诺的接待内容和标准的专职人员。

(四)专项类计调

随着经济的发展，旅游者对旅游的需求日益增大，这不仅反映在出行人数的增长上，也表现在旅游项目和种类的丰富及多变上。针对有别于传统旅游的需求及特定的旅游层次，产生了专事操作商务会展，修学游、摄影游、探险游等特种旅游，仅仅代订机票、酒店的自由人项目，专门和使馆接触负责签证事宜，以及针对学生团体、老年团体的专项类操作人员，称为专项类计调。

1. 商务会展计调

我国各种学术交流、项目考察、投资洽谈、会展会务活动越来越多，很多组织机构往往在会务活动期间或结束后结合当地的旅游资源组织与会者参与会间或会后的游览活动。为满足这种需求，很多旅行社也开始设立会展部门，并设置专门的人员从事此项接待工作。商务会展计调有别于传统意义上的计调人员，其涉猎面和工作面也较为宽泛，牵涉会展需要的会展策划书的拟定、场馆选择、场地布置、用车用餐安排、人员接送、会间及会后参观游览活动等的接洽安排。对这一类型的计调人员素质要求也较高,除掌握传统意义上计调的操作职能外,也需有更强的统筹全局和谈判接洽能力。

2. 研学旅行计调

中小学生研学旅行是由教育部门和学校有计划地组织安排,通过集体旅行、集中食宿方式开展的研究性学习和旅行体验相结合的校外教育活动,是学校教育和校外教育衔接的创新形式,是教育教学的重要内容,是综合实践育人的有效途径。2016年11月30日教育部、国家旅游局等11部委联合发布《关于推进中小学生研学旅行的意见》,研学旅行在全国全面推进实施。同时,《研学旅行服务规范》(LB/T 054-2016)由国家旅游局于2016年12月19日发布,于2017年5月1日起正式实施。新规对服务提供方、人员配置、研学旅行产品、服务项目以及安全管理等几大类内容进行了详细规定。研学旅行群体的特殊性、研学旅行产品和服务的特殊性对于旅行社计调工作必然需要全新的调整,尽管业务流程、业务方向与传统学生游相近,但具体内容差别较大,要求标准更高。

3. 老年游计调

中国的很多城市的人口结构已进入老龄化,老年人在旅游者中占据了相当的比例,甚至已成为一种潮流趋势。由于老年旅游团队属于特定层面,有其特殊性和适应性,不少旅行社针对其特殊要求设立了专门从事设计老年旅游活动产品、满足老年旅游者特殊需求的操作人员。老年游计调在游程安排上必须有别于一般旅游团队,保有充裕的游览时间和休息时间,要照顾到老年旅游者行动不便、突发状况多的特性,在旅游住宿的选择上要干净舒适,房间必须有防滑设施等;在导游人员的选择上要挑选有爱心、有经验的导游,提供食物要清淡宜口等。

4. 特种游计调

随着生活水平的提高,社会意识的宽容,旅游者对旅游活动的需求也日益丰富多彩,产生了如学生在寒暑假前往国外进行短期语言进修、参观游览活动的修学游;艺术爱好者前往某地绘画写生、考察摄影的艺术游;探险爱好者挑战极限的探险游等诸多特种游览项目。针对这种需求应运而生的特种游计调就是为这些特殊旅游者的特殊需求负责安排接待的专职人员。特种游计调往往是一团一议,根据旅游者的不同需求制订不同的安排计划。

5. 散客类计调

随着现代人旅游个性化需求的增大,仅需旅行社代订单程或往返机票与旅游目的地高星级酒店的新型自助旅游方式日益盛行。有鉴于此项旅游方式的兴盛之态,很多代订机票、酒店的自由人服务网站也不断涌出,不少旅行社也针对这种需求推出"机酒自由人产品",提供机票+酒店+接送机的服务项目。

6. 签证类计调

在从事出境旅游业务的国际旅行社中,和使馆、签证处打交道的签证工作因为往往要牵涉大量的精力,一般都会交由专人负责,其要求从业人员对目的的国的签证手续和法规常识都有相应了解,对旅游者递交的资料要进行前期的审核和准备工作,要有很强的责任心,避免表格填写错误或资料遗漏造成的拒签,或是遗失旅游者护照而造成不必要的损失。在旅行社中专门从事签证事宜的人员称为签证类计调。

第二节　旅行社计调的基本素质要求

一、旅行社计调业务的特点

(一)具体性

计调无论是收集外地区的接待情况向客户预报,还是接到组团社的业务接待要约而编制接待计划,总是忙于具体的事务性工作中,总是处于解决采购、联络、安排、处理问题等接待计划的具体工作中。

(二)复杂性

第一,计调业务的种类繁杂,涉及采购、接待、票务、交通以及安排旅游者食宿等工作;第二,计调业务的程序繁杂,从接到组团社的报告到旅游团接待工作结束后的结算,无不与计调有关;第三,计调业务涉及的关系复杂,他们几乎与所有的旅游接待部门都有业务上的联系,协调处理这些关系贯穿计调业务的全过程;第四,旅游形势在不断发生变化;新的旅游目的地不断涌现,旅游者对旅游舒适性的要求越来越高,住宿餐饮和交通选择的余地越来越大,需要计调用心选择比较等。

(三)多变性

计调业务的多变性是由旅游团人数和旅行计划的更改而改变的。旅游团的人数一旦发生变化,几乎影响到计调的所有工作,可谓牵一发而动全身。此外,交通常受不可抗力的影响,旺季有时住宿条件不能正常保证,旅游过程中时有一些意外情况发生等,也给计调工作带来许多的不确定因素。

二、旅行社计调的素质要求

当今的旅游趋势正朝着国际化、大型化、网络化发展,这是一个更强调服务个性化的时代,对旅行社计调人员素质的要求也越来越高。对于有志于从事旅游计调行业的人员来说,一个好的、优秀的计调究竟需要具备哪些素质要求呢?

(一)业务熟练

计调必须对团队的旅行目的地情况、接待单位的实力、票务运作都胸有成竹。计调必须要做到成本控制与团队运作效果相兼顾。也就是说,计调必须在保证团队有良好的运作效果的前提下,在不同行程安排中编制出一条最经济、成本控制得最好的线路。

案例 4-2

计调对合作社情况了解不明

上海某旅行社有几名散客前往北京旅游,计调将几名旅游者交由北京某旅行社接待,因为是散客,所以提前将团款汇给了对方旅行社。旅游者抵达当日无人接待安排,计调再与此社联系时电话无人接听。原来这只是北京某社的一个挂靠部门,在席卷了大量团款后已经逃走了,当时与该社确认时加盖的也只是部门章,这在法律上是没有支持依据的。

资料来源:《旅行社 OP 计调手册》(熊晓敏)。

(二)具有敬业精神

计调人员必须热爱旅游事业,计调工作应该说其实是很枯燥的,由无数琐碎的工作环节组成,没有敬业乐业的精神,是无法把这份工作做好的。计调人员应有进取心,不怕困难,热爱本职工作,具有团队合作意识,善于借助团队力量,发挥团队作用,共同做好旅游产品的生产和销售工作,圆满完成旅行社制定的经营目标。

(三)认真细致的工作态度

优秀的计调人员要细心,并不是所有的行程和报价直接复制过来就能递给旅游者的,要根据旅游者的要求进行调整,比如说交通(双卧、双飞等)、住宿标准(三星还是四星)、餐标等一系列问题,都需要计调人员仔细更改后,才能形成完整的产品。如果没有认真负责的工作态度,票务、用车、接送团队等其中任何一环节没有连接上,就会出现一招不慎、满盘兼乱的失控局面。计调人员在团队操作中绝不能出现差错,稍有差池,就会给旅行社带来损失。因此,在工作中必须做到认真负责、一丝不苟。计调人员应保证发出或接收的信息(如向其他旅行社报价、接收组团社的接团通知、预定旅游票据等)万无一失。

案例 4-3

计调在设计行程时考虑不周

有个土耳其团到北京旅游,导游准时在 8 点 10 分将游客接到了宾馆,并安排吃了早饭。吃过早饭后已经是上午 10 点钟了,可在此团的行程计划中,又安排客人 12 点半吃午饭。客人觉得刚吃过早饭,根本不可能在那么短的时间内再吃一顿,于是要求将午餐时间往后延。此时导游犯难了,计划书就是这样安排的,自己没有权利擅自更改,并且在新的导游员管理方法中,擅自更改行程是要扣分的。但不改吧,游客又不干了,本来嘛,这样的行程设计就是不合理。该团的导游没有办法,还是按照计划书办事,让客人又吃了一顿。虽然没有违反规定,但客人们都不高兴了。"我都快冤枉死了。客人们都以为行程是我安排的,对我特别不满意,第一天就这样,以后这团就更不好带了。"这名导游说。这种情况的发生就是由于计调在设计行程时考虑不周,松紧安排不当造成的。现在旅游市场经过整顿后,旅行社上层的管理步入正轨了,导游行为也都逐渐规范了,但这中间的计划调度却没有很好地治理。很多人认为一个团队的好坏取决于导游,但说实在的,那只是表面,最根本的还取决于计调的安排。一旦失误,许多环节链接不上,导游就会遭受到一些莫名的冤屈。

资料来源:《旅行社OP计调手册》(熊晓敏).

(四)具有较强的交际能力和自主创新的能力及团队精神

计调人员的社交能力非常关键。旅游界的社交圈主要指内部庞大的人际网络,如票务、酒店、车队及同行之间的关系等。比如说,计调人员与票务的关系能直接影响到团队是否有机票或者火车票出行,与酒店销售部的关系直接关系到旺季房源紧张时能否给团队留房等。很多时候除了价格之外,人与人之间的关系起到重要作用。

(五)较强的应变能力和法制观念

对于团队运作中出现的突发事故、紧急事件,计调人员要有应变和及时处理的能力,重大问题要及时提示,排除团队问题,保证团队质量。要遵守学习旅游业相关法律法规,如《中华人民共和国消费者权益保护法》等的相关知识。

案例4-4

计调对突发事件估计不足

北京某旅行社组织一教师团参加北京周边游,旅游车在行驶途中被一横冲过来的铲土车撞上,车头玻璃破裂,所幸的是只是车辆受到损伤,人员都无大碍。恰好此团的操作计调也在旅游车上,她询问司机是否还能正常行驶,司机回复没问题,只要等警察处理完毕即可。这个计调是个新手,缺乏经验,于是向一车游客解释后就等待警察的到来。恰逢雨天,警察出警速度也慢,等了40分钟才到现场,拍照、询问又进行了半个小时,然后回复出事车辆要扣留调查不能走。这时客人坐在车内等待已超过了1个小时,车外倾盆大雨,游客早就不耐烦了,计调这下着急了,才向车队紧急调车,等待另一辆车到来又间隔了半个小时,把客人转移到车上到达目的地时已比预定时间晚了2个多小时,行程也耽搁了,游客们都一肚子怨气。

资料来源:《旅行社OP计调手册》(熊晓敏).

(六)具备旅游操作的基本技能

在这个信息化、网络化时代,电子商务的熟练运用是每个计调人员必备的技能;否则,操作业务寸步难行,也难以有较高的效率和良好的效果。计调人员要了解旅行社不同旅游产品的区别,掌握不同档次星级宾馆饭店的软硬件差别和价位差别,旅游团队出入境的基本要求,会看地图,掌握大交通(飞机、火车、轮船)的信息等。

(七)深厚的综合知识功底

计调人员需要掌握的知识比较庞杂,因此要有深厚的知识功底。国内外热点旅游城市的分布,自然景观的地域特性,人文景观的历史渊源以及相应的地理、历史常识,这些都是计调人员必须掌握的业务知识。设计行程时,恰如其分的修饰辞藻比干瘪无趣的行程单更加生动,更能激发旅游者在看到行程时的参团欲望,这就要求计调人员具有较强

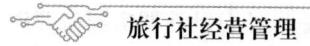

的表达、交流、应变、协调能力。另外,合作单位往来的公文交流等要求计调人员具备一定的文学修养和文案写作能力。

第三节 旅行社服务采购概述

旅行社计调业务概括起来主要有设计旅游线路、计划控制团队、服务采购三大块,设计旅游线路、计划控制团队在其他章节有所涉及,以下各节主要围绕计调服务采购的管理进行。

一、旅行社服务采购的内涵

旅行社提供的旅游产品是为满足旅游者在旅游活动过程中的各种需要所提供的有偿服务。这些服务中所包含的食、住、行、游、购、娱等项目,不是旅行社本身所经营和生产的,旅行社要向相应部门采购和预定。

旅游服务采购是旅行社通过合同或协议形式,以一定价格,向其他旅游服务企业及相关部门定购的行为。

旅游服务采购是旅行社经营活动的一个重要方面。旅行社通过向其他旅游服务企业或相关部门采购交通、食宿、游览、娱乐等单项服务产品,经过组合、加工,并融入旅游者所需要的其他附加服务,形成综合包价产品进行销售。

事实上,旅游服务采购的所有努力只朝向一个目标,就是形成良性循环,把旅游者的需求和旅游供应管理的最佳实践有机地结合起来,进而对旅游服务采购提出明确的要求,如图4-1所示。

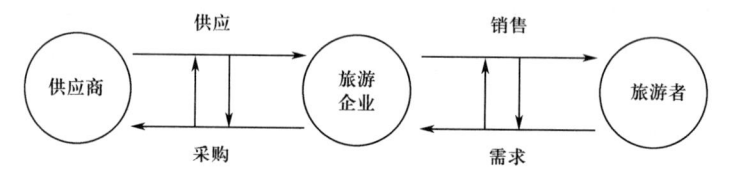

图4-1 旅游服务采购的目标

二、旅行社服务采购的主要任务

旅行社的中介特性和产品的组合特征,决定着旅游产品中的各项服务项目受制于市场供应状况。因此,采购的任务首先是保证"有"所需要的服务项目的数量和质量,继而在"有"中选"优"——质优价廉,保证产品的成本优势,获得大的市场份额。

(一)保障供给

旅行社根据市场需要,设计出相应的旅游产品,接下来就要对产品中所包含的各项服务项目进行一一的确定和落实。因此采购是确保旅游产品成型和实施的重要保障。

既然旅行社出售的产品大部分是由其他旅游服务企业供应的,旅行社能否满足顾客要求,就在很大程度上取决于能否采购到所需要的服务。随着旅游大众化、个性化时代的来临,人们的出行欲望和方式都在改变,旅游业发展的速度和水平还有差距,进而供求失衡现象时有发生。特别是在旅游高峰期,一房难求、一票难求等状态,"有"便成为旅行社采购的头等大事。

(二)降低成本

在旅行社的产品成本中,直接成本占大部分,因此旅行社降低成本的主要目标应放在决定直接成本高低的关键性因素——采购价格方面。

我国旅游业的快速发展,直接的数据就是旅行社数量的迅猛增长。旅行社之间所提供产品的可复制性,旅行社所面对的旅游市场的理性消费相对不成熟性,使得价格成为最敏感的因素。

旅行社的采购工作得力,采购价格比别的旅行社低,就可以争取到更多的客源,反之就会失去许多客源。也就是说降低采购价格对增加旅行社的营业额和利润具有越来越重要的意义。

相对旅游服务供应商而言,在采购的过程中,旅行社是客户。旅行社在采购时将会想方设法压低价格,同时争取更高的产品品质或更优质的服务,因此比较容易和供应商产生对立。在这种潜在或现实的对立之中,作为客户的旅行社将充分考虑到旅游服务无形性、不可储存性、差异性、服务和消费同时性、敏感性、综合性、期望性、联想性、延伸性等特点,采购时可能会综合各种因素之后,拟定一个议价的策略。图4-2展示了旅行社的议价要素。

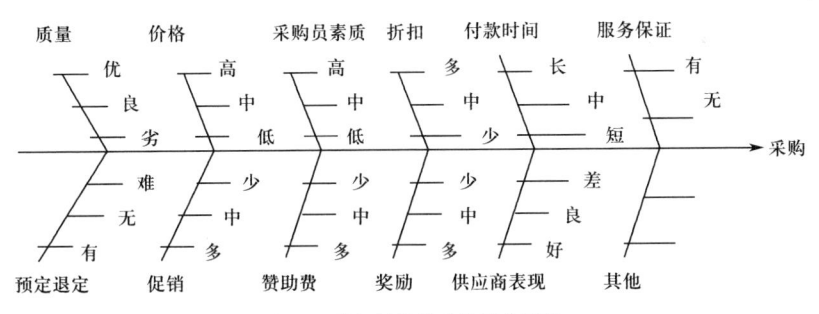

图4-2 旅行社旅游采购议价要素

我国正处于价格改革和经济高速发展的过程中,旅行社经常会因为相关产品价格的变化或者通货膨胀的因素造成自身产品价格的变化。而旅行社出售的产品,从报价到成交总有一个时间差,如果在旅行社报价与成交期间某些旅游服务价格上涨幅度过大,将给旅行社造成很多困难,失去很多客源。因此,如何尽可能保持产品成本的稳定也是采购工作的一个重要的内容和任务。

三、旅行社采购策略

旅行社产品是一种特殊的综合性产品。除了诸如导游服务等少数服务项目由旅行社直接提供外,其余的多数服务项目均购自其他旅游服务部门和行业。保证供给、质量、成本优势,就会大大增加旅行社的市场竞争力。

(一)传统旅行社采购方式

1. 集中采购

集中采购有两种含义：一是旅行社将各个部门的采购活动集中起来；二是将在一个时期营业中所需的某种旅游服务集中起来。集中采购是旅行社以最大的采购量去争取最大的优惠价格的采购方法。

集中采购的主要目的是通过扩大采购批量，减少采购批次，从而降低采购价格和采购成本。集中采购主要适用于旅游温、冷点地区和旅游淡季。

2. 分散采购

分散采购也是旅行社采购活动中经常使用的一种采购方式。一种是所谓近期分散采购，就是一团一购的采购方式。另一种是旅行社设法从许多同类型旅游服务供应部门或企业获得所需的旅游服务的采购方法。

(二)应用网络信息技术进行采购

为应对旅游市场激烈的竞争，旅行社要不断创新，发现并应用日新月异的网络信息技术参与到采购过程当中，考虑集电脑管理信息技术、网络技术、旅行社业务于一体，面向旅游行业信息化集成电子商务系统，它是指旅行社企业把自己与供应商、经销商、零售商等相关企业的业务模式，转变为以互联网为基础的电子商务模式。旅行社的这种采购模式主要由两部分构成：一部分是旅游产品和服务交易场所，另一部分是作为旅行社企业资源规划子系统的旅行社网络采购系统。这种技术优势，减少了采购的中间环节，增加了直接交易的机会，节省了成本，有效控制了价格，将有助于提升旅行社旅游服务采购的能力。

第四节 旅行社采购的内容及程序

旅游活动涉及食、住、行、游、购、娱等方面，航空公司、铁路、轮船公司、酒店、餐厅、景点以及娱乐场所等也就成为旅行社的采购对象，对于组团社而言，还要采购接待社的产品。

一、旅游采购服务的内容

(一)采购交通服务

旅游是一种异地活动，无论从常住地到旅游目的地，还是在目的地的暂时逗留与旅游，交通都承担着旅游者空间位移的任务。交通不仅要解决旅游者往来不同旅游点间的空间距离问题，更重要的是解决其中的时间距离问题。因此，安全、舒适、便捷、经济是旅行社采购交通服务时需要考量的因素，交通的形式主要有飞机、火车、汽车和轮船，旅行社必须与包括航空公司、铁路部门、轮船公司、汽车公司在内的交通部门建立密切的合作关系。事实上，为寻找稳定的客源渠道，交通部门也非常倾向于同旅行社的业务合作。旅行社要争取取得有关交通部门的代理资格，以便顺利采购到所需的交通服务。旅行社要根据产品需要和市场供应情况选择采购合适的交通行式。

(二)采购住宿服务

随着旅游业的快速发展，提供住宿服务的场所越来越多，这为个性化旅游需求带来了更多便利。星级酒店、商务型酒店、经济型酒店、度假村、家庭旅馆及各种特色体验性酒店,可满足不同客源市场需求,为旅游采购提供了广泛的选择空间。住宿采购指标主要是酒店位置、类型、星级等级、安全、价位、双方的诚信等。

【小知识4-1】　　　　　饭店客房预定程序

1. 提出住房申请

申请时,采购人员应提供下列信息:

(1)旅行社名称、客房数量和类型、入住时间、离店退房时间、结算方式;

(2)旅游者国籍(海外旅游者)或居住地(国内旅游者)、旅游者姓名或旅游团队代号、旅游者性别、夫妇人数、随行儿童人数及年龄;

(3)旅游消费者的特殊要求,如楼层、客房朝向等。

2. 缴纳预订金

每个饭店都有关于缴纳预订金的时间、缴纳预订金的比例、取消预定的退款比例等事项的规定。

3. 办理入住手续

旅游团(者)在预定时间抵达饭店后,凭团号、确认函等办理入住手续。

(三)采购餐饮服务

对于旅游者来说,餐饮不仅是满足基本生活需求,餐饮采购除了要保证卫生、安全、价位、地理位置等基本要素外,还要注重特色餐饮的搭配和餐饮环境的优化。

【小知识4-2】　　　　与餐饮行业合作的步骤及注意事项

1. 与餐饮行业合作的步骤

(1)先实地察看旅游定点餐厅的地点、环境、卫生设施、停车场地便餐和风味餐菜单等。满意后,根据国家旅游行政管理部门规定的用餐收费标准,与餐厅或饭店洽谈用餐事宜,并签订相关协议书等。

(2)与财务部门协商印制或打印专用的"餐饮费用结算单"。

(3)将下列内容整理、列表、打印、分发给接待部门,并报财务部备案。

①签约餐饮单位名称、电话、联系人的姓名、风味特色等。

②不同等级(标准、豪华)旅游团(者)的便餐、风味餐最低价格标准等。

(4)根据接待计划或订餐单,将用餐地点、联系人姓名转告接待部门或导游人员,以便做好接待工作。

(5)根据"餐饮费用结算单"与财务部门共同进行复核,并由财务部门定期统一向签约餐厅结账付款。

2. 与餐饮行业合作的注意事项

(1)选择餐厅时,餐点不宜过多,应该少而精,而且要注意地理位置的合理性,尽可能靠近机场、车站、码头、游览点、剧场等,避免因用餐而往返用车。

(2)订餐时,及时把旅游团(者)的宗教信仰和个别客人的特殊要求(如客人转告餐厅中有无回民,对餐食有何忌口等),避免出现不愉快和尴尬的局面。

(3)提醒餐厅,结算用的"餐饮费用结算单"上,必须有陪同导游的签字,否则无效。

(四)采购参观及景点服务

参观游览是旅游活动最基本、最重要的内容,也是旅行社服务中的核心项目。旅行社通过前期市场需求分析、调研,设计和选择游览项目后,关键就是与游览的景区景点部门,就价格和支付方式达成协议。

当今,旅游吸引物已不限于传统的风景名胜,可以说,没有什么不会成为旅游资源,这扩大了旅游采购的空间范围,也增加了采购程序的繁杂性和挑战性。如,针对青少年的修学之旅——美丽的草原我的家,设计中安排牧民家访、学跳蒙古族舞蹈、摔跤、放牧以及和蒙古族小朋友联谊等项目,这就需要与个人和特定单位进行特别沟通。可见,这种采购就不是单单的价格和支付方式的问题,还及民俗礼仪、民族团结等,需要面对面洽谈、商定,以获得支持与配合。

案例 4-5

景区诚信缺失,分销渠道彻底崩溃

无锡的城市定位,决定了它只是旅游的过境地,而非旅游目的地。景区要获得规模较大、持续稳定的外省市客源,就必须纳入华东线。经过一段时间的努力,无锡的××嘉园一度成功地说服了本地部分旅行社,采用在华东四日游、五日游、七日游线路中"送太湖新景××嘉园"的方式,向游客大力推荐景区。与此同时,上海、南京等地的部分旅行社也开始积极为景区组团,并有意逐步将××嘉园纳入华东线。

然而,面对这样的有利形势,景区营销人员为了在黄金周期间获得短期利益,竟然置早已跟旅行社签订的协议于不顾,突然抬高旅游团队优惠票价,以至于让已经发团的旅行社陷入进退两难的尴尬境地,更有甚者,由于景区内部的人事变动,相关决策者竟然宣布已经派出去的大量赠券作废,造成许多争执。

景区在营销管理方面的鲁莽草率,在事实上形成了对旅游分销商和社会公众的一种背信弃义行为,使企业的商业信誉一落千丈。而景区初步建立起来的旅游分销渠道,也在顷刻间土崩瓦解。

资料来源:百度文库,旅游产品营销渠道策略案例.

(五)采购娱乐服务

娱乐是旅游活动六要素之一。在旅游产品设计中,可能是带有地域色彩的表演、节庆活动以及其他特色娱乐活动等,这方面的采购任务,主要是与相关部门就预订票以及演出内容、日期、时间、票价、支付方式等达成协议。

(六)采购购物商店服务

旅游购物是旅游者的潜在需求而非必要需求,但能够买到有意义、有价值的纪念品,也是旅游活动良性发展的重要环节。同时,旅游购物是旅行社的利润来源之一,因此做到双赢、双丰收是旅游购物采购的核心原则。旅行社采购购物商店重点是信誉、特色和性价比,既要维护旅行社利益,也要保障旅游者的消费权益。同时,安全、方便的购物环

境等都是旅行社购物采购的重要内容。

(七)采购异地接待服务

旅行社向旅游者销售的旅游线路,通常有一至多个旅游目的地。采购异地接待服务的目的,是使旅游计划如期如愿实现。应该说,旅游产品的质量在很大程度上取决于各地接待质量,尤其是各旅行社的接待质量。因此,选择高质量的接待旅行社,是采购到优质接待服务的关键。主要考量接待社的资质、实力、信誉、接待社的报价、接待社的接待质量、接待社的结算(垫付)周期、接待社的合作意愿等。

(八)保险规定

《旅行社条例》第三十八条规定:旅行社应当投保旅行社责任险。旅行社责任险的具体方案由国务院旅游行政主管部门会同国务院保险监督管理机构另行制定。并于2010年7月29日国家旅游局第9次局长办公会议、2010年11月8日中国保险监督管理委员会主席办公会审议通过,自2011年2月1日起开始施行《旅行社责任保险管理办法》。旅行社要按照相关政策法规办理保险业务。

案例 4-6

高中生王某溺水身亡

高中生王某随其父亲参加某旅行社组织的普陀山等地五日游。8月5日下午,应一些旅游者要求,随团导游同意游完普济寺和小西天两景后,留出些时间,让旅游者去海滨浴场游泳。王某等7名旅游者从普陀山小西天下山后,在地接社导游的带领下,直接到了百步沙海滨浴场。

由于初次下海,几个人就在海滩边的浅水处游玩,一阵海浪袭来,惊慌过后,人们才发觉少了王某。有关部门随即组织寻找,但没有结果。直到9日下午,才在普陀山朝阳阁附近的礁石间发现了溺水身亡的王某。普陀山海滨浴场依照门票上约定的人身意外保险及相关责任,向王某家人支付了5万元保险金及3万元赔偿金。王某家人对此表示满意,不再向浴场提其他要求。

王某家人在有关部门的主持下与旅行社就善后事宜进行了几次协商。要求依照旅游意外保险的规定,赔偿保险金,对于王某家人的索赔要求,旅行社称:由于发团时间比较急,没来得及投保,但依据保险规定,被保险人的年龄在16岁至65岁,而王某不在此列;另外,普陀山海滨浴场不是旅行社安排的旅游项目,王某罹难属擅自活动而发生的意外,即使旅行社事先投保,保险公司也不会理赔。

旅行社表示,出于道义上的原因,愿意向王某家人交付数千元作为补偿。王某家人以旅行社未给王某上旅游意外保险为由,要求旅行社支付相应的旅游意外保险金。

资料来源:百库文库,旅游法案例.

案例思考:

1. 旅行社辩称的理由是否成立?旅行社保险有何规定?
2. 本案例对旅行社采购有何启示?

三、旅行社采购程序

(一)制订产品采购计划

旅行社应根据产品需求,制订采购计划。如,旅游者需要哪一类型的旅游服务;有多少人参加本次旅游活动;旅游线路和旅游目的地的选择,具体时间的安排,活动项目的安排;交通和饮食活动、住宿设施、娱乐项目的选择、购物地点、购物次数,等。将各项任务识别清楚,进而确立标准,进行采购活动。

(二)建立采购标准

明确了旅游的采购需要和问题后,要确定各项采购标准,所需要费用的初步预算等。基本采购标准经过上级主管人员批准以后,就可以根据此项标准来确定和寻找旅游服务企业。

旅行社对旅游服务的采购与其他购买行为不同,旅行社采购的服务的真正消费者是旅游者,采购事实上是代旅游者订购,因此,旅行社购买旅游服务时一方面必须充分考虑最终消费者的需求意愿,另一方面又必须考虑本社产品组合的需要和成本等诸多因素的要求。这两者之间有时可能会出现偏差,甚至矛盾,这就要求采购人员在满足顾客要求的前提下,充分利用市场资源,综合比较和分析,积极与客户沟通,提出购买标准。

(三)寻找旅游服务企业

购买人员可以通过各种方法寻找旅游服务企业。他们可以查找旅游企业名录,请旅游企业协会的咨询机构推荐,或者请同行推荐。在此基础上,采购人员可以选择4～7个旅游服务企业,把购买标准拟定成投标书或者招聘书,寄送给各个旅游商,并请他们提出各自的建议书或者招标书,以此作为选择的依据之一。

(四)选择旅游服务企业

在这一过程中,决策人员依据各个旅游服务企业提供的招标书、招聘书或者建议书选择旅游服务企业。在选择中,决策人员会考虑旅游服务企业的信誉、产品质量、价格、支付条件、营销人员的素质以及对采购人员的需要所做出的反应等,进行综合权衡,找出最具有吸引力的旅游服务企业。

在大批量、高价值的采购预定之前,采购人员一般会与2家以上的旅游服务企业进行洽谈,以便在价格上和服务项目上获得更多的收益和优惠。有时候,大公司还有可能将大批量的旅游购买分成几个小的批量,选择几个不同的旅游供应商,以便分散风险,加强与小型旅游企业的关系。

(五)评估与反馈

采购预定结束后,旅行社要对每个旅游服务企业的效能进行综合评估。评估和反馈经常依据采购人员与旅游企业的营销人员的交往进行,比较重大的旅游采购活动发生以后,采购人员一般都要向产品和服务的最终使用者征求意见,了解他们对产品和服务的满意程度。采购以后的评估和反馈是决定下一次继续采购或者不再采购以及提出合理化建议的重要依据。

值得提出的是:并非所有购买产品和服务的行为都应该经历这样五个完整的采购阶段。只有价值高、批量大、重要程度高的旅游购买才会经历,对于一般性的预订而言,采购者大多数情况下是依据个人经验和他人的推荐或者使用者的要求而直接购买,而不需要经历仔细的选择过程。

【小知识4-3】　　　　　　　　旅行社计调工作流程

一、报价

根据对方询价编排线路,以报价单提供相应价格信息。

二、计划登录

接到组团社书面预报计划,将团号、人数、国籍、抵/离机(车)时间等相关信息登录在当月团队动态表中。如遇对方口头预报,必须请求对方以书面方式补发计划,或在我方确认书上加盖对方业务专用章并由经手人签名,回传作为确认件。

三、编制团队动态表

编制接待计划,将人数、陪同数、抵/离航班(车)时间、住宿酒店、餐厅、参观景点、地接旅行社、接团时间及地点、其他特殊要求等逐一登记在团队动态表中。

四、计划发送

向各有关单位发送计划书,逐一落实。

1. 用房:根据团队人数、要求,以传真方式向协议酒店或指定酒店发送订房计划书并要求对方书面确认。如遇人数变更,及时做出更改件,以传真方式向协议酒店或指定酒店发送,并要求对方书面确认;如遇酒店无法接待,应及时通知组团社,经同意后调整至同级酒店。

2. 用车:根据人数、要求安排用车,以传真方式向协议车队发送订车计划书并要求对方书面确认。如遇变更,及时做出更改件,以传真方式向协议车队发送,并要求对方书面确认。

3. 用餐:根据团队人数、要求,以传真或电话通知向协议餐厅发送订餐计划书。如遇变更,及时做出更改件,以传真方式向协议餐厅发送,并要求对方书面确认。

4. 地接社:以传真方式向协议地接社发送团队接待通知书并要求对方书面确认。如遇变更,及时做出更改件,以传真方式向协议地接社发送,并要求对方书面确认。

5. 返程交通:仔细落实并核对计划,向票务人员下达订票通知单,注明团号、人数、航班(车次)、用票时间、票别、票量,并由经手人签字。如遇变更,及时通知票务人员。

五、计划确认

逐一落实完毕后(或同时),编制接待确认书,加盖确认章,以传真方式发送至组团社并确认组团社收到。

六、编制概算

编制团队概算单。注明现付费用、用途。送财务部经理审核,填写借款单,与概算单一并交部门经理审核签字,报总经理签字后,凭概算单、接待计划、借款单向财务部领取借款。

七、下达计划

编制接待计划及附件。由计调人员签字并加盖团队计划专用章。通知导游人员领取计划及附件。附件包括:名单表、向协议单位提供的加盖作业章的公司结算单、导游人员填写的陪同报告书、游客(全陪)填写的质量反馈单、需要现付的现金等,票款当面点清并由导游人员签收。

八、编制结算

填制公司团队结算单,经审核后加盖公司财务专用章。于团队抵达前将结算单传真至组团社,催收。

九、报账

团队行程结束,通知导游人员凭接待计划、陪同报告书、质量反馈单、原始票据等及时向部门计调人员报账。计调人员详细审核导游人员填写的陪同报告书,以此为据填制该"团费用小结单"及"决算单",交部门经理审核签字后,交财务部并由财务部经理审核签字,总经理签字,向财务部报账。

第五节　旅行社协作网络及管理

一、旅行社协作网络

旅行社的协作网络是指旅行社通过与有业务往来的部门签订正式和非正式的合作协议而形成的"供应商合作网络"。

旅行社产品的高度综合性和强烈的季节性决定了建立旅行社协作网络的必要性。不仅如此,旅行社协作网络的质量,还将直接影响旅游服务采购的质量,并由此对旅行社的产品质量产生直接的影响。

(一)传统而普遍的协作网络模式

传统的协作网络是指旅行社通过与提供食、住、行、游、购、娱等要素的旅游企业及提供旅游保险的保险公司、地接社等行业、部门洽谈合作内容与合作方式,签订经济合同书或者协议书,明确双方权利义务和违约责任,从而保证旅行社所需要的旅游服务的供给。

在这种协作网络中,旅行社和其他企业是相互独立的经营个体,采购活动主要围绕价格而展开,彼此的关系竞争多于合作,一旦一方认为利益受到损害,这种协作网络就会自然解散。

(二)供应链式协作网络模式

由于市场竞争的激烈性、旅游者需求的多样性和企业内部资源相对于旅游者需求的稀缺性使旅行社面临缩短服务准备时间、提高产品质量、降低成本和提升产品组合灵活性的压力,要求旅行社和旅游供应商、旅游分销商、最终用户(旅游者)走向合作,达到同步协调运行,既发挥资源外取的低成本和低风险效应,又能满足顾客定制化与时效性的需求,从而形成链上企业共赢态势。

1. 供应链

供应链就是围绕核心企业,通过对信息流、物流、资金流的控制,从采购原材料开始,制成中间产品以及最终产品,最后由销售网络把产品送到消费者手中的将供应商、制造商、分销商、零售商直至最终用户连接成一个整体的功能网链结构模式。

2. 供应链式协作网络

在供应链集成环境下,旅行社通过与供应商共享旅游者需求信息,提高供应商的应变能力,并与供应商在质量提高、成本降低及新产品开发计划上紧密合作,从而提高采购的柔性和市场响应能力,实现供应链上节点企业的同步化运作,建立起新型的供需合作模式。

3. 三个转变

较之传统的简单的供需合作模式,旅行社的采购活动将会实现三个转变。

(1)竞争的协作网络到合作的战略联盟的转变。供应链管理模式下,旅行社和供应商的关系是一种长期的、稳定的合作伙伴关系,双方有着共同的目标,且相互信任、共担风险,进行全方位的配合,通过电子数据交换系统使各个层次都有相应的沟通。如旅行社根据其在市场经营中掌握的顾客需求的信息实时反馈给旅游供应商,使供应商参与到服务产品设计的过程中去,可以减少服务产品创新的风险性。

(2)市场的独立经营到信息的高度集成的转变。旅行社的供应链管理中,各节点企业通过一定的信息技术为企业内部的信息系统提供与外部供应链节点企业的信息接口,使旅行社与节点企业之间实现信息共享与交互,实时掌握旅游者的需求信息与供应商的供应情况的变动,从而为旅行社采购活动提供决策依据。

(3)购买的预约交易到采购的能动响应的转变。在集成供应链中,受共赢的终极目标的驱使,旅行社和供应商之间实现信息共享和同步协调运作,旅行社将收到的旅游订单信息传达至各供应商,使供应商得以与旅行社并行工作,交互信息,完成相关单项旅游产品的定制,并经旅行社的有机组合,以最快的速度生成符合旅游者需要的定制化旅游产品。

二、旅行社协作网络的构成要素

旅行社协作网络的构成要素如图4-3所示。

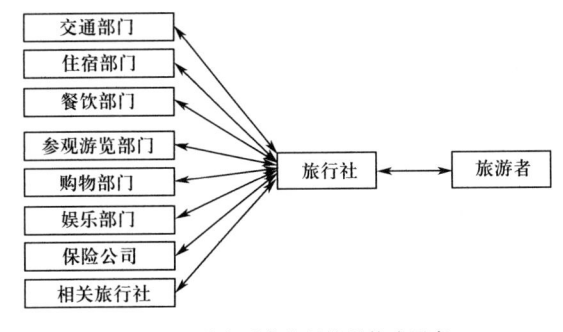

图 4-3 旅行社协作网络的构成要素

(一)交通部门

(1)交通服务是旅行社产品的重要组成部分,主要包括:旅游者居住地与旅游目的地之间的交通服务、两个旅游目的地之间的交通服务和旅游目的地内的交通服务。

(2)旅行社产品服务涉及航空、铁路、公路、水运和城市内交通等形式。旅行社需要与航空公司、铁路客运部门、汽车公司和轮船公司进行合作,并争取与有关的交通部门建立代理关系,经营联网代理出售业务,取得更多的便利。

(二)住宿部门

提供住宿设施是旅行社产品的另一个重要内容,住宿业是旅游业的三大支柱之一,是旅游者的必要消费之一,也是评价旅游接待能力的重要标志,旅行者的满意度如何,直接影响到接待工作的质量。因此,旅行社必须与酒店建立长期稳定的合作关系。

我国的旅游住宿设施主要包括涉外饭店、旅馆、招待所和度假村。

(三)餐饮部门

餐饮服务是旅游供给必不可少的一部分,是旅游接待工作中极为敏感的一个因素。餐饮服务的质量和价格易于观察和判断,是旅游者评价旅行社产品质量的一项重要指标。

旅行社必须与餐饮业建立合作关系,这是旅游服务中选择余地相对比较大,而且又是关系重大的一项工作。

(四)参观游览部门

"游"是旅游活动的核心,旅行社不仅要选择能够代表其产品特色和主题的游览区域,更要保证游览活动的顺畅。我国游览景区(点)通常由不同单位和部门主管,往来沟通、商洽,以取得便利和实惠是重要的业务内容。

(五)购物部门

购物已成为现代旅游中最受关注、最微妙的内容,是旅行社的利益链,是旅游者的情感链。质量、特色、代表性、信誉是旅游者对购物的基本要求。保持顺畅的购物渠道是旅行社与购物店良性合作的关键。旅游行政管理部门审定的"旅游定点商店"是目前旅行社较为安全的合作伙伴单位。

(六)娱乐部门

好的娱乐活动对旅游过程能起到锦上添花的作用。文化娱乐活动是包价旅游产品中的必含项目。能提供体现地方文化特色的娱乐项目的娱乐单位是旅行社合作的重要选择。

(七)保险公司

旅游保险是指对旅游团在旅游过程中因为发生各种意外事故,造成经济损失或人身伤害的时候给予经济补偿的一种制度。旅游保险有利于保护旅游者和旅行社双方面的合法权益,还有利于旅行社减少因为灾害、事故造成的损失,它对旅行社的发展具有重要意义,由此为旅行社和保险公司提供了合作的前提和基础。

(八)相关旅行社

组团旅行社为了安排旅游团在各地的旅程,需要各地接团旅行社提供接待服务,对于组团社来说,这也属于旅游服务采购的范围。组团社应该根据旅游团的特点,发挥各自的特长,有针对性地选择地方接待社,接待社接待服务中自身不能供给的部分,同样通过采购来解决。

特别值得关注的是,随着旅游电子商务的发展,旅行社协作网络正大跨步地向国际互联网上拓展和深入。网络服务商等电子商务媒介已成为旅行社协作网络的新成员。

三、旅行社协作网络的建立

(一)选择合作对象

旅行社的协作网络是旅行社向旅游者提供优质服务的基础,因此,建立协作网络的前提是明确旅行社的市场定位和产品类型。

在选择合作伙伴时,应当对选择对象进行适当的考察,如对方的经济实力、主业方向、产品类型、产品特色、信誉情况、市场定位、市场占有情况、与现有合作伙伴的合作情况等。

(二)签订合作协议

合作协议的签订分三个步骤进行

第一,与选中的对象进行意向性接触。接触的目的是深入了解对方的情况,并且相互沟通信息,为建立合作关系做准备。

第二,双方针对合作的内容展开谈判。谈判的内容一般包括所购买服务的内容、结算的方法、互相承诺的优惠条件和协议的有效时间等。

第三,双方共同在合作协议上签字,完成合同的制定。

四、协作网络管理

管理就是通过计划、组织、激励、领导、控制等手段,结合人力、物力、财力、信息等资源,以期高效地达到组织目标的过程。旅行社协作网络的管理应当注重以下几个方面。

(一)建立适应市场发展的广泛的采购合作网络

旅行社与相关旅游服务供应企业建立广泛和相对稳定的合作关系,是旅行社管理的重中之重。在巩固和优化传统协作模式的基础上,还要顺应时代发展要求,积极寻求和拓展新手段、新方法,特别要利用新技术,开阔新视野,有机整合内外部资源,迅速响应旅游者需求,提升旅行社的采购能力和运作效率,构建和谐发展联盟。

(二)保证供应、降低成本、提升质量同等重要

保证供应和降低成本是在旅行社采购工作里同等重要的两大任务。在实际工作中,这两者实际上常常是矛盾的,旅行社应该视不同情况在这两者中间选择不同的重点,或者说采取不同的策略。

当某种旅游服务供不应求的时候,旅行社的采购工作的重点应该是保障供应;在旅游服务出现供过于求的情况的时候,旅行社的采购工作的重点应该是降低成本来增加自己的竞争力和获取更多的利润,此时,应该将降低成本作为主要的采购策略。

当今旅游市场日趋成熟,需求方理性消费,供给方理性经营。因此质价相符的品质旅游越来越为人们所认同和选择。因此,品质是最重要的保证。旅行社采购的战略重点更趋向主题化、个性化、多样化发展。

(三)传统采购与现代信息化手段采购并举

集中采购与分散采购是旅行社的传统采购方式。集中采购是以最大的购买量获得最优惠价格的策略。这多发生在旅游前期或旅游淡季。集中采购需要占用旅行社的部分资金,需要对市场预测的准确把握,具有一定的风险性。分散采购相对灵活,但成本要高。

现代电子信息技术广泛应用于旅游领域,信息化程度越来越高,这为旅游采购提供了更多的便利和通达的渠道。Internet 技术的发展,特别是 ASP 的兴起,为我国大多数不具备资金和人才优势的旅行社实现信息化采购提供了契机。通过 ASP 服务商,旅行社可以在不必投入大量设备、资金、人力等资源的条件下,充分利用 Internet 通信设施,迅速在 Internet 上建立起具有竞争力的门户和电子商务环境,将供应链系统架构在虚拟的办公平台上,使旅行社具有快速响应旅游者需求变化的手段和能力。

旅行社在巩固原有采购渠道的同时要与时俱进,充分利用一切资源,扩大采购渠道和手段,这样才能顺应旅行社未来集团化、专业化、网络化的发展趋势,从而持续良性发展。

(四)正确处理预订和退订的关系

旅游属于预约性交易,旅行社一般在年底根据其计划采购量和旅游服务企业洽谈未来几年的业务合作事宜,计划采购量一般是由旅行社参照前几年的实际客流量,并根据对下一个年度市场的预测来确定的。计划采购量与实际消耗量之间总有差距,退订或增订时有发生。一般来说,供过于求的市场状况有利于旅行社取得优惠的交易条件;另一方面,双方协商的结果还取决于旅行社的采购信誉。

(五)加强对采购合同的管理

合同是指当事人之间为了实现一定的经济目的而明确相互之间的权利与义务的协议。签订合同是当事人为了避免和正确处理可能发生的纠纷而采取的行动,目的在于确保各自经济利益的实现。旅游采购是一种预约性交易,谈判和成交之间既有时间差距也有空间差距,因此,签订好采购合同,是双方利益保障的前提。

阅读资料 4-2

汽车租用合同

甲方(出租方):大连××汽车服务公司

乙方(承租方):大连××旅行社

为明确甲方与乙方权利义务关系,经双方协商一致,订立本合同。经过甲、乙双方友好协商,双方达成包车协议如下。

1. 甲方为乙方提供包车的车辆。

2. 乙方同意按双方商定的价格 900 元/单程,租用甲方所提供的客车 1 辆(双程),总费用为 1 800 元人民币。并在出车前付清全部车款。

3. 甲方应按乙方的要求提供车型为宇通 ZK6720D 的客车或同档次客车,此车允许载人数为 25 人(不包括司机),乙方上车人数不应超过此规定之人数。

4. 车辆所属单位:大连××汽车服务公司。

5. 司机姓名：×××，联系电话：××××××××。

6. 双方商定，此次包车所行驶的线路为从大连到鞍山，旅游结束后返回大连。若无特殊情况，双方不能随意改变线路；若确实需要改变，由双方协商后才能改变，如由此增加费用，由乙方支付。

7. 如因乙方原因，提前终止包车，所收费用不退；如因甲方原因，中途撤回包车，则由甲方退还未完成的费用，并支付租车总款的10％作为赔偿金；如双方协商一致，中途中止包车，则退还未完成的费用。

8. 若需延长包车，需经甲方同意，并支付相应的费用。

9. 甲方所提供的车辆必须按指定的时间及地点准时交付乙方使用，若因延误造成乙方的损失，由甲方负责赔偿。

10. 甲方应保障向乙方提供的车辆车况良好，驾驶员熟悉沿途道路情况。

11. 如甲方提供的车辆中途因车辆本身的故障造成抛锚，则由甲方尽快地更换相应的车辆，或双方协商一致，退还剩余的费用，由甲方或司机在途中为其提供相应的车辆，费用由甲方负责。

12. 甲方应要求驾驶员在途中随时检修车辆，若有隐患，应立即解决；乙方应在行驶过程中随时监督车辆的运行情况，若发现隐患，应立即制止直到安全为止；若驾驶员不听劝阻，乙方应立即举报并有权拒绝上车，由此造成的损失，甲方应尽全力协助乙方向驾驶员及所在单位追讨。

13. 在行驶过程中，乙方应尊重驾驶员的工作，不能要求驾驶员作不利安全的举动，不能影响驾驶员的安全行驶，不能强迫驾驶员改变行程等，否则由此造成的后果由乙方负责。

14. 如因其他原因，如塌方、泥石流、堵车、非本车交通事故等人力不可抗拒原因造成行程不能完成或行程延误，则甲方承担所需费用的10％，乙方承担所需费用的90％，互不追究责任，由双方协商解决后续事宜。

15. 若因司机或其他第三方原因造成交通事故或其他安全事故，造成乙方人身伤害或财产损失，则按《中华人民共和国交通事故处理办法》由乙方与车辆所在单位协调处理，如果甲方为其购买了旅游意外保险，则按旅游意外保险相关条例进行赔偿，甲方不承担任何赔偿责任，但甲方可协助处理相关事宜。

16. 此次包车乙方不提供司机的食宿。

17. 如只包单程车，则返空车费也按返空时所需要的天数计算。

18. 本合同双方签字盖章生效，合同有效期至××××年××月××日，本合同一式两份，双方各持正本一份。

19. 本合同未尽事宜，按有关法规执行。

20. 补充条款：甲方不提供任何旅游服务。

甲方：大连××汽车服务公司

乙方：大连××旅行社

租赁车辆交接单

（租赁经营方）甲方：大连××汽车服务公司

电话:0411—××××××××
开户行(账号):　　　　　　　身份证号码:
　　　　　　　　　　　　　　签约日期:

(承租方)乙方:大连××旅行社
电话:0411—××××××××
开户行(账号):　　　　　　　身份证号码:
　　　　　　　　　　　　　　签约日期:

采购合同的基本内容包括合同标的、数量和质量、价格和付款办法、合同期限、违约责任等。

综上所述,旅行社的采购业务涉及若干企业、部门。选择信誉良好、价格合理的相关企业和部门作为采购对象,并建立互利互惠的协作关系,为旅行社的经营和发展建立起一个高效、优质、低成本的旅游服务采购网络是很重要的。

阅读资料 4-3

旅行社订房、餐饮协议书

旅行社:桂林××旅行社　　　　　邮政编码:541006
地址:广西桂林市××路200号　　　联络人:张经理
电话:　　　　　　　　　　　　　传真:

感谢贵社对我酒店长期以来的支持和厚爱。为了明确双方的权利和义务关系,经双方协商,特制订本协议,以便共同遵守。

一、协议有效期

适用于自2019年4月1日至2020年4月1日住店的旅行社团队及散客。

二、用房价格

季节 类别	旺季 2019/04/01—2019/05/31 2019/09/01—2020/10/31	平季 2020/06/01—2020/08/31	淡季 2019/11/01—2020/03/31
团队	300元/(间·天)	250元/(间·天)	200元/(间·天)
散客	300元/(间·天)		

* 以上团队及散客价格均已含5%的税金、10%的服务费及中西式自助早餐。
* 团队必须是5间房以上(含5间)成团,5间房以下,按散客价收费。
* 以上房间均为标准间,且单间、双间价格相同。

三、用餐价格

中西式自助早餐	100元/人
中式午餐、晚餐	200元/人
西式午餐、晚餐	200元/人

四、加床

房间内可以加床,加床费用人民币 100 元/(床·天),赠送早餐 1 份。

五、免费房

团队从 8 间房开始或每满 16 人将减免 1 个床位,16 间或 32 人减免 2 个床位,免床不免早餐费,依此类推,但最多不超过减免 2 个房间。

六、陪同床

酒店为团队陪同提供优惠价住房,陪同每人每床人民币 80 元/(间·夜),费用与团队房费统一结算。

酒店为每个团队提供一个陪同床,特殊情况下陪同床最多不超过 2 人。

七、预报日期

团体资料(如:团名、人数、名单、抵离日期、航班或车次、餐食安排等)须在客人到店前 7 天,用书面形式通知酒店,以便最终确认。

八、取消条件

用房、用餐一经确认,任何取消或临时不来必须在客人到达前 7 天,以书面形式通知酒店,否则酒店将按下列情况收取费用:

3 天至 7 天取消,收一天总房费的 10%;

1 天至 3 天取消,收一天总房费的 30%;

24 小时内取消,收一天总房费的 50%。

备注:由于天气原因或航班、车次不到,不收取费用。

九、入店/离店时间

入店时间为当地时间下午三时以后,最晚离店时间为当地时间正午十二点。

十、结算办法

月结:凡本月所有已离店之团款,请务必在次月 10 日之前全部结清。

开户行:中国工商银行

开户名称:桂林××旅行社

账号:2554455665555555

请在右下方签名并加盖公章以示接受此协议,本协议自双方签字之日起生效。

名称:××酒店　　　电话:　　　传真:

负责人:

销售总监:

名称:桂林××旅行社　电话:　　　传真:

负责人:张××

计调部长:

日期:某年某月某日

(六)注重协作网络关系管理

加强维护和及时妥善处理变更是网络关系管理的重要内容。

1. 协作网络维护

在协作网络发挥作用的过程中,旅行社要坚持对合作伙伴的服务活动进行跟踪了解。经常性的信息沟通是维护协作网络的必要条件,有利于旅行社与上游单位的顺利合作。形成对上游单位的拜访制度是旅行社维护协作网络的有效手段。旅行社与上游单位合作的有效期一般以年为单位。

2. 协作网络变更

第一,旅行社的市场定位及产品情况决定着协作网络的构成。

第二,构成协作网络的上游服务单位在市场定位、产品类型上的变化,也会影响到旅行社协作网络的变更。

第三,当合作单位在接待的过程中多次出现违约的情况,或者所提供的服务不能达到旅行社和旅游者的要求时,旅行社必须考虑变更合作单位。

案例 4-7

××215家旅行社集体采购景点门票

2019年内,××市民到省内或周边几省市游玩,至少可少一二十元。××地区旅行社协会门票团购大会传出消息,××215家旅行社将联合起来集体采购景点门票,市民出游将更便宜。

该协会已成立门票洽谈小组,初期将向省内及周边20多个景点伸出"橄榄枝",如神农架、武当山及江西、湖南、安徽等地的中短线游景点。今后,还将向国内其他热门景点延伸。过去,单个旅行社从一些知名景区只能拿到8折、8.5折的门票。215家旅行社共有约600多个门市,联合起来,向景区"要价"的底气会更足,预计部分景点门票最低可打6折。

此外,年底,景区一般会根据组团量向旅行社返利。过去,单个尤其是中小旅行社因组团人数达不到标准,无法享受此项补贴。整体采购后,景区将集中向协会返利,由协会根据各自组团量分配给旅行社,"哪怕一年只给景点送一个人也能拿到返利",使得旅行社利润空间增加。

业内人士表示,两项优惠叠加,旅行社利润空间增大,旅游者也能受惠,享受更便宜的出游价格。

资料来源:欣欣旅游网资料整理.

本章小结

旅行社计调在旅游行业处于一个特殊的地位,旅行社的发展往往取决于旅行计划的实施,而计划的实施在于计调人员的贯彻和执行,计调在旅行社中扮演着重要角色,起到了重大作用。旅游服务采购是旅行社计调基本而又重要的业务,是以合同或协议形式,以一定的价格向其他旅游服务企业及相关部门订购服务的行为,包括对交通服务、住宿部门、餐饮部门、出租车公司、游览部门、购物商店、娱乐部门、参观部门、保险公司的采购以及与公安、海关的合作、与其他相关旅行社的合作等。

案例分析

提前退房引起的风波

案例介绍：

  某年4月25日，烟台市某旅行社（下文简称地接社）接待了一个北京游客团队。按照接待计划，地接社安排游客游览了蓬莱和烟台市内的主要景点，并安排他们下榻在一家二星级酒店。地接社的导游在接待过程中尽职尽责，热心为游客提供服务。导游对旅游景点和沿途的讲解风趣幽默，妙语连珠，博得了团内绝大多数游客的赞许。

  按照组团社发来的接待计划，该旅游团将在4月28日下午3时乘船离开烟台，前往大连游览参观。根据旅游合同，游客应在午餐后离开饭店。然而，地接社为了节省开支、增加利润，决定按照当地旅行社接待惯例，安排游客在早餐前将行李拿出客房。地接社在早上8点钟以前为游客办理离店手续。上午，导游带领游客游览烟台市内的景区。中午，地接社安排游客在市内的一家餐馆就餐，然后直接前往码头登船。

  然而，天有不测风云。4月28日凌晨，烟台海面刮起大风，港务部门通知所有船只延迟起航。地接社向港口方面询问登船时间，被告知等候通知。得知这一消息后，游客提出回到饭店里休息。由于地接社已经办理了离店手续，酒店已经将客房安排给了其他旅游者，无法为该团腾出客房。面对这一难题，地接社的计调部决定，在靠近港口的地方找一家价格低廉的招待所，让游客暂时休息。

  到了招待所后，多数游客进入房间休息。团内有一位年轻游客李先生，进入房间后不久，又单独一人从客房出来，打算到招待所外面的街道上散步。由于招待所的设施简陋，楼梯年久失修，没有照明用灯，楼道里漆黑一片。李先生高度近视，结果不慎踩空，从楼梯上滑了下去，造成左脚扭伤。导游闻讯赶来，将李先生送往附近的社区医院进行治疗。经医生诊治，李先生的左腿软组织挫伤。医生为李先生进行了治疗后，李先生即随导游离开医院回到招待所休息。

  下午5点左右，地接社的计调部接到港口方面的通知，轮船将于当晚8点钟起航，前往大连。导游根据地接社领导的指示，就李先生是否留在烟台继续治疗一事，征求李先生本人和旅游团全程陪同的意见。由于李先生的伤势较轻，所以，他本人和全程陪同均坚持随团离开烟台，前往大连继续旅行。地接社特意派了一辆小轿车将李先生送到码头，并由专人搀扶上船。李先生和全程陪同都对地接社的精心照顾和良好服务态度表示感谢。

  一个月以后，地接社接到组团社的通知：游客李先生回到北京后，前往北京市的一家著名医院进行复查时，医生诊断其左腿肌腱拉伤，需要休息两周。为此，李先生在其家人的陪同下，找到组团社，要求赔偿其医疗费、误工费、营养费、精神损害赔偿费等共计6000元。李先生的家人声称，如果组团社不照办，就向新闻媒体曝光。还要到法院起诉组团社，为了息事宁人，组团社向李先生赔付了6000元。现在，组团社要求地接社承担全部损失，否则就将从应付给地接社的团费中扣除6000元，并且今后将停止与地接社的合作。

案例分析：

从本案例中可以看出，地接社安排游客提前离开酒店并办理离店手续，是一种违约的行为。虽然这样做能够为地接社节省一笔可观的住宿费用，增加旅行社的收入。但是，这种收入却是以损害游客利益为代价的，是一种只顾眼前利益而忽视长远利益的做法。当轮船因天气原因不能按计划起航时，地接社为了节省费用，安排游客到一家设施条件差（照明设备的光线不足）的招待所休息，出现了游客不慎摔伤的事故。虽然游客应对自己的行为造成的伤害负主要责任，但是地接社亦应承担一定的责任，赔偿旅游者的一部分损失。由此可见，旅行社在为游客采购住宿服务时，决不能为了节省费用而随意降低采购标准，安排游客到不具备接待条件的地方入住。否则，一旦因此而出现问题，旅行社将难辞其咎。

资料来源：《旅行社经营管理精选案例解析》（梁智等）。

案例思考：

1. 在旅游采购业务中，旅行社应该怎样处理和协调保证供应、保证质量与降低成本之间的关系？

2. 案例中的教训对旅行社采购有何启示？

思考与练习

一、记忆题

1. 旅行社计调的含义。

2. 旅行社服务采购的内容。

3. 旅行社协作网络的含义。

二、思考题

1. 旅行社计调的作用及业务特点是什么？

2. 旅行社计调有哪几种类型？

3. 旅行社计调的素质要求有哪些？

4. 如何处理旅行社集中与分散采购的关系？

5. 旅行社为什么需要采购？

6. 旅行社在采购航空公司时应考虑哪些因素？在选择异地旅行社时又要考虑哪些因素？

7. 建立旅行社协作网络的重要性是什么？应如何建立旅行社协作网络？

8. 旅行社为什么需要采购？计调部应如何进行采购？

三、操作性练习

1. 人数在规范团号中如何书写是个很严谨的问题，请用正确规范的人数表示法表示下列人员：某旅游团共有25人，其中全陪1人、3个儿童、1个婴儿。

2. 请设计飞机订票程序及内容。

第五章
旅行社接待实务与管理

学习目标

旅行社接待业务是旅行社为旅游者提供一系列旅游服务的综合性工作。旅游接待是旅行社的基本业务之一,旅行社接待过程是旅行社的直接生产过程,是旅行社经营管理水平的真实反映,同时也是旅行社实现价值转移和创造新价值的重要途径。旅行社接待实务与管理包括旅行社地接管理、出境团队旅游服务管理、国内散客旅游服务管理、旅行社行李服务等内容。

通过本章学习,了解旅行社接待的概念、地位和作用,掌握旅行社地接服务的程序与规范,掌握海外领队服务的程序与规范,了解散客旅游服务的特点和要求,掌握旅行社散客旅游服务程序与规范,了解旅行社行李服务内容。

重要概念

旅行社接待;团队旅游;散客旅游;全陪;地陪;海外领队

导入案例

"野蛮导游"缘何屡禁不止

2020年末,网上一则视频引起了大家的关注。在视频中,一名男导游的态度十分嚣张,口中说着:不要说到花钱就把头低下去! 这听上去似乎有种强迫游客消费的感觉,除此之外男子还称:不要让我针对你,我脾气不好,针对起你来的时候会让你终生难忘。

尽管每一起被曝光的案件都得到了迅速、严肃处理,但新的"野蛮导游"仍然"前仆后继"。究其原因,这跟目前旅游领域执法不严、监管不力有很大关系,但除此之外,当前旅游市场的业态粗放,以及在这种粗放业态下产生的低层次竞争,也是一个重要原因。

在同质化的市场里,价格成为竞争的关键因素。在"低价者生存"的现实面前,旅行社只能拼命压价,最极端者甚至出现了"零团费"的旅游团。然而,天底下没有免费的午餐,当团费低于旅行社的成本价格,如果不想"赔本赚吆喝",旅行社就得想方设法从其他地方找补。通过强制游客购物、消费来获得回报提成,就成为旅行社最重要的补偿手段。

在现实中,追捧低价,追求"花最少的钱,游最多的景点"的游客大有人在。当价格而不是品质和体验成为游客最主要的诉求,旅游市场的业态就很难获得提升,"野蛮导游"

也将很难根除。

低价竞争导致灰色业态,灰色业态导致乱象频生,要打破这个怪圈,既有赖于执法监管部门的大力监管、严格执法,也有赖于游客的成长成熟,以及整个旅游市场的成长成熟。

资料来源:光明日报,"野蛮导游"缘何屡禁不止(整理).

第一节　旅行社地接管理

旅行社地接业务是旅行社业务的重要组成部分,旅行社地接水平的高低,将直接影响到旅行社的经济效益和市场声誉。因此,旅行社必须加强对地接服务的管理。

一、全陪导游服务程序

全陪导游服务程序是指全陪自接受了旅行社下达的旅游团(者)接待任务起至送走旅游团(者)整个过程的工作程序。

(一)准备工作

准备工作是做好全陪服务的重要环节之一。

1. 熟悉接待计划

全陪在拿到旅行社下达的旅游团队接待计划书后,必须熟悉该团的相关情况,注意掌握该团重点旅游者的情况和该团的特点。主要熟悉内容包括:了解旅游团名称、人数,旅游团成员性别构成、年龄结构、宗教信仰、职业、居住地及生活习惯等情况;掌握旅游团的等级、餐饮标准,团内旅游者在饮食上有无禁忌和特别的要求等情况;掌握旅游团的行程计划、旅游团抵离旅游线路各站的时间、所乘交通工具的航班(车、船)次,以及交通票据是否订妥或是否需要确认、有无变更等情况。

2. 物质准备

全陪上团前应该带齐必要的证件,如身份证、导游资格证、胸卡等;必要的票据和物品,如旅游团接待计划书、分房表、旅游宣传资料、行李封条、旅行社徽、全陪日记、名片等。结算单据和费用,如拨款结算通知单或支票、现金,足够的旅费等。

3. 知识准备

全陪应该根据旅游团的不同类型和实际需要准备相关知识,了解各旅游目的地的政治、经济、历史、文化、民俗风情和旅游点的大概情况,了解旅游者所在地的上述情况,以及沿途各站的相关知识。

4. 与接待社联系

全陪应该根据需要,接团前一天与第一站接待社取得联系,互通情况,妥善安排好接待事宜。

(二)首站接团服务

首站接团服务要使旅游团抵达后能立即得到热情友好的接待,让旅游者有宾至如归的感觉。

1. 迎接旅游团

接团前,全陪应向旅行社了解本团接待工作的详细安排情况。接团当天,全陪应提前30分钟到接站地点迎接旅游团。接到旅游团后,全陪应与领队尽快核实有关情况,做好以下工作:问候全团旅游者;向领队做自我介绍(可交换名片)并核对实到人数,如有人数变化,与计划不符,应尽快与组团社联系。

2. 致欢迎词

在首站,全陪应代表组团社和个人向旅游团致欢迎词,内容应包括:表示欢迎、自我介绍、提供热情服务的真诚愿望、预祝旅行顺利等。由于全陪在整个旅游过程中较少向旅游者讲解,所以要重视首站的介绍。致完欢迎词后,全陪要向全团旅游者简明扼要地介绍行程,对于住宿、交通等方面的情况适当让旅游者有所了解;还要向旅游者说明行程中应该注意的问题和一些具体的要求,以求团队旅途顺利、愉快。这种介绍有利于加快旅游者对全陪的信任。

(三)入店服务

旅游团进入所下榻的饭店后,全陪应尽快与地陪一起办好有关住店手续。

第一,全陪和地陪一起到饭店总台领取房间钥匙,由领队分配住房;掌握旅游团成员所住房号,并把自己的房号告诉全体团员。第二,热情引导旅游者进入房间。第三,协助有关人员随时处理旅游者入住过程中可能出现的问题。遇有地陪在饭店无房的情况,全陪应负起全责照顾好全团旅游者。另外,全陪还要掌握与地陪的联系方法。请地陪留下家庭电话和移动电话的号码,以便联络。

(四)核对商定日程

全陪应分别与领队和地陪核对、商定日程,以免出差错,造成误会和经济损失。一般以组团社的接待计划为依据;尽量避免大的改动;小的变动(如不需要增加费用、调换上下午的节目安排等)可主随客便;而对无法满足的要求,要详细解释。如遇难以解决的问题(如领队提一些对计划有较大变动的提议或全陪手中的计划与领队或地陪手中的计划不符等情况)应立即反馈给组团社,并使领队得到及时的答复。详细日程商定后,请领队向全团宣布。全陪同领队、地陪商定日程不仅是一种礼貌,而且是十分必要的。

案例 5-1

地陪的计划和领队的计划有出入

北京××旅行社导游小夏担任一新加坡旅游团的地陪。旅游团到了饭店后,小夏开始和领队商谈日程安排。在商谈过程中,小夏发现领队手中计划表上的游览景点与自己接待任务书上所确定的游览景点基本一致,只是领队的计划表上写得更详细,细致到每个景区的每个景点,而小夏的计划只是把每个景区最著名的景点标注上。小夏心想,都说日本团的领队工作做得细致,没想到新加坡团的领队工作也做得这么细致。

在游览颐和园时,小夏按计划买了普通门票(颐和园分为普通门票和联票,普通门票不包括苏州街等景点)。小夏带领游客游览到了苏州街,让游客在外面留影,这时领队却提出他们的计划里颐和园的景点包括苏州街,且坚持要按他手上的计划表来安排行程。为让领队和游客没有意见,小夏同意了领队的要求。

在游览结束后,领队和游客较满意,但小夏回旅行社报账时却被经理狠狠地批评了一顿,并责令他赔偿这个景点的门票费用。

分析:本案例中,导游小夏有两个细节问题没有处理好。第一,小夏在和领队商谈日程安排时注意到了一个细节——领队的计划表细致到每个景区的每个景点,但是他却没有把这个细节处理好,应该更仔细地把领队与自己计划单上的不同之处再确认一番。第二,小夏自作主张随意答应了领队和游客的要求,结果导致旅行社利益受损,出力不讨好。

导游碰到这类问题,处理的步骤是:应在第一时间与旅行社联系,请示计调,查明原因。如确认按我方旅行社计划单上所规定的景点游览,则除了重点游览、讲解规定景点外,还应尽量能让旅游者看到没有安排的那些景点,并做必要的讲解;如果旅游者愿意自费游览不能安排的景点,在收取费用后,应予以满足。

资料来源:《导游细微服务》(孔永生).

(五)各站服务

各站服务工作是全陪工作的主要组成部分。通过这一项工作使旅游团的计划得以顺利全面的实施,使旅游团有一次愉快、难忘的经历和体验。

1. 联络工作

全陪要做好各站间的联络工作,架起联络沟通的桥梁。一要做好领队与地陪、旅游者与地陪之间的联络、协调工作。二要做好旅游线路上各站间,特别是上、下站之间的联络工作。若实际行程和计划有出入时,要及时通知下一站。三要在抵达下一站后,主动把团队的有关信息,如前几站的活动情况、团员的个性、团长的特点等通报给地陪,以便地陪能采取更有效、主动的方法。

2. 监督与协助

在旅游过程中,全陪要正确处理好监督与协助这两者的关系。一方面,全陪和地陪的目标是一致的,他们都是要通过自己的服务使旅游者获得一次美好的经历,让旅游者满意,并以此来树立自己旅行社的品牌。因此,从这方面来说,作为全陪,协助地陪做好服务工作是主要的。但是全陪和地陪毕竟分别代表各自的旅行社,且全陪会更多地考虑旅游者的利益,因此,监督地陪以及其所在接待社按旅游团协议书提供服务也是全陪必须要做的工作。所以,协助是首要的,监督是协助上的监督,两者相辅相成。

案例 5-2

导游忘了提醒

导游小高带团在北京游览故宫时,在太和门的故宫平面图前,给大家简单介绍了故宫的基本布局,并告诉大家游览故宫的路线。游览完故宫,小高带领游客来到故宫北门神武门,登上了在此等候的旅游车。清点人数时,竟然发现少了一位游客。小高急忙与全陪商量去寻找。找了一个多小时后,才联系到那位游客。原来那位旅游者在游览过程中没有跟上队伍,以为旅游车还停在下车的地点,便去那里找旅游车,结果没有找到,最后自己打车回饭店了。其他旅游者等了很久,非常不满,纷纷抱怨小高。小高也非常后悔,因为他忘了提醒游客集合上车的地点,结果造成游客走失。

分析:导游在带团过程中,要多做提醒工作,全陪要发挥监督协助地陪的作用。导游要提醒团队旅游者游览时不要走散;要记住接待社的名称、旅游车的车号和标志、与导游的联系方法以及下榻饭店的名称、地址和电话。自由活动时建议旅游者最好结伴而行,不要走得太远;提醒旅游者不要回饭店太晚,不要去混乱拥挤的地方。

资料来源:《导游细微服务》(孔永生).

3. 为游客当好购物顾问

食、住、行、游、购、娱是旅游内容的一个重要组成部分。和地陪相比,全陪因自始至终和旅游者在一起,感情上更融洽一些,也更能赢得旅游者的信任。因此,在很多方面(诸如购物等),旅游者会更多地向全陪咨询,请全陪拿主意。在这种时候,全陪一定要从旅游者的角度考虑,结合自己所掌握的旅游商品方面的知识,为旅游者着想,当好购物顾问。

(六)离站、途中、抵站服务

1. 离站服务

每离开一地前,全陪都应为本站送站与下站接站的顺利衔接做好以下工作:一要提前提醒地陪落实离站的交通票据及核实准确时间。如离站时间因故变化,全陪要立即通知下一站接待社或请本站接待社通知,以防空接和漏接现象的发生。二要协助领队和地陪妥善办理离站事宜,向旅游者讲清托运行李的有关规定并提醒旅游者检查、带好旅游证件。

2. 途中服务

在向异地(下一站)旅行途中,无论乘坐何种交通工具,全陪都应提醒旅游者注意人身和物品的安全,安排好旅途中的生活,努力使旅游者旅行充实、轻松愉快。

3. 抵站服务

所乘交通工具即将抵达下一站时,全陪应提醒旅游者整理带齐个人的随身物品,下机(车、船)时注意安全。

(七)末站服务

末站服务是全陪服务的最后环节,和地陪工作一样,全陪仍要一丝不苟地通过最后的服务,加深旅游者对行程的良好印象。当旅行结束时,全陪要提醒旅游者带好自己的物品和证件。向领队和旅游者征求团队对此次行程的意见和建议,并填写"团队服务质量反馈表",致欢送词,对领队、旅游者给予的合作和支持表示感谢并期望再次重逢。

(八)善后工作

下团后,全陪应认真处理好旅游团的遗留问题。对团队遗留的重大、重要问题,要先请示旅行社有关领导后,再做处理。认真对待旅游者的委托,并依照规定办理。对团队的整个行程做总结,认真、按时填写全陪日志。

二、地陪导游服务程序

地陪导游服务程序是指地陪自接受了旅行社下达的旅游团接待任务起至送走旅游团整个过程的工作流程。

(一)准备工作

做好准备工作,是地陪提供良好服务的重要前提。准备工作可分为以下几个方面。

1. 熟悉接待计划

接待计划是组团旅行社委托各地方接待社组织落实旅游团活动的契约性文件,是导游人员了解该团基本情况和安排活动日程的主要依据。地陪须在上团前三天领取接待计划,了解和掌握旅游团的基本信息、旅游团员的基本情况、全程旅游路线、海外旅游团的入出境地点、所乘交通工具情况。同时,地陪还应掌握交通票据的情况,掌握旅游者的特殊要求,以及其他注意事项。

2. 落实接待事宜

首先,地陪要落实好旅游车辆安排、住房安排、用餐安排、行李运送等情况。其次,地陪还要了解不熟悉景点的情况。再次,地陪应和全陪提前约定接团的时间和地点,防止漏接或空接事故的发生。

3. 做好物质准备

上团前,地陪应做好必要的物质准备,带好接待计划、导游证、胸卡、导游旗、接站牌、结算凭证等物品。同时,地陪还应该根据旅游团的计划及旅游团的性质和特点准备相应的知识。如:带专业旅游团所需的专业知识,游览新开放的游览点或特殊游览点所需的知识等,对当前的热门话题、国内外重大新闻、旅游者可能感兴趣的话题等都应做好相应的知识准备。

4. 形象准备

地陪在上团前要做好仪容、仪表方面(即服饰、发型和化妆等)的准备。着装要符合导游人员的身份,衣着要整洁、整齐、大方、自然,佩戴首饰要适度,不宜浓妆艳抹。

5. 心理准备

导游人员在接团前一要做好面临艰苦复杂的工作的准备,二要做好承受抱怨和投诉的准备。

6. 联络畅通准备

地陪上团前要备齐并随身携带与有关接待社各个部门、行李员、车队、餐厅、饭店、剧场、商店、机场、车站等单位联系、问讯的电话号码。并要检查自己的手机是否好用,电力是否充足,以保证与旅行社之间的联络畅通。

(二)接站服务

接站是指地陪去机场、车站、码头迎接旅游团。接站服务在地陪服务程序中至关重要,因为这是地陪和旅游者的第一次直接接触。

1. 旅游团抵达前的准备

接团当天,地陪应提前到达旅行社,全面检查准备工作的落实情况。首先,地陪要落实旅游团所乘交通工具抵达的准确时间,然后要与司机商定出发时间、停车位置。其次,地陪应提前半小时抵达接站地点,并要马上到问讯处再次核实旅游团所乘飞机(火车、轮船)抵达的准确时间。地陪应在旅游团出站前与行李员取得联系,告知其行李送往的地点。

2. 迎候旅游团

旅游团所乘交通工具抵达后,地陪应在旅游团出站前,持本社导游旗或接站牌站立在出站口醒目的位置热情迎接旅游团。接站牌上应写清团名、团号、领队或全陪姓名。

3. 旅游团抵达后的服务

首先,找到旅游团后,为防止错接,地陪应及时与领队、全陪接洽,核实该团的客源地、组团社或交团社的名称、领队及全陪姓名、旅游团人数等。其次,地陪应协助该团旅游者将行李集中放在指定位置,提醒旅游者检查自己的行李物品是否完整无损。与领队、全陪核对行李件数无误后,移交给行李员,双方办好交接手续。最后,地陪应引导旅游者前往登车处。旅游者上车时,地陪应恭候在车门旁,协助或搀扶旅游者上车就座。待旅游者坐稳后,地陪再检查一下旅游者放在行李架上的物品是否放稳,礼貌地清点人数,待所有旅游者到齐坐稳后请司机开车。

案例 5-3

游客上车时,导游应注意的细节

小赵是旅游专业刚毕业的学生,跟着老导游老冯上了两个团,一个北京团,一个美国团。两个团都是老人居多,小赵发现了一个有意思的现象,老冯在带内宾团时挺热情,上下车时帮老人提提行李,有时还搀扶一把。但是在带外宾团时,一般上下车时他就微笑着站在车门边,不主动帮外国老人提行李,看到有的老人行李实在太大,他会小声地问一句然后再帮他拖一下行李。下团后,小赵笑着问老冯为什么?老赵却回答:"小赵,我们带团虽然有规范的程序,但是也要根据客人的情况灵活掌握,区别对待。回去想明白了,明天告诉我为什么。"

分析:本案例中老冯的"内外有别",主要原因还是国情不同。在中国,我们提倡"尊老爱幼",所以老冯才会在上下车时帮老人提提行李,有时还搀扶一把。这样做老人会有受尊重的感觉。但是在美国,人们很重视自己的隐私,尤其是年龄,不希望别人认为自己是老人,所以导游如果过于热情地去帮助他们,反而会引起他们的误解,产生误会。

资料来源:《导游细微服务》(孔永生)。

4. 途中服务

在行车途中,地陪要做好如下几项工作,这是地陪给全团留下良好第一印象的重要环节。

第一,致欢迎词。欢迎词内容应视旅游团的性质及其成员的文化水平、职业、年龄及居住地区等情况而有所不同。一般应包括问候语、欢迎语、介绍语、希望语、祝愿语。

案例 5-4

一篇欢迎词

女士们、先生们:

大家好!

很高兴在这样一个阳光明媚的日子里见到大家,首先我代表美好时光旅行社对大家的到来表示热烈的欢迎!很荣幸成为各位的导游,我姓李,大家叫我小李就可以了。旅游诚快乐,平安最重要。我身边的这位是我们的司机刘师傅,刘师傅有26年的驾车经验,有他的娴熟驾驶相信大家一定会体验到"在家千日好,出门也不难"的感觉。俗话说"百年修得同船渡",现在我们大家是"百年修得同车行",因为缘分我们坐到了一起,因为缘分我们成为朋友,既然是朋友,如果我有什么做得不合适的地方大家要及时提出来,我会立即改正。我希望在今后几天的行程中,我们能够相处得愉快,同时也祝愿大家玩得开心!

第二,调整时间。如接入境团,地陪在致完欢迎词后要介绍两国的时差,请旅游者将自己的表调到北京时间。

第三,首次沿途导游。首次沿途导游内容包括旅游地概况介绍和风光风情介绍。

第四,介绍下榻的饭店。在旅游车快到下榻的饭店时,地陪应向旅游者介绍该团所住饭店的基本情况:饭店的名称、位置、距机场(车站、码头)的距离、星级、规模、主要设施和设备及其使用方法、入住手续及注意事项。

第五,宣布当日或次日的活动安排。地陪在与领队或全陪核对商定节目安排之后,应及时向本团旅游者介绍当日或次日的活动安排,讲清集合时间、地点并请旅游者记住车牌号码。

(三)抵达饭店后的服务

1. 协助办理住宿手续

旅游者抵达饭店后,地陪要协助领队和全陪办理入住登记手续,请领队分发住房卡。地陪要掌握领队、全陪和团员的房间号,并将与自己联系的办法如房间号(若地陪住在饭店)、电话号码等告知全陪和领队,以便有事时尽快联系。

2. 介绍饭店设施

进入饭店后,应向全团介绍饭店内的外币兑换处、中西餐厅、娱乐场所、商品部、公共洗手间等设施的位置,并讲清住店注意事项,向旅游者指明电梯和楼梯的位置。

3. 带领旅游团用好第一餐

旅游者进入房间之前,地陪要向旅游者介绍饭店内的就餐形式、地点、时间及餐饮的有关规定。旅游者到餐厅用第一餐时,地陪必须带他们去餐厅,帮助他们找到桌次,要将领队和全陪介绍给餐厅领班、主管等有关人员,告知旅游团的特殊要求(如用餐标准、旅游者口味、忌食等),向旅游者介绍有关餐饮的规定,祝愿旅游者胃口好。

4. 宣布当日或次日活动安排

旅游者进入房间之前,地陪应向全团宣布有关当天或第二天活动的安排,集合的时间、地点。如该团中有提前入住的旅游者,必须通知他们次日的出发时间及活动安排。

5. 照顾行李进房

地陪应等待本团行李送达饭店,负责核对行李,督促饭店行李员及时将行李送至旅游者的房间。

6. 确定叫早时间

地陪在结束当天活动离开饭店之前,应与领队商定第二天的叫早时间,并请领队通知全团,地陪则应通知饭店总服务台或楼层服务台。

7. 协助处理旅游者入住后的各类问题

进入房间后,地陪应在本团旅游者居住区内停留一段时间,处理临时发生的问题,如:打不开房门、房间不符合标准、房间卫生差、设施不全或损坏、卫生间设备无法使用、行李错投等。有时还可能出现旅游者要求调换房间等情况,地陪要协助饭店有关部门处理此类问题。

(四)核对、商定日程

核对、商定日程是旅游团抵达后的重要程序。地陪在接到旅游团后,应尽快与领队、全陪进行这项工作。核对商定日程时,遇到下列情况地陪应该采取恰当的处理措施。

第一,当旅游者提出小的修改意见或增加新的游览项目时,地陪首先应该及时向旅行社有关部门反映,对"合理又可能"满足的项目,应尽力予以安排;针对需要加收费用的项目,地陪要事先向领队或旅游者讲明,按有关规定收取费用;针对确有困难而无法满足的要求,地陪要详细解释、耐心说服。

第二,当旅游者提出的要求与原日程不符且又涉及接待规格时,地陪一般应予婉言拒绝,并说明接待社方不便单方面不执行合同;如确有特殊理由,并且由领队提出时,地陪必须请示旅行社有关部门,视情况而定。

第三,当领队(或全陪)手中的旅行计划与地陪的接待计划有部分出入时,地陪要及时报告旅行社,查明原因,分清责任;若是接待方的责任,地陪应实事求是地说明情况,并向领队和全体旅游者赔礼道歉。

(五)参观游览服务

参观游览活动是旅游产品消费的主要内容,是旅游者期望的旅游活动的核心部分,也是导游服务工作的中心环节。因此,地陪在带团参观游览前应认真准备、精心安排;在参观游览过程中应热情服务、生动讲解。地陪在参观游览服务中应做的工作包括以下几个方面。

1. 出发前的服务

地陪应提前10分钟到达集合地点,准确核实实到人数。若发现有旅游者未到,地陪应向全陪、领队或其他旅游者问明原因,并设法及时找到;若有客人想留在饭店或不随团活动,地陪要问清情况并妥善安排,必要时报告饭店有关部门。地陪要提前落实团队当天的用餐,对午、晚餐的用餐地点、时间、人数、标准、特殊要求逐一核实并确认。出发前,地陪应向旅游者预报当日的天气,游览景点的地形特点、行走路线的长短等情况,必要时提醒旅游者带好衣服、雨具,换上舒适方便的鞋。旅游者陆续到达后,清点实到人数并请旅游者及时上车,地陪应站在车门一侧,招呼旅游者上车,并照顾老弱者登车。开车前,地陪要再次清点人数。

2. 途中导游

开车后,地陪要向旅游者重申当日活动安排,包括午、晚餐的时间地点;向旅游者报告到达游览点途中所需时间;视情况介绍当日国内外重要新闻。在前往景点的途中,地陪应向旅游者介绍本地的风土人情、自然景观,回答旅游者提出的问题。抵达景点前,地陪应向旅游者介绍该景点的简要概况,尤其是景点的历史价值和特色。

3. 景点导游、讲解

抵达景点下车前,地陪要讲清并提醒旅游者记住游览车的车型、颜色、标志、车号和停车地点、开车时间;尤其是下车和上车不在同一地点时,地陪更应提醒旅游者注意。在景点示意图前,地陪应讲明游览线路、所需时间、集合时间、地点等;地陪还应向旅游者讲明游览参观过程中的注意事项。在景点景区内的游览过程中,地陪应严格执行旅游合同,保证在计划的时间与费用内,使旅游者充分地游览、观赏。讲解时,地陪应眼观八方、耳听六路,注意旅游者的安全,要自始至终与旅游者在一起活动。

案例 5-5

不要让游客单独行动

北京导游小王在五一期间接待了一个山东旅游团。在游颐和园时,一位男游客提出不跟团了,想自己游览。小王想,颐和园面积也不大,应该不会出现什么问题,就同意了,约定两个小时后在颐和园的东门集合。两个小时后,小王带领游客出了颐和园,而那位游客还没有回来。小王让游客先上车,自己在门口等那位游客。可是半小时过去了,仍不见其踪影。车上的客人已经等急了。小王急忙给那位游客打电话。原来,由于五一园内人太多,那位游客已经迷路了,不知该往何处走。小王只好让他在原地等候,并让司机师傅带其他游客先到中午吃饭的餐厅就餐,自己去接那位游客。这时小王真后悔,不该让那位游客单独行动。

分析:旅游者到游览点后要求自由活动,对于这种情况,导游要视情况而定。

如环境许可,在游人不多、秩序不乱的景点,可以满足其要求。

如果景点内路线复杂、游人较多、秩序较乱,地陪应尽力劝说其随团参观,以免走失。在案例中,当时正是五一黄金周,景点游人很多,导游小王应劝说游客随团游览。

若旅游者一味坚持,劝说无效,应告知其后果自负。

资料来源:《导游细微服务》(孔永生).

4. 参观活动

当安排旅游团到工厂、学校、幼儿园参观时,地陪一般都应提前做好联系落实工作。在参观时,一般是先由主人做情况介绍,然后是引导参观。

5. 返程中的工作

从景点、参观点返回饭店的途中,地陪可视具体情况做以下工作:首先,回顾当天参观、游览的内容,回答旅游者的提问,如在参观游览中有漏讲的内容可作补充讲解。如不从原路返回饭店,地陪应该对沿途风光进行导游讲解。其次,返回饭店下车前,地陪要预报晚上或次日的活动日程、出发时间、集合地点等。提醒旅游者带好随身物品。地陪要先下车,再照顾旅游者下车,最后向他们告别。再次,如当天回到饭店较早或晚上无集体活动安排,地陪应考虑旅游者会外出自由活动,所以要在下车前提醒旅游者注意事项。最后,如该团需要叫早服务,地陪应在结束当天活动,离开饭店之前安排。

(六)食、购、娱等服务

旅行社安排好食、购、娱等环节的服务,不仅能使旅游活动变得丰富多彩,而且能够加深旅游者对旅游目的地的印象。因此,在安排食、购、娱等旅游活动时,地陪同样应该尽心尽力,提供令旅游者满意的服务。

1. 餐饮服务

地陪要提前按照接待社的安排落实本团当天的用餐,对午、晚餐的用餐地点、时间、人数、标准、特殊要求与供餐单位逐一核实并确认。用餐时,地陪应引导旅游者进餐厅入座,并介绍餐厅及其菜肴特色;向旅游者说明餐标是否含酒水及酒水的类别。用餐过程中,地陪要巡视旅游团用餐情况一两次,解答旅游者在用餐中提出的问题,并监督、检查餐厅是否按标准提供服务并解决出现的问题。在用自助餐时,导游人员要强调自助餐的用餐要求,告诫旅游者以吃饱为标准,注意节约、卫生,不可以打包带走。在用风味餐时,作为地陪,没有旅游者出面邀请不可参加;受旅游者邀请一起用餐时,则要处理好主宾关系,不能反客为主。

案例 5-6

及时救助义务

游客刘女士报名参加华东五市七日游旅游团,旅游期间,刘女士手袋在旅行社带其就餐的饭店被盗。刘女士认为其饭店安保不达标,投诉旅行社没有尽到谨慎选择供应商的责任,要求赔偿。旅行社称该饭店证照齐全,导游也一再强调游客要注意保管随身财物。遗憾的是游客就餐时把手袋放在其身后的椅子上,导致盗窃发生。

分析及提醒:手袋属于游客的随身物品,游客负有保管义务。但依据《中华人民共和国旅游法》第八十二条"旅游者在人身、财产安全遇有危险时,有权请求旅游经营者、当地政府和相关机构进行及时救助",旅行社有义务协助游客报警处理。

资料来源:《导游细微服务》(孔永生)。

2. 购物服务

在带领旅游团购物时,地陪要严格按照游览计划,带旅游团到旅游定点商店购物,避免安排次数过多、强迫旅游者购物等问题出现。旅游者购物时,地陪应向全团讲清停留时间及有关购物的注意事项,介绍本地商品特色,承担翻译工作,介绍商品托运手续等。如果商店不按质论价、销售伪劣商品、不提供标准服务时,地陪应向商店负责人反映,维护旅游者的利益;如遇小贩强拉强卖,地陪有责任提醒旅游者不要上当受骗,不能放任不管。

案例 5-7

外地游,慎入"老乡"玉器店

近年来,广东省中山市为了将孙中山故里旅游区建成"国家5A级旅游景区",下大力气打造中山全域旅游格局,精心培育"旅游十"经济新业态。然而,2015年至今,中山市一些镇区的旅游购物投诉却呈现逐年上升的趋势。一些销售珠宝玉器、床上用品的旅游购物点,专门针对外省旅行社组织的低价港澳旅游团队的回程游客,以次充好,虚报价格,诱骗游客购物,真相到底是怎么样的呢?

按照省旅游局要求,中山市旅游局联合公安、工商、发改、交通、质监等部门开展联合执法检查,集中开展整治旅游购物市场专项行动。据调查,从2015年起,以湖南省祁阳县籍为主的人员先后在南朗镇开设了13家专门接待外地旅客团体的经营玉器、丝绸床上用品商场,其中经营玉器的商场6家,从业人员众多;警方进一步调查还发现,该镇各旅游购物场所均与市外旅游公司、导游存在一定的利益挂钩。他们用"他乡遇老乡"的把戏诱骗不明真相的游客高价购买玉器、珠宝。2016年6月22日,中山市公安局以涉嫌非国家机关工作人员受贿罪抓获了非法组织游客购物的梁某某,并予以刑事拘留审查。6月23日,中山市公安局经侦支队、中山市国家税务局联合突击检查了部分游客投诉较多的珠宝工艺品店,对涉及逃税情况进行核查,缴获涉案POS机、电脑等物品一批。

资料来源:广东省文化和旅游厅官网,十大旅游投诉案例分析(整理).

3. 娱乐服务

在旅游团的计划内若有观看文娱节目的安排,地陪应向旅游者简单介绍节目内容及特点并需陪同准时前往,与司机商定好出发的时间和停车位置,引导旅游者入座,并自始至终和旅游者在一起。演出结束后,地陪要提醒旅游者带好随身物品。在大型的娱乐场所,地陪应主动和领队、全陪配合,注意旅游者的动向和周围的环境,并提醒旅游者注意安全,不要分散活动。遇有重大节庆活动,有关单位组织社交性舞会,邀请旅游者参加,地陪应陪同前往。旅游者自发组织参加娱乐性舞会,地陪可代为购票;如果旅游者邀请导游人员,是否参加自便;若不愿参加可婉言谢绝;若参加,应注意适度,但无陪舞的义务。

(七)送站服务

送站服务是导游工作的尾声,地陪应善始善终,使整个旅游过程在旅游者心目中留下深刻印象。

1. 送站前的准备

旅游团离开本地的前一天,地陪应核实旅游团离开的机(车、船)票。如果航班(车次、船次)和时间有变更,应当问清内勤是否已通知下一站,以免造成下一站漏接。若系乘飞机离境的旅游团,地陪应提醒或协助领队提前72小时确认机票。如团队有大件行李需要托运,地陪应在该团离开本地前一天与全陪或领队商量好出行李时间,并通知旅游者及饭店行李房,同时要向旅游者讲清托运行李的具体规定和注意事项。

地陪应该与司机商定出发时间,并及时与领队、全陪商议,确定后应及时通知旅游者。地陪应及时提醒、督促旅游者尽早与饭店结清与其有关的各种账目(如洗衣费、长途电话费、房间酒水费等)。同时,地陪应及时通知饭店有关部门旅游团的离店时间,提醒其及时与旅游者结清账目。

2. 离店服务

旅游团离开饭店前,地陪要按事先商定好的时间与饭店行李员办好行李交接手续。具体做法是:先将本团旅游者要托运的行李收齐、集中,然后地陪与领队、全陪共同清点行李的件数(其中包括全陪托运的行李);最后与饭店行李员办好行李交接签字手续。

在团队将离开所下榻的饭店时,地陪要到总服务台办理退房手续。收齐房间的钥匙交到总服务台,核对用房情况,无误后按规定结账签字。同时,要提醒旅游者带好个人物品及旅游证件,询问旅游者是否已与饭店结清账目。

3. 集合上车

所有离店手续办好后,地陪要照顾旅游者上车入座,然后仔细清点人数。全体旅游者到齐后,地陪要再一次请旅游者清点一下随身携带物品,并询问是否将证件随身携带;此时,地陪最需强调的是提醒旅游者勿将物品忘在饭店里。

4. 送站途中的讲解服务

送站途中的讲解主要由以下几部分内容组成:一是行程回顾,在去机场(车站、码头)的途中,地陪应对旅游团在本地的行程包括食、住、行、游、购、娱等各方面做一个概要的回顾,目的是加深旅游者对这次旅游经历的体验;二是致欢送词,欢送词的内容主要包括感谢语、惜别语、征求意见语、致歉语、祝愿语等。

案例 5-8

一篇欢送词

旅游者朋友们:

大家好!

时间过得真快,短短3天已经过去了。在此不得不为大家送行,心中真的有许多眷恋。各位朋友在哈尔滨期间,游览了哈尔滨的市容、太阳岛雪博会和冰雪大世界;赴亚布力体验了滑雪的乐趣……有的朋友还购买了不少东北的土特产和俄罗斯商品,真可谓收获多多。相信在各位朋友的生命中,从此将增添一段新的记忆,那就是美丽的冰城——哈尔滨。

常言道"有缘千里来相会,无缘对面不相识",我期待着再次与您或您的朋友、您的家人相会在哈尔滨,希望大家别忘了,在哈尔滨,有你们一个永远的家——哈尔滨××旅行社。最后,预祝各位朋友在今后的人生旅途中:万事顺意,前程无量!

资料来源:《导游带团技巧》(胡晓萍).

致完欢送词后,地陪可将旅游服务质量意见反馈表发给旅游者,请其填写,如需寄出,应先向旅游者讲明邮资已付;如需导游员带回,则应在旅游者填写完毕后如数收回,妥善保留。

5. 办理离站手续

地陪带旅游团前往机场(车站、码头)必须留出充裕的时间。具体要求是:出境航班提前120分钟;国内航班提前90分钟;乘火车、轮船提前40分钟。旅游车到达机场(车站、码头)后,地陪要提醒旅游者带齐随身的行李物品,照顾旅游者下车。待全团旅游者下车后,地陪要再检查一下车内有无遗漏的物品。若送乘坐飞机离开的旅游团,当旅游者进入安检口或隔离区时,地陪方能与旅游者告别。若送乘坐火车、汽车、轮船离开的旅游团,地陪应等交通工具起动后,方能离开。送走旅游团后,地陪应与旅游车司机结账,在用车单据上签字,并保留好单据。

(八)善后工作

旅游团结束在本地的旅程离开后,地陪还应做好善后工作。一要妥善处理好旅游团的遗留问题,二要结清账目,三要认真做好工作总结。

第二节　出境团队旅游服务管理

一、出境团队旅游的特点

出境团队旅游是指旅游客源国或地区的旅行社招徕本国公民并将他们组织成10人以上(含10人)的旅游团队,前往其他国家或地区进行的旅游活动。出境团队旅游具有以下三个特点。

(一)活动日程稳定

出境旅游团的活动日程,除极特殊情况外,一般比较稳定。组织出境旅游团的旅行社必须严格按照事先同旅游者达成的旅游协议,安排旅游各项活动。组织出境旅游的旅行社应委派具有丰富接待经验的导游人员担任出境旅游团的领队,为旅游者提供旅行服务。

(二)消费水平高

出境旅游团的消费水平比较高,他们一般要求乘坐飞机或豪华客车,在档次比较高的饭店下榻,在就餐环境比较好的餐厅用餐。此外,出境旅游团的购物欲望比较强烈。因此,领队在陪同出境旅游团在境外旅游期间,应在当地接待旅行社导游人员的配合下,组织好旅游者的购物活动,满足他们的需要。

(三)文化差异比较大

出境旅游团队的成员中,有许多人从未到过旅游目的地国家或地区,缺乏对那里的历史、文化、风俗习惯等的了解,与当地居民之间存在着较大的文化差异。因此,旅行社应选派熟悉旅游目的地国家或地区的风俗习惯、精通旅游目的地语言的导游人员担任出境旅游团的领队,以帮助旅游者克服人际沟通方面的障碍。

二、领队的出境旅游服务程序

领队的出境旅游服务程序是指领队从受组团社委派,接受团队旅游接待任务起,到旅游团旅游结束回到出发地,并做好善后工作的全过程。主要包括服务准备、全程陪同服务、善后工作三大环节。

(一)服务准备

第一,领队要认真阅读旅游计划,弄清旅游团概况,熟悉和研究旅游团成员情况。第二,要认真核对旅游证件、交通票据和表格。第三,要做好上团前的物质准备和知识准备。第四,要及时与境外接待社核实行程和活动内容。第五,要召开行前说明会,详细说明行程安排,提出旅行要求,做好提醒工作。

(二)全程陪同服务

领队的全程陪同服务,从旅游团出发开始直至回到出发地散团后结束,主要包括以下七个步骤。

1. 出发和出境

通常领队要提前2小时到达机场,等候旅游团成员到来,并清点旅游团人数,帮助旅游者办理出境手续。在旅行途中,领队应照料好旅游者的饮食,注意旅游者的人身和财物安全。到站后,要提醒旅游者带齐随身物品。

2. 办理国外入境手续

到达目的地国家或地区后,领队要带领旅游团办理好证照查验、海关检查等入境手续。全团成员入关后,检查行李无误,并经海关检查后,即可带团与目的地国家或地区接待社导游人员联络,并照顾旅游者和行李上车。

【小知识5-1】　　　　　　领队如何做好行李防损工作

中国人讲究"防患于未然",做好预防工作比什么都重要。

1. 行李绑带。建议每位旅游者都备一条行李绑带,除将行李锁好外,还应当用绑带捆好,以防损坏。

2. 标准行李牌。行李牌要用标准化的,写清姓名及联系电话。之所以用标准化的,是因为用特殊的或好一些的行李牌,往往容易被人偷掉。

3. 注意增减。在整个旅行过程中,行李会有所增减。作为领队,应要求旅游者经常向自己报告行李件数,以便做到心中有数。

4. 亲自检查。每到一地或每离一地,领队都应当请旅游者亲自检查一下自己的行李,发现差错,立即解决。

5.进店帮送。作为领队,保护好行李是自己的责任,在进入饭店时,应当帮助送行李,这也是一次检查过程。

6.付给小费。进入国外饭店,有行李员搬运行李,一定要适当给点小费。

3. 境外旅游服务

在境外,领队要沿途照料旅游者的登机、食宿、购物、游览等活动。领队每到一目的地国家或地区,都应主动与当地导游人员核实行程。如发现双方日程表内容有出入时,应及时与接待社联系,取得一致意见;若有必要,应报组团社,请求帮助协调。在境外旅游过程中,领队应时刻维护旅游者的权益,一旦发现当地导游人员没有按计划安排游览项目,或提供与旅游协议规定质量不相符的服务,应立即向其指出,督促其改进,也可同当地接待社进行交涉,必要时可报告国内组团社。在游览过程中,领队应时刻与旅游者在一起,经常清点人数,提醒旅游者跟随全团一起行动。一旦发生事故,无论责任在哪一方,领队先应取得当地导游人员和接待社的帮助,及时处理事故和问题,力求使损失和影响减少到最低程度。在购物活动中,领队既要配合当地接待社和导游人员,又要维护旅游者的利益。当旅游团行程计划有变动时,领队一定要提前与下一目的地接待社联系,告知变更情况。

案例 5-9

张先生在某旅行社处报名参加了 2015 年 9 月 28 日出发的台湾八天游,原定行程为于 28 日下午从香港飞往台湾澎湖,但时值台风"杜鹃"登陆,原定搭乘航班被迫取消,旅行社安排包括张先生在内的旅游者改乘次日上午起飞的航班。但也因台风登陆未能候补到机位,张先生未能乘机出团,于是旅行社安排张先生在内的旅游者返回出发地并全额退还其已付旅游费用。张先生认为旅行社未能依照行程妥善安排航班,最终未能出团,构成欺诈,要求旅行社承担其已付费用三倍的赔偿责任。

案例思考:

一、旅行社是否构成欺诈行为?

欺诈行为是指故意告知对方虚假情况,或者故意隐瞒真实情况,诱使对方做出错误的表示的行为。本案中,航班被取消系不可抗力台风所致,旅行社并未隐瞒真实情况而使张先生做出错误表示,不构成欺诈,张先生主张三倍赔偿无法律依据。

二、旅行社在本案中是否已经履行法定义务?

《旅游法》第六十七条规定,因不可抗力或者旅行社、履行辅助人已尽合理注意义务仍不能避免的事件,影响旅游行程的,按照下列情形处理:

(一)合同不能继续履行的,旅行社和旅游者均可以解除合同。合同不能完全履行的,旅行社经向旅游者做出说明,可以在合理范围内变更合同;旅游者不同意变更的,可以解除合同。

(二)合同解除的,组团社应当在扣除已向地接社或者履行辅助人支付且不可退还的费用后,将余款退还旅游者;合同变更的,因此增加的费用由旅游者承担,减少的费用退还旅游者。

(三)危及旅游者人身、财产安全的,旅行社应当采取相应的安全措施,因此支出的费用,由旅行社与旅游者分担。

(四)造成旅游者滞留的,旅行社应当采取相应的安置措施。因此增加的食宿费用,由旅游者承担;增加的返程费用,由旅行社与旅游者分担。

本案中,原定行程因台风而被迫取消,张先生在内的旅游者滞留机场,旅行社及时安排车辆将旅游者妥善送回出发地,即已采取相应的安置措施。对于张先生已付的旅游费用,旅行社既未扣除已向地接社或履行辅助人支付且不可退还的费用,又未要求张先生分担因此增加的返程费用,而是全额退还已付费用,旅行社已尽到相应的法定义务。

扩展分析:

一、经营者构成欺诈的,应承担三倍的赔偿责任

民事欺诈行为是指在设立、变更、终止民事权利和民事义务的过程中,故意告知对方虚假情况,或者故意隐瞒真实情况,诱使对方做出错误的表示的行为。

根据消费者权益保护法的规定,消费者享有知悉其购买、使用的商品或者接受的服务的真实情况的权利。据此,旅行社应就相关服务向旅游者做出真实、准确的说明,以保证旅游者的知情权。若旅行社以虚假或者引人误解等方式销售商品或者服务,或夸大或隐瞒所提供的商品或者服务的数量、质量、性能等与旅游者有重大利害关系的信息误导旅游者,则构成欺诈,旅游者有权依法向旅行社主张其接受服务的费用三倍的赔偿;增加赔偿的金额不足五百元的,为五百元。

二、不可抗力定义及其具体情形

依据《中华人民共和国民法典》的规定,不可抗力系不能预见、不能避免并不能克服的客观情况。因不可抗力而不能履行合同的,合同主体可根据不可抗力的影响,部分或全部免除责任,但法律另有规定除外。旅游法第六十七条亦规定了,因不可抗力致使合同不能继续履行的,旅行社与旅游者均有权解除合同。

不可抗力事件的不可预见性和偶然性决定了其外延无限大,不能穷尽可能发生的情形。但不可抗力事件可分为两类,一类为自然现象,如台风、火灾、旱灾、地震、风灾、大雪、山崩、泥石流等;另一类为社会现象,如战争、动乱、政府干预、罢工、禁运等。

资料来源:搜狐网,周法|这个"锅"旅行社不背.

4. 团结协作

领队应认真履行工作职责,维护旅游团内部的团结,协调旅游者间的关系,与接待社导游人员团结协作,使旅游活动顺利进行。

5. 妥善保管好证件和机票

一般地讲,在旅游者每次用完证件后,领队要立即收齐全团证件与机票,进行妥善保管。

6. 办理国外离境手续

一般是先办理登机手续,再过边检、海关。过关时,领队应告知旅游者航班号、登机

口、登机时间,提醒旅游者切勿因逛免税商店而误了登机时间。

7. 填写征求意见表

领队应请旅游者填写征求意见表,并认真回收每一份表格。旅游团抵达客源地后,领队应致欢送词,并与旅游者一一握手告别。

(三)善后工作

旅游任务结束后,领队要认真做好工作总结,及时处理相关事宜,办理结账和归还物品手续。

【小知识5-2】 海外领队的纪律

世界各国政府、旅游企业都对海外领队有着严格的要求、铁一般的纪律。这一切都是为了捍卫国家利益,维护民族尊严,确保海外领队顺利、有效地完成任务。

一戒说祖国坏话。海外领队的首条纪律便是忠于祖国,维护民族尊严。有些领队,一到国外,一见外国人就历数中国的落后,以为这样可以引起外国人共鸣。其实这恰为多数正派的外国人所不齿。殊不知,世界各国在此问题上没有偏见,即"爱国者人人敬仰"。

二戒胡乱讲话。严格保守国家机密,注意内外有别是领队应遵守的重要纪律。在海外不谈家内的事,不讲内部情况,不带内部文件,不胡乱讲话。还有一点就是,不要贸然答应客人要求,凡是答应的就一定办到。

三戒大国沙文主义。我国是一个文明古国,也是一个大国,尤其是40多年改革开放取得了伟大成就,这些是值得我们自豪的。同时,海外游目的地国家或地区也各有各的长处,所以我们一定要注意谦虚谨慎、不骄不躁,坚决反对狭隘民族主义和大国沙文主义。

四戒自作主张。严格遵守汇报请示制度,对重大问题要请示,不可擅自处理,凡是自己没把握的事情都应报告;工作认真负责,不擅离职守。

五戒不正当男女关系。领队一般来说知识丰富、举止优雅,可能会引起异性爱慕,所以需特别防备。另外,除工作急需外,不要到游客房间去,更不要单独到异性客人房间去,以免发生误会。

六戒饮酒过量。对领队来讲,宴会、陪餐是工作而不是"吃饭",所以不应当无所约束;特别在饮酒时,一定不要劝酒、逼酒,自己饮酒也不能超过本人酒量的三分之一,严防酒后失态。

七戒营私舞弊。要堂堂正正地做人,光明磊落,心怀坦荡。不许利用工作之便营私舞弊、贪污受贿,不许以任何形式买卖外汇、套汇逃汇。

八戒介入矛盾。旅游团的旅游者来自不同地方、不同单位,在旅途中产生矛盾并不奇怪。一旦客人之间产生分歧和矛盾,甚至发生纠纷,领队要劝其自行解决,不可偏袒,不可介入。

九戒浮报、虚报。旅途中要花不少钱,票据要收齐,向财务报账时,要实事求是,不可浮报、虚报,不可因私利而谎报。

十戒看低级趣味的书刊、录像。一些书刊、画报、录音、录像,有的传播反动思想,有的趣味低级、内容黄色淫秽,应自觉抵制不去阅读、观看。

十一戒购物数量超过一般团员。并不是说领队不能购物,和团员们一起,买点东西是可以理解的。但是你所购的东西一定不要过量,数量不要超过一般团员所购买的数量,否则客人会不高兴,因为他们会认为你的主要工作是购物,而不是照顾旅游者。

十二戒向团员借钱。作为领队最好不要同旅游者发生个人间的金钱关系。借了钱一旦忘记还往往会引起人家反感,认为你爱占小便宜。

十三戒奇装异服,过分暴露。到海外旅游,领队要有这么一个观念:旅游者是出外旅游,我们是出外工作。因为是工作,所以应穿方便的工作服,旅游者也很容易找到你。艳丽的服装、奇特的发型,往往令旅游者产生不信任感。特别在夏季,男领队不能穿短裤,女领队切勿暴露太多、透得太多,举止要庄重。

十四戒背后议论团员。千万不要背后议论团员缺点,你在人家背后讲A先生如何、B小姐如何,C先生听了后会觉得:"领队背后会不会也议论我?"因而会猜疑领队,领队会在团内降低威信。如果某旅游者有欠妥之处,还是应该当面指出为好。

第三节　国内散客旅游服务管理

一、散客旅游业务的特点

(一)批量小

散客旅游多为旅游者本人单独外出或与家属、亲友结伴而行,同团体旅游相比,散客旅游的批量一般比较小。

(二)批次多

散客旅游的批量虽然比较小,但是采用散客旅游方式的旅游者日趋增加,加上许多旅行社大力开展散客旅游业务,更促进了散客旅游的发展,所以散客的总人数在迅速增加。散客市场规模的日益扩大及其批量小的特征,使得散客旅游呈现批次多的特点。

(三)预订期短

由于散客旅游决策过程比较短,所以其预订期也就相应地缩短。旅游者往往要求旅行社能够在较短的时间内,为其安排好旅游线路并办妥各种旅行手续。

(四)要求多

旅游者大部分属于商务、公务旅游者,他们的旅行费用多由所在单位全部或部分承担。另外,旅游者在旅游过程中往往会参加很多社会交往活动。因此,他们的旅游消费水平以及对旅游服务的要求都比较高。

(五)变化多

旅游者在旅行前往往会由于某种原因而临时决定取消旅行计划。另外,旅游者在旅

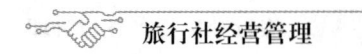

行前一般缺少周密的安排,他们在旅行过程中经常会临时变更旅行计划或者提出各种新的要求。

二、散客旅游服务管理程序

散客旅游又称自助或半自助旅游,它是由旅游者自行安排旅游行程,零星现付各项旅游费用的旅游形式。散客旅游并不意味着全部旅游事务都由旅游者自己办理而完全不依靠旅行社。实际上,不少的散客旅游活动均借助了旅行社的帮助,如出游前的旅游咨询;交通票据和饭店客房的代订;委托旅行社派遣人员的途中接送;参加旅行社组织的菜单式旅游等。

【小知识5-3】

旅游者委托旅行社代订酒店,入住后因硬件设施差而要求退订,旅行社有责任吗?

答:《旅游法》第七十四条第一款:"旅行社接受旅游者的委托,为其代订交通、住宿、餐饮、游览、娱乐等旅游服务,收取代办费用的,应当亲自处理委托事务。因旅行社的过错给旅游者造成损失的,旅行社应当承担赔偿责任。"

所以,若旅行社只是受委托代订酒店,与旅游者成立的即仅为委托代订合同,不成立旅游合同,旅行社只要合理完成代订行为即不需要承担责任。旅游者应当直接找与其成立住宿服务合同的酒店主张权利,旅行社在合理范围内提供协助。

散客旅游与团队旅游,在接待工作和接待程序上有许多相似的地方,但也有不同之处。

(一)接站服务

1. 服务准备

导游人员接受迎接旅游者的任务后,应认真做好迎接旅游者的准备工作,它是接待好旅游者的前提。导游人员要认真阅读接待计划,明确接站的时间、旅游者的姓名及人数和下榻的饭店等。导游人员要准备好迎接旅游者的欢迎标志,随身携带导游证、胸卡、导游旗,检查所需票证。导游人员要与旅行社计调部确认司机姓名并与司机联系,约定出发的时间、地点,了解车型、车号。

2. 迎接接站

导游人员要提前30分钟抵达接站地点,迎接旅游者。如果没有接到应接的旅游者,导游人员应该询问机场或车站工作人员,与司机一起在尽可能的范围内寻找20~30分钟,并与散客下榻饭店联系,查询旅游者是否已自行到饭店。若确实找不到应接的旅游者,导游人员应与计调人员联系并告知情况,进一步核实其抵达的日期和航班(火车、轮船)及是否有变更的情况。当确定迎接无望时,须经计调部同意方可离开接站地点。

3. 沿途导游服务

在从机场(车站、码头)至下榻的饭店途中,导游人员对散客旅游者应像对团队一样进行沿途导游,介绍所在城市的概况,下榻饭店的地理位置和设施,以及沿途景物和有关注意事项等。

4. 入住饭店服务

旅游者抵达饭店后,导游人员应帮助其办理饭店入住手续,记下旅游者的房间号码,并与旅游者确认日程安排。

5. 后续工作

迎接旅游者完毕后,导游人员应及时将同接待计划有出入的信息及旅游者的特殊要求反馈给旅行社。

(二) 导游服务

在游览过程中,散客旅游因无领队、全陪,导游人员更应尽心尽力,多做提醒工作,多提合理建议,努力使旅游者参观游览安全、顺利。

1. 出发前的准备

出发前,导游人员应做好有关的准备工作,如携带游览券、导游小旗、宣传材料、游览图册、导游证、胸卡、名片等,并与司机联系集合的时间、地点,督促司机做好有关的准备工作。导游人员应提前15分钟抵达集合地点,引导旅游者上车。

2. 沿途导游服务

旅游者的沿途导游服务与旅游团队大同小异。如果导游人员接待的是临时组合起来的小包价旅游团,初次与旅游者见面时,应代表旅行社、司机向旅游者致欢迎词。导游人员除做好沿途导游之外,应特别向旅游者强调在游览景点中注意安全。

3. 现场导游讲解

抵达游览景点后,导游人员应对景点的历史背景、特色等进行讲解,引导旅游者参观。游览结束后,导游人员要负责将旅游者分别送回各自下榻的饭店。

4. 其他服务

由于散客旅游者自由活动时间较多,导游人员应当好他们的参谋和顾问。例如,可介绍或协助安排晚间娱乐活动,把可观赏的文艺演出、体育比赛、宾馆饭店的活动告诉旅游者,请其自由选择。但应引导他们去健康的娱乐场所。

5. 后续工作

接待任务完成后,导游人员应及时将接待中的有关情况反馈给旅行社,认真填写零散旅游者登记表。

(三) 送站服务

在结束本地参观游览活动后,为了使旅游者顺利、安全地离站,导游人员应该做好以下几个方面的工作。

1. 服务准备

导游人员接受送站计划后,首先应详细阅读送站计划,明确所送旅游者的姓名和人数、离开本地的日期、所乘航班(火车、轮船)以及下榻的饭店;有无航班(火车、轮船)与人数的变更;是否与其他旅游者合乘一辆车去机场(车站、码头)。同时,导游人员必须在送站前24小时与旅游者确认送站时间和地点,同旅行社确认与司机会合的时间、地点及车型、车号。如旅游者乘国内航班离站,导游人员应掌握好时间,使旅游者提前90分钟到达机场;如旅游者乘国际航班离站,必须使旅游者提前2小时到达机场;如旅游者乘火车、轮船离站,应使旅游者提前40分钟到达车站。

2. 饭店接送旅游者

按照与旅游者约定的时间,导游人员必须提前20分钟到达旅游者下榻的饭店,协助旅游者办理离店手续,交还房间钥匙,付清账款,清点行李,提醒旅游者带齐随身物品,然后照顾旅游者上车离店。若导游人员到达旅游者下榻的饭店后,未找到要送站的旅游者,应到饭店前台了解旅游者是否已离店,并与司机共同寻找,若超过约定的时间20分钟,仍未找到,应向旅行社报告,请计调人员协助查询,并随时保持联系,当确认实在无法找到旅游者,经计调人员或有关负责人同意后,方可停止寻找,离开饭店。

3. 送站工作

在送旅游者到机场(车站、码头)途中,导游人员应向旅游者征询在本地停留期间或游览过程中的感受、意见和建议,并代表旅行社向旅游者表示感谢。旅游者到达机场(车站、码头)后,导游人员应提醒和帮助旅游者带好行李和物品。

旅游者若乘国际航班离站,导游人员应将其送至隔离区入口处,同其道别。旅游者若乘国内航班离站,导游人员要待飞机起飞后方可离开机场。若送旅游者去火车站时,导游人员要安排旅游者从规定的候车室上车入座,协助旅游者安顿好行李,火车驶离站台后,方可离开。

4. 结束工作

在完成接待任务后,导游人员应及时结清所有账目,并将有关情况反馈给旅行社。

三、散客旅游服务的要求

散客旅游者对旅行社提供接待服务的要求不同于团体旅游者,他们对于服务的效率和质量更为注重。概括起来,散客旅游者对导游服务的要求主要表现在以下四个方面。

(一)接待服务效率高

散客旅游由于旅游者自主意识强,往往要求导游人员有较强的时间观念,能够在较短的时间内为其提供快速高效的服务。在接站、送站时,旅游者不仅要求导游人员要准时抵达接、送现场,而且也急于了解行程的距离和所需的时间,希望能够尽快抵达目的地,所以要求导游人员能迅速办理好各种有关手续。

(二)导游服务质量高

散客旅游者的文化层次比较高,而且旅游经验一般比较丰富,他们对旅行社产品的深层内涵十分重视。因此,旅行社应该多向他们提供那些具有丰富文化内涵和浓郁的地方与民族特色的产品,增加产品的参与性,以满足他们追求个性化和多样化的消费心理。导游人员在对旅游者进行服务时,要有充分的思想准备和知识准备,以便为旅游者提供高质量的导游服务。

(三)独立工作能力强

散客旅游没有领队和全陪,导游服务的各项工作均由导游人员一人承担,出现问题时,无论是哪方面的原因,导游人员都需要独自处理。所以,散客旅游服务要求导游人员的独立工作能力强,能够独自处理导游活动中发生的一切问题。

(四)语言运用能力强

散客旅游者的情况比较复杂,他们中有不同国家或地区的、不同文化层次的、不同信仰的。导游人员进行讲解时,语言运用上需综合考虑各种情况,使所有的旅游者均能从中受益,一视同仁。

案例 5-10

工作欠细致 导游遭投诉

一次,某旅行社欧美部的英语导游小陈作为地陪,负责接待一个由散客组成的旅游团。旅游团共13人,其中8人说英语,5人说普通话。在旅游车上,小陈用两种语言交替为游客讲解。到了一游览点时,小陈考虑团员中讲英语的较多,便先用英语进行了讲解,没想到他讲解完毕想用中文再次讲解时,讲中文的游客已全都走开了,因而他就没用中文再做讲解。事后,小陈所在旅行社接到了那几位讲中文游客的投诉,他们认为地陪小陈崇洋媚外,对待游客不平等。

资料来源:《导游服务流程》案例分析.

第四节 旅行社行李服务

旅行社行李服务主要是指旅行社团队旅游的行李服务。因为团队旅游者在外出旅行时往往携带较多的行李,因此,行李的托运和运输成为旅行社团队旅游接待的一项重要业务。

一、行李托运

行李托运是指在旅游团乘坐飞机、火车、轮船等长途交通工具进行城市间的旅行时,由旅行社代其办理行李托运手续的业务。旅行社一般在其计调部门或接待部门设立行李员岗位,专门负责这项业务。在我国,绝大多数旅游团的行李是通过民航部门或铁路部门进行托运的。

(一)民航部门行李托运

旅游团在境内和境外旅行时经常选择飞机作为交通工具,其行李也同时交给有关的民航部门承运。旅行社的行李员应根据民航部门的有关规定,及时为旅游团办理行李托运手续。

(二)铁路部门行李托运

旅游团乘坐火车进行城市间的旅行时,一般将行李随身带上所乘坐的车厢,按照铁路部门的规定整齐地放在车厢内的行李架上。有时候,由于所带的行李过多或过重,旅行社行李员应提供代办行李托运手续的服务,由铁路部门按照规定将旅游团交运的行李放到其所乘列车的行李车上,随旅游团一同运往目的地。办理列车行李托运手续时,旅行社行李员应将旅游团交运的行李提前运到火车站,并持旅游团的火车票到行李托运处办理行李托运手续。

二、行李交接

交接行李,是旅行社行李员同旅游团的领队、全程导游员和地方导游员之间,在运送和清点旅游团行李方面的一项重要工作。旅游团行李交接的程序分为接受行李和运送行李两部分。

(一)接受行李

接受行李是指旅行社行李员按照旅游活动日程的安排,准时到达旅游团即将抵达的飞机场(火车站、码头),主动与接待该旅游团的导游人员进行联系,准备接受行李。

1. 接受入境旅游团行李

旅行社行李员在接受乘坐国际航班入境的旅游团的行李时,应等旅游者将行李领出集中后,与领队、全程导游员和地方导游员一起清点行李件数。地方导游员在行李卡上签字后,由行李员将行李装上行李车,及时送到旅游团下榻的饭店。

2. 接受国内航班旅游团行李

在接受乘坐国内航班抵达的旅游团的行李时,行李员应主动向陪同该旅游团的领队或全程导游员索要行李卡,并持行李卡向机场行李处领取行李。领出行李后,行李员应对照行李卡认真清点行李。清点无误后,行李员应将行李全部装上行李车,并及时送到旅游团下榻的饭店。

旅行社行李员在将旅游团行李送到饭店后,必须与饭店的行李员办理行李清点和交接手续。

案例 5-11
导游对工作认真负责

某外国团队入境的第一站是成都,入住酒店后的第二天,大件行李寄存在该酒店行李部,然后团队前往乐山、峨眉山。当团队返回时,部分团员发现行李箱的锁有被动过的痕迹,并且还发现有少量财物、现金丢失。导游随即和酒店主管联系,酒店答应认真处理,并随时和团队联系。于是,导游留下自己的电话号码和行程安排以及出境时间,并在行程中不时询问,终于在团队出境前得到解决。原来是一行李员值夜班时,约同学来聊天,其同学动了几件行李箱。最后,酒店对这件事做了处理,客人也觉得非常满意。

分析:在案例中,导游在发现游客物品丢失后,积极帮助查找,对工作认真负责。在带团过程中,任何物品丢失,不管是由于本人的不慎还是接待服务方面的疏忽,导游都有责任帮助联系、查找。如果找不到丢失物品,则要协助失主开具证明,并提供热情的服务,以缓解其不快情绪。

资料来源:《导游细微服务》(孔永生).

(二)运送行李

旅游团离开本地前往外地或境外旅行时,负责接待的旅行社应提供运送行李的服务。具体包括以下程序:

(1)旅行社行李员到接待部或计调部领取工作任务单;

(2)行李员按照任务单上规定的时间准时乘行李车到达旅游团下榻的饭店;

(3)同饭店的行李员或总服务台有关人员办理行李交接手续,并在行李清点无误后,在行李卡上签名;

(4)将行李全部装上行李车,运往飞机场(火车站、码头);

(5)如果运送乘坐国内航班旅行的旅游团的行李,行李员应在飞机预定起飞时间前一个半小时将行李运到飞机场,办理行李托运手续;

(6)如果运送乘坐国际航班旅行的旅游团的行李,行李员应在飞机预定起飞时间前两个小时将行李运到飞机场,并协助旅游者办理行李拴牌和过磅事宜。

三、行李差错的处理

旅行社行李员应协助接待旅游团的导游人员,妥善处理旅游接待过程中发生的行李差错。这是提高旅行社接待工作质量的一个重要方面,同时也是行李员义不容辞的责任。处理行李差错主要包括行李丢失的处理、行李漏接或错送的处理、行李破损的处理等。

(一)行李丢失的处理

行李丢失是指旅游团托运的行李在运输途中或交接过程中出现的丢失现象。造成行李丢失的原因主要是:

(1)承运旅游团行李的航空公司、铁路、公路、水运等部门未能将行李及时运到目的地或在途中将行李丢失;

(2)旅行社行李员在运送行李时将行李丢失;

(3)饭店行李员在把行李送往旅游者下榻的房间途中将行李丢失。

在上述三种情况中,第二种情况属于旅行社方面的责任。如果无法将丢失的行李找回,则应由旅行社负责赔偿旅游者的损失。第二种和第三种情况极少发生。较为常见的是第一种情况。无论旅游者行李丢失的原因如何,旅行社行李员都应该积极主动协助旅行社的接待人员和有关部门进行查找。

案例 5-12

游客取到了那件行李

地陪在火车站接到客人后,马上和全陪核对了人数,这时地陪的手机响了,他就让司机和全陪一起帮助客人把行李放在旅游车的行李厢中,上车后再次清点人数无误后,地陪示意司机师傅开车并开始致欢迎词。当车到酒店并分配完房间后,一对夫妇发现少了一件行李,地陪一面安慰客人,一面赶紧帮助联系寻找,原来这对夫妇各自以为对方拿着那件行李,结果,把行李丢在火车上了。地陪赶紧与火车站联系,幸好这一站是终点站,乘务员发现丢失的行李后,移交给了车站的失物招领处,历经几个小时,游客取到了那件行李。

分析:在案例中,游客由于疏忽,把行李丢在了火车上,但是地陪也有一定的责任。地陪在接到客人后,应告知并协助旅游者将行李放在指定的安全位置,提醒客人核实是否拿齐东西,并与全陪核对行李数、有无损坏后,移交给行李员,并做好移交手续。如发生行李未到或破损、丢失,地陪应协助当事人到有关部门办理行李丢失或赔偿手续。

资料来源:《导游细微服务》(孔永生).

(二)行李漏接或错送的处理

造成旅游团行李漏接或错送的原因主要有以下三点:
(1)旅行社行李员因工作疏忽,未能按时接送行李或未按有关规定进行行李交接;
(2)航班、车次等发生变化;
(3)行李车发生意外事故。

行李漏接或错送会给旅游者的旅游活动造成不便。因此,无论事故是由哪一种原因造成的,旅行社行李员都应该积极设法找回行李,并向旅游者致歉以取得旅游者的谅解。

(三)行李破损的处理

旅行社行李员在交接行李或运送行李时如果发现破损的行李,应立即设法予以解决。如果由于交通部门或饭店方面在托运或搬运行李的过程中造成行李破损,旅行社行李员应协助旅游者和导游人员及时同这些部门交涉,要求予以修理或赔偿。如果由于旅行社方面在运送行李时不慎造成行李破损,则应向旅游者道歉并负责修理或赔偿。

【小知识5-4】 领取行李时,发现行李丢失或损坏怎么办?

1.及时查询。发现短缺行李,不论是否丢失,应当首先向航空公司查询,看看是否遗留在机舱内。

2.填写表格。如果真是丢失了,到机场拿一份民航迟到行李报告表进行填写。

3.购日用品。由于行李未到,责任在航空公司,所以客人可以在当地购一些日用品,如盥洗用品、简单衣裤。购买时一定索要收据,届时,当地机场可以给报销。

4.该送何地。如果离开当地时行李尚未找到,一定要通知机场下一目的地为何处,以便找到后,再送下一站。

5.回国索赔。如果一路上都没找到,回国后可向航空公司进行索赔,务必将遗失物品一一列清,同时将物品价值一一列表说明。

6.致函总部。如果回国后,所在地没有所乘飞机的航空公司代理公司,可以致函该公司总部,通过信件往来,同样可获得赔偿。

7.受损索赔。如果行李没有丢失,而是领到行李时发现行李有所损坏,一定要当场处理此事。领队可以领着客人到失物招领处办理索赔手续,一般机场都会给予适当赔偿的。但要注意,一定要在机场当场办理。

本章小结

旅行社接待实务与管理包括旅行社地接管理、出境团队旅游服务管理、国内散客旅游服务管理、旅行社行李服务等内容。

全陪旅游服务程序是指全陪自接受了旅行社下达的旅游团（者）接待任务起至送走旅游团（者）整个过程的工作程序。地接导游服务程序是指地陪自接受了旅行社下达的旅游团接待任务起至送走旅游团整个过程的工作流程。领队的出境旅游服务程序是指领队从受组团社委派、接受团队旅游接待任务起，到旅游团旅游结束回到出发地，并做好善后工作的全过程。

散客旅游又称自助或半自助旅游，它是由旅游者自行安排旅游行程，零星现付各项旅游费用的旅游形式。散客导游服务具有服务项目少、服务周期短、服务相对复杂、旅游者自由度高的特点。散客旅游与团队旅游，在接待工作和接待程序上既有相似的地方，也有不同之处。

旅行社的行李服务主要是针对旅行社团队旅游而言，是旅行社团队旅游服务接待的一项重要业务。

阅读资料 5-1

舒小华：散客时代导游如何应对客户个性化和碎片化需求？

在中国有约80万人的职业导游队伍，正是他们支撑起了中国旅游高质量的发展，导游作为特殊的职业群体，在2020年突发的疫情中不仅背负着巨大的生活生存压力，更重要的是背负着中国旅游业复苏的希望，他们对旅游业最有发言权，为此，2020年3月，国家旅业举办了"导游有话说"线上交流会。来自九江方诚国际旅行社有限公司导游计调部经理兼产品策划的中文高级导游舒小华，在本次交流会上进行了精彩发言，概要如下：

一、散客时代的兴起和发展

今天跟大家讨论的话题是应对散客化时代：个性化需求VS碎片化定制。说到这个话题可能大家都清楚。其实在2005年开始，80后这一代参加工作后慢慢稳定，我们旅游业就已经开始发生了变化。大家回过头去看看途牛、携程、同程、驴妈妈等网络旅游平台也是在这15年内迅速地增长，甚至有些网络平台已经超越了我们线下的旅行社经营业务，并且还会不断地拉大。这次疫情大家就知道网络平台、电商的优势了。2015年随着90后的加入，更让我们很多线下旅行社及导游面临更大的挑战，为什么呢？

80后90后都是改革开放以来的独生子女第一二代，他们基本没有吃过苦，接受新思想、新事物很快，再加上接受了良好的教育，思想更加的前卫。而传统的旅游跟团游已经满足不了他们的旅游目的和旅游体验，所以不得已选择了自驾、自由行甚至穷游的新的旅游方式。而70后呢，受到80后、90后的影响也在逐步转向自由化更高的自由行、小包团之中。50后60后也在80后90后的规划下跟着80后90后出去玩了，现今社会孩子带着自己父母一起自由行的越来越多。所以我相信在未来会更多，这就是我们旅游业常说的"散客时代"。

二、旅行社和景区的变化

为什么散客越来越多？刚刚我也提到了，其实就是他们个性化的需求，需要我们根据他们出游的个性化需求设计个性化产品和服务。作为旅行社需要把原来的吃住行游购娱打散重装，也就是碎片化定制。而对于导游，我们需要更加努力地去学习、了解客人的个性化需求，提供给客人不一样的服务，也就是碎片化服务。如今的景区大家都知道，增加了很多个性化的设施的同时也在开发出新、奇、特的旅游设施配套服务，目的也是满足日益增长的个性化旅游的需求。国内旅游景区发展的大方向或将为个性定制化服务与体验模式。

三、我们该如何做？

而面对散客时代的来临，网络首当其冲成为他们的选择，一部手机走遍天下的时代已经到来。传统的旅行社和导游面临着客源减少，生存压力陡增的困境，难道我们真的认输、投降吗？目前旅行社、导游仍然在生存在发展，为什么？因为我们也在寻求变化，也在适应新的市场和新的旅游环境。

（一）给客人充分的自由

散客时代，客人需要的就是自由，那么我们就还他们旅游的自由权。您需要什么我提供什么？需要住我给您提供不同的住宿供您选择；需要吃我提供当地最具特色的餐厅、饭店和小吃；需要玩我给您提供各地的景区景点；需要车我给您提供不同车型的有保证的车辆；需要票给您提供订票业务；需要购给您提供当地最重要的旅游特色产品；需要娱给您提供当地特色的娱乐项目；需要导游给您提供您所需要的导游……总之您说了算。

（二）创新的旅游产品

根据当地不同的旅游资源设计不同的旅游产品。其实也简单，我们想想客人出来玩其实有很简单的几点原因：

1. 去外地吃，我要品尝当地的各种美食；
2. 去外地找个地方放松休息几天，什么都不要做，天天早上自然醒然后喝点茶，几个朋友或家人打打牌，钓钓鱼，放松休闲，看什么不重要，关键是休息；
3. 去外地看风景，要品味当地的网红或著名的景区；
4. 去外地出差随便玩一下，时间就那么多，看当地精华的景区；
5. 约了几个朋友去外地谈点事，不一定要玩，但是一定要有层次韵味的景区景点，优雅的环境，这样可以静下心来谈事；
6. 带着孩子出去，让孩子能学到一些东西；
7. 带着爸妈出来，不能太累，完成爸妈对一个地方的期待和向往；
8. 本次外出就是奔着避暑、赏雪、摄影、采风画画等主题而去，等等。

如此个性化的旅行需求更加广泛。那么就需要我们提供这种个性化的旅游需求的产品和碎片化的定制。只有有了个性化旅游的产品才能引导和激发他们的旅行兴趣，打动他们的内心,去接受你的产品和服务。

(三)让自己更专业化

提供游客需求的好产品,导游还必须要有专业化的服务理念。要了解本地的各种特色的旅游资源,哪些旅游资源是能匹配给客人个性化的需求的,能够如数家珍,因需而供。同时要培养导游的专业性和多能性:你是导游,你也可以是研学导师、摄影指导老师、美食推荐师,等等。所以面对散客时代,我们要让自己不仅在产品上提供个性化需要和碎片化定制,还要在细节上更专业,更多能,我们就能走在时代的前沿。谢谢大家!

思考与练习

一、识记题

1. 什么是地陪?
2. 什么是全陪?
3. 什么是海外领队?
4. 什么是旅行社接待?
5. 什么是团队旅游?
6. 什么是散客旅游?

二、简答题

1. 地陪阅读接待计划,应该熟悉哪些情况?
2. 地陪如何在机场认找旅游团?
3. 地陪应从哪几个方面做好旅游者的入店服务工作?
4. 地陪如何带领旅游团用好第一餐?
5. 地培应如何做好旅游团队的购物工作?
6. 在接站服务中,旅游团队抵达前,地陪应做好哪些工作?
7. 旅游者退房时,地陪应协助饭店和旅游者做哪些工作?
8. 接团前,全陪应做好哪些必要的物质准备工作?
9. 散客旅游服务的要求是什么?
10. 散客旅游服务有哪些特点?
11. 在接散客时,导游人员如果没有接到旅游者怎么办?
12. 核对商定日程,当领队(或全陪)手中的旅行计划与地陪的接待计划有部分出入时,如何处理?

三、操作性练习

1. 选择一个旅游目的地,编写一段全陪导游欢迎辞。
2. 选择一个旅游目的地,编写一段地陪导游欢送辞。
3. 按照表5-1的要求,运用所学知识,组织学生开展一次校园模拟导游实践活动。

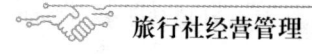

表 5-1　　　　　　　　　　　模拟导游实践活动安排表

实训项目	校园模拟导游
实训要求	1.能够按照导游服务的基本规程独立完成导游服务 2.逐渐熟练掌握各接待环节的相互衔接
实训时间	2学时
实训材料	1.校内交通车 2.旅游团的行李道具 3.导游人员所需的物质材料
实训内容与步骤	一、实训准备 1.学生分组,各小组内同学分别作为旅游者,导游人员,旅行社、饭店、餐馆、景点工作人员等。也可邀请校内其他院系的同学作为旅游者 2.充分利用所在学校旅游管理专业实训基地的条件,如将客房、餐厅、酒吧等设施作为单项服务的提供部门,以校内各院系、校史展览或标志建筑物为景点 3.安排好校内交通工具 4.开放教室设为旅行社场景,作为实训工作的中心 二、实训开始 1.导游人员做好准备工作 2.迎接工作(可从学校门口开始) 3.入住饭店服务 4.商定活动日程 5.参观游览服务 6.送客服务 7.工作总结 实训期间教师可让承担旅游者角色的学生提出各类问题让导游人员处理,考核其应变能力 三、实训结束
备注	本实训可结合各校对外接待工作进行

第六章 旅行社人力资源管理

学习目标

旅行社人力资源管理是企业发展动力的源泉,是旅行社可持续发展的根本保障。对于一家旅行社来说,人力资源往往构成其主要资源。因此,拥有大量具有一定旅游专业知识和业务能力的人才,是旅行社培育其核心竞争力的必要条件。有的旅行社也凭借其所拥有的人才资源而兴盛,有的旅行社因为失去了关键性的人才而一蹶不振。

通过本章学习,了解旅行社人力资源管理的概念、职能、主要内容、特征和旅行社企业文化;掌握旅行社人力资源管理的过程;重点掌握旅行社对经理人员、导游人员和计调人员的管理。

重要概念

人力资源;企业文化;绩效考评;培训;平衡计分卡

导入案例

2018 中国旅游人才峰会:以培养人才为引领助力旅游大发展

旅游需要策划,需要管理,需要服务,这都离不开高素质的人才,人才已成为旅游业发展的关键性因素。2018 年 9 月 8 日中国旅游人才峰会在乐山市举行。旅游行业的专家学者围绕强化旅游人才培养、做好旅游人才储备等方面展开了深入的交流和讨论。

国家人力资源和社会保障部原副部长、中国人才研究会会长何宪在致辞中强调,必须努力构建更加开放的人才工作体制机制,统筹开发各方面的人才,调动用人单位引进人才、培养人才和服务人才的积极性,使旅游人才发展实现系统化、政策化、项目化。要努力做到以需求为导向,扩大旅游人才培养规模;以质量为核心,提高旅游人才能力素质培养;以急需紧缺为靶向,优化旅游人才结构;以强基层为重点,改善旅游人才队伍结构等方面工作,努力形成政府、院校、协会、社会培训机构、企业五位一体的人才培养阵地,充分营造旅游人才发展良好环境,用心、用情为旅游专家和旅游人才提供服务,构建新时代旅游人才新格局。

资料来源:四川新闻网,中国旅游人才峰会:以培养人才为引领助力旅游大发展(李薪,黄凯)(整理).

第一节　旅行社人力资源管理概述

与其他物质资源相比较,人力资源是最活跃、最具能动作用、最重要的资源。旅行社是人才智力密集型企业,市场经济条件下的企业竞争,说到底是人才竞争。人力资源是旅行社最宝贵的资源,旅行社人力资源开发与管理的水平,直接关系到旅行社的生存与发展。合理地配置与管理人力资源是旅行社人力资源管理的一项重要工作。

一、旅行社人力资源管理的概念

(一)人力资源

所谓人力资源是能够推动整个经济和社会发展的具有智力劳动和体力劳动能力的人们的总称。它包括数量和质量两个指标。

人力资源主要强调人具有劳动能力。从全部人口中剔除已经丧失劳动能力的人口后,剩余的人口都属于人力资源。人力资源中素质层次较高的那一部分人又叫人才资源。

(二)旅行社人力资源管理

旅行社人力资源管理就是指旅行社运用现代化的科学方法,对人力进行有效的管理、合理的使用,充分调动人的积极性、主动性和创造性,使有限的人力资源发挥出尽可能大的作用,以达到实现组织目标的目的。

二、旅行社人力资源管理的职能与主要内容

(一)人力资源计划的制订

制订人力资源计划就是对旅行社整体人力资源组织目标进行分析后,给出数量上、种类上、质量上的明确需求规划,制定人力资源招聘、调配、培训、开发以及发展的政策和措施。

(二)人力资源的获取与配置

人力资源的获取与配置就是对组织获取的人力资源,根据其数据、素质、经验、知识进行选拔,并使之成为组织一员的过程。

(三)人力资源的使用与发展

人力资源的使用与发展就是将人力资源投入使用,并使员工本身不断成长,同时获得满足感的一系列措施、政策和方法,这是人力资源运行各环节最为重要的方面。

(四)人力资源保护与维护

人力资源保护与维护主要包括奖酬、福利、健康与安全、劳动关系与员工权益保障。

案例 6-1

国家旅游局"万名旅游英才计划"实施方案

为贯彻《国家中长期人才发展规划纲要(2010—2020)》《国家中长期教育改革和发展规划纲要(2010—2020)》《国务院关于加快发展现代职业教育的决定》有关精神,落实《国务院关于促进旅游业改革发展的若干意见》和"515"战略要求,加强旅游专业人才培养、储备,为旅游业改革发展吸引、汇聚更多优秀人才,国家旅游局决定实施"万名旅游英才计划",面向重点院校和旅游企业组织开展示范性旅游人才项目,吸引、激励更多优秀人才立志旅游工作,攻读旅游专业,扎根旅游行业,奉献旅游事业。

全面贯彻党的十八大、十八届三中、四中全会精神和习近平总书记关于人才工作的重要指示,以邓小平理论、"三个代表"重要思想、科学发展观为指导,实施"科教兴旅,人才强旅"战略,进一步完善旅游人才开发机制,大力优化旅游人才求学成才、干事创业生态环境,增强中国旅游业人才核心竞争力。

"万名旅游英才计划"项目设立"研究型英才培养项目""创新创业型英才培养项目""实践服务型英才培养项目"" '双师型'教师培养项目""旅游企业拔尖骨干管理人才培养项目""技术技能大师工作室项目"等。

资料来源:中华人民共和国文化和旅游部网站,国家旅游局办公室关于组织实施2018年度万名旅游英才计划的通知(整理).

三、旅行社人力资源管理的特征

从旅行社本身的工作性质和工作内容出发,可以发现旅行社人力资源管理工作的特点集中体现为分散性、独立性、经济性、专业性和协调性。

(一)分散性

旅行社是以从事接待的导游人员为基本工作人员,他们每天工作流动性大,工作内容变化大,带一个团的时间不等,上、下班时间不规律。因此,旅行社控制和管理他们较难,这也就要求旅行社的人力资源管理部门要将管理工作分散做,以适应企业的特点。

(二)独立性

导游人员往往独立带团,独立思考,独立开展工作,作为人事管理部门如何了解他们的表现,怎么评价他们的工作业绩,如何充分发挥他们的才干,是旅行社人力资源管理部门面临的一个难题。

(三)经济性

旅行社工作人员独当一面,又远离组织,与金钱以及社会上的人打交道。为了使旅行社员工自觉抵制各种反面诱惑,就必须制定出严格的规章制度,并进一步在检查、督促上下功夫。

(四)专业性

人事培训工作的专业性很强,人力资源管理部门工作人员不多,但每个人都要掌握自己所管理的工作的专业知识和专业技能,如工作分析、劳动工资、人事调配等工作都需要有相当的专业性,不经训练,不能掌握。

(五)协调性

人事管理单靠人事部门本身是不够的,在人员安排、使用上,各部门应以旅行社大局为重,协调关系,使每个人都充分发挥自己的才能。

第二节 旅行社人力资源管理的过程

一、制订计划

旅行社人力资源管理部门要根据企业的经营目标确定现在及未来对员工数量与质量的需求情况,并据此制订详尽的计划。管理人员提出的员工数量与质量的需求情况来源于对每个职务进行的工作分析,确定该职务的工作目的、职责、工作性质与内容、工作的环境,胜任工作所具备的学历、经验、技能等要求。工作分析是旅行社企业人力资源管理中最基本的工作,可以使旅行社企业人力资源配置更合理,减少人员浪费。

二、员工招聘

旅行社属于劳动密集型行业,人员的流动性也比较大。招聘的最终目的是把优秀、合适的员工招进企业,并安置在合适的岗位。

(一)旅行社员工招聘的意义

1. 员工招聘工作关系到旅行社的生存与发展

旅行社没有员工就无法运转,企业初创阶段要对所有岗位进行招聘。通常情况下,旅行社招聘工作就是要对组织中的空缺加以补充或是在旅行社要扩大规模时壮大员工队伍。要造就一支优秀的员工队伍,就必须严格把好员工招收、聘用关。

2. 招聘是确保旅行社员工队伍良好素质的基础

旅行社属于特许行业,也是专业性很高的行业。旅行社内有多种专业人员,如经理人、领队、导游人员、会计、计调人员等,都需要有一定的学历和资历,需要持有证照才能执业。因此,旅行社员工招聘是为确保企业获得高质量人才而进行的一项重要工作。

3. 员工招聘是旅行社补充新员工的重要途径

旅行社是人员流动性比较大的行业,为了满足企业经营的需要,根据工作分析的结果,人员的补充、人员流动增补,都需要进行招收与录用工作,人员及时与合理的补充是旅行社顺利经营的重要保证。

(二)旅行社员工招聘的原则

旅行社员工的招聘,应坚持"公开招聘、自愿报名、全面考核、择优录用"的总原则。具体招聘工作中必须遵循以下原则。

1. 公平公正原则

人员招聘必须遵循国家的法律、法规和政策,面向全社会公开招聘条件;必须对应聘者进行全面考核,公开考核结果;应该根据考核结果择优录用。这种公平公正的原则是保证企业招聘到高素质人员和实现招聘活动高效率的基础,是招聘的一项基本原则。

2. 择优录用原则

在招聘中坚持平等就业、相互选择、公平竞争,这是现代企业制度中人力资源配置区别于传统企业制中人员配置的重要标志。在招聘过程中,旅行社应运用多样化的招聘,发现应聘者的潜能,严格把关,挑选人才,不仅考察应聘者的专业知识和专业技能,更应重视应聘者的择业价值取向,选聘积极向上、有敬业乐业精神的人员。

3. 效率优先原则

效率优先是市场经济条件下一切经济活动的内在准则。效率高的一方能在激烈的市场竞争中赢得主动权,人员招聘工作也不例外。效率优先原则就是指力争用尽可能少的招聘费用,录取到高素质、适合旅行社需要的人员。因为企业无论采用何种招聘方法,都要支出广告、招聘测试、体检等费用。

4. 全面原则、能级原则

全面原则是指对报考人员从品德、知识、能力、智力、心理、过去工作的经验和业绩进行全面考试、考核和考察。能级原则是指不一定要最优秀的,而应量才录用,做到人尽其才、用其所长、职得其人,这样才能持久、高效地发挥人力资源的作用。

(三)招聘决策

1. 招聘时机的决策

旅行社招收员工的时机是否恰当,直接关系到员工的质量。

(1)社会上劳动力资源的状况。一般来说,社会上劳动力资源越丰富,旅行社择员范围就越大,招收员工的质量也越高。如每年大中专院校学生毕业前后,各部门发放证卡时间前后。

(2)旅行社业务经营的需要。旅行社招收员工的目的在于保证企业经营活动的顺利进行,所以员工招收时机应依据企业经营情况而定。既要使招收的员工有足够的培训时间,又要尽量减少不必要的支出。

2. 招聘程序的决策

就是确定招聘工作的先后顺序,一般要经历准备筹划、宣传报名、考核录用三个阶段。

(1)准备筹划。这是招收工作的起点,根据旅行社业务需要确定招聘计划,确定招工区域、范围、条件,拟定招聘简章。

(2)宣传报名。主要抓两个环节,一是对外宣传,二是受理报名。

(3)考核录用。这是招聘的关键,主要包括全面考核和择优录用两项工作。

全面考核分为四个层次。第一个层次是报名时的初试,通过简单问话、目测、验证考核,淘汰不符合这些条件的人;第二个层次是笔试,主要测试求职者的文化水平、外语水平、思维能力、文字表达能力等;第三个层次是面试,通过面试观察求职者的表情、状态、思维、个性、动机和各种能力;第四个层次是体检和政审。择优录用就是依据上述的考核和测验结果,进行综合评价,确定录用者名单,并初步拟定工作分配去向。

3. 招聘技术的决策

旅行社招聘技术主要有三种,一是笔试,二是面试,三是实践考试。企业应根据不同的招收对象,确定不同的考核方法,一般来说,面试是最基本的方式,实践考试在导游、计调等人员的收录中占据重要地位,管理人员的招收可把笔试作为一种辅助方式。

三、人员培训

人员培训是旅行社人力资源管理的一项长期的重要内容,也是旅行社能否留住人才的关键因素之一。作为智力密集型的旅行社行业,其经营成败的关键在于其专业服务人员的素质。旅行社所提供服务的特点,要求旅行社专业服务人员一专多能。这一切都需要旅行社注重员工培训,为专业服务人员个人能力的培养创造条件,做好人力资本积累工作。

阅读资料 6-1

马蜂窝联合国家旅业网推出"中国导游伙伴计划"助力导游队伍线上化转型

导游是促进旅游业发展的重要力量,也是提升旅游服务质量的关键因素。在新冠疫情的冲击之下,全国约80万持证导游人员面临失业的风险。而伴随着5G、大数据等新型基础设施建设步伐的加速,中国消费者"云旅游"的需求日益增长。2020年6月11日,由中国旅游研究院作为指导单位,马蜂窝旅游联合国家旅业网共同发起的"中国导游伙伴计划:从优秀导游到金牌主播"宣布启动。该计划主要通过旅游直播的形式,帮助中国导游积累线上运营经验,通过旅游直播学院"云课堂"提升导游队伍竞争力,助力数字时代新型导游人才的培养。

据了解,目前"中国导游伙伴计划:从优秀导游到金牌主播"主要面向国家认证的"金牌导游"和"全国优秀导游员",符合条件的导游人员可以登录马蜂窝App,进入直播频道,单击下方"摄像机"图标进入直播申请页面,并在申请中标注"中国导游伙伴计划"字样。马蜂窝直播运营团队将在线审核导游相关资质,通过审核的导游主播优先进行试播。在直播内容质量达到平台要求的情况下,马蜂窝计划为入驻平台的全国优秀导游人员和金牌导游提供栏目化运营和流量支持。

在鼓励"金牌导游"和"全国优秀导游员"进行直播实践的同时,马蜂窝大学为导游群体免费开放"旅游直播学院"课程,邀请业界知名专家学者、直播经验丰富的旅游业经营者代表等进行授课,通过"云课堂"为有志于旅游直播的导游员提供系统化的课程,阶梯式地学习旅游直播相关知识。

新冠疫情发生以来,国家旅业网也一直致力于为导游群体发声,帮助导游寻求各方支援,共渡难关。国家旅业网CEO雷蕊表示,疫情之下,各地的精英导游展现出了顽强的生存能力,"我们相信,在全面恢复国内旅游业务后,在大众旅游走向小康旅游的时代,导游的发展空间一定越来越宽广,导游的职业尊严一定越发得到重视。"

"导游群体有着出色的表达能力、服务能力和对旅游资源的理解力,这些都是一个优秀的旅游主播必不可少的素质。"马蜂窝旅游副总裁金鹏在发布会上表示,相信优秀的导游群体同样能够通过直播这样的新形态,为中国游客提供优质的旅游玩乐内容,马蜂窝也希望帮助导游适应用户和市场的"云旅游"需求,和导游伙伴们共同讲好中国文化旅游的新故事。

2020年3月,马蜂窝旅游直播频道上线。广大的中国导游群体拥有专业的旅游知识和旅游资源优势,马蜂窝未来还将与全国优秀导游开展更深度的合作,共同为中国旅游业的"疫后"振兴奉献平台的力量。

(一)培训的内容

1. 职业道德的培训

职业道德的培训是旅行社员工培训的重要内容。职业道德是社会道德在各个特定的职业领域内的具体体现。热情友好、宾客至上,文明礼貌、优质服务,真诚公道、信誉第一,不卑不亢、一视同仁,相互协助、顾全大局,遵纪守法、廉洁奉公,是导游人员的职业道德。旅行社只有通过对员工的培训与教育,使他们具有良好的职业道德,坚定的信念以及习惯化的服务方式,才能从根本上保证旅行社的服务质量。

2. 知识的培训

员工的素质是知识、能力和思想道德等素质的综合反映。知识的培训对素质的提高起着潜移默化的作用。导游服务是一种知识性的服务,旅游者要求导游人员应该是上知天文,下知地理的"杂家"。因此,培训导游人员应从理论知识、专业知识和基础知识等方面入手,依据受训员工岗位需要进行专业知识和相关知识的教育,掌握其深度、广度和难度。对管理人员注重理论深度的培训,进行管理意识、管理知识、政策法规知识等方面的培训,对导游人员重点进行客源国知识、旅游心理学、本地旅游资源、礼节礼貌等的培训。

3. 技能的培训

一个人的知识和能力往往是不成正比的,有的人在某一方面有较高深的知识,但不一定表现出很强的工作能力。而旅行社业是一个实践性很强的行业,如旅行社计调、导游等就是操作性很强的工作。技能对导游人员来说是比知识更为专门的素质。英国伦敦旅游局导游培训班的教学大纲强调指出,对于一个成功的导游人员来说,比知识和性格更为重要的是导游人员技能要高超,处理事情的能力要强,专业工作要精通。

一般旅行社对员工的技能培训主要包括:为旅游者服务的技巧培训、开发市场的技巧培训、处理旅游投诉的技巧培训、应付突发事件的能力和技巧培训、管理人员管理技能的培训等。

(二)培训的种类

1. 岗前培训

岗前培训是针对新员工进行的一种上岗前的系统化的训练。培训内容主要包括介绍企业情况,培养员工具有敬业精神、服务观念,熟悉操作规范、旅游业务知识、导游知识、旅行社各项规章制度等。如对新导游岗前培训的目的,就是通过一段时间的集中培训,使他们掌握带团所必备的服务意识、专业知识和技能,从而能独立带团。

【小知识 6-1】　　旅行社新员工培训的 ABC 三大法则

A——Attitude(态度),B——Behavior(行为),C——Change(转变)。

第一,作为旅行社经理一定要通过自身的成长经历、工作状态等,向新员工传达正确的工作态度,要让他们认识到"销售是一件有趣的事情",在乐观向上的氛围中树立起一种快乐工作的良好心态;第二,要观察新员工的工作表现,尤其是要注意观察他们在待客礼仪、顾客接触以及商品爱护等方面的表现;第三,是在以上两个方面的基础上,店长应通过新员工面谈会、训导员小组会以及个别谈话、现场辅导的方式,对于新员工的改变进行比较总结。旅行社经理对于新员工的进步不应吝惜赞美的言辞,通过"赞美—遗憾—希望"的三明治式训导方法,帮助新员工树立信心,激发他们的工作激情和干劲。

2. 在岗培训

在岗培训就是对已积累一定工作经验的旅行社员工进行的一种继续教育。在旅行社中大量的是在岗培训,针对业务工作中提出的问题做适应性培训,即"缺什么,补什么"。一般企业可以利用工余时间或者旅游淡季进行,有示范、指导、岗位轮换等多种方式。

3. 岗位认证培训

我国对旅行社从业人员实行了持证上岗的认证制度,旅行社经理人员、导游人员、财会人员都必须参加国家统一组织的考试,取得相应的资格证书才能上岗。各地旅游主管部门每年不定期地进行岗位认证的培训。

4. 专题培训

各地旅游主管机构的培训中心、某些旅游培训机构、咨询中心推出旅行社总经理培训班、旅行社部门经理培训班、旅行社计调培训班、导游培训班等,聘请旅游界的专家,就领导艺术、管理技巧、导游知识等专题进行有针对性的培训。培训方式多样,有专题讲座、实地考察等,由于针对性强,效果显著,受到旅行社界的欢迎。

阅读资料 6-2

某旅行社培训课程安排节选

表 6-1　　　　　　　　　新员工培训课程

内容	主讲人	课时
×××旅行社发展战略	×××	4
企业员工心态调整及自我定位	×××	2~3
中国旅行社业网络建设模式分析与发展形势	×××	2
×××旅行社产品研发流程及员工建议制度	×××	4
关于×××地接市场的分析与地接知识	×××	2
关于×××地区组团市场的分析	×××	2
×××旅行社信息化管理平台的应用	×××	4
企业文化建设与自我调控	×××	2
×××旅行社管理制度	×××	4

×××旅行社人力资源部

四、绩效评估

(一)旅行社员工绩效评估及其目的

所谓绩效,一是指员工的工作结果,二是指影响员工工作的行为、表现素质等。而绩效评估是依据一定标准对员工在工作岗位上的行为进行衡量与评价,以形成客观公正的人事决策。

旅行社员工绩效考评的目的包括以下几个方面:

(1)通过绩效考评能充分肯定员工的工作成绩,激发员工的进取心;

(2)通过绩效考评有助于发现员工工作中的失误或不足,利于改进工作;

(3)通过绩效考评有助于旅行社发现人才,培养、重用有潜质的员工到更重要的岗位工作;

(4)通过绩效考评有助于改善员工与管理人员的关系,加深相互了解;

(5)对员工绩效考评也是对部门管理工作的检查,从员工的工作表现中可以看出部门管理工作的状况。

(二)旅行社绩效考评的种类与内容

1. 旅行社绩效考评的种类

(1)职务考评。它是从两方面进行:一是考察员工对所从事的本职工作的熟练程度;二是考察员工的工作能力和适应能力。

(2)奖金考评。通过对员工工作成绩的客观考评,以奖金的形式对员工的超额劳动加以补偿。

(3)提薪考评。通过对被考评员工过去工作成绩和工作能力的评估,以决定未来相应的工资水平。

(4)晋升考评。是对晋升对象全面、综合的考评,考评的资料来源于平时的积累。

2. 旅行社绩效考评的内容

(1)工作质量。即工作的完美程度。

(2)工作数量。就是在特定时间内完成的工作量,可以用货币价值量来表示,也可以用其他单位量来表示。

(3)工作效率。是指员工完成某项工作的时限,即是否在最短的时间内完成预定的目标。

(4)成本有效性。就是充分地利用人力、资金、技术、材料等组织资源以实现收益最大化的程度,以最小的投入获最大的效益。

(5)监督管理需要。是指员工在执行自身任务中,是否需要上级监督和帮助才能完成工作,即独立工作能力的评估。

(6)对他人的影响。就是评估被考评者与其他员工的合作关系和协作精神,其工作、态度对同事的影响。

案例 6-2

南昌××旅行社绩效考评实施方案

为确保完成集团公司的经济指标,充分调动全体员工的工作积极性和创造性,也为我社的发展提供强有力的保证,我社拟试行新的绩效考评制度。把员工的工资收入与个人业绩挂钩,以充分体现"多劳多得、能者多得"的经营理念。通过对员工的绩效考评,并以此作为奖优罚劣的依据,可以鼓励绩效突出的员工,鞭策绩效不良的员工,从而提高工作效率。并为员工调动、晋升、降职、淘汰提供客观公正的依据。形成一股"千斤重担大家挑,人人肩上有指标"的良好风气,鼓励员工创造优秀绩效,使员工愿意在本企业努力工作。

一、允许员工入股

对于自愿入股的员工,报经江西南昌旅游集团有限公司同意后,可出让一定比例的股份给员工,即每股人民币 1000 元,集团公司将按出资额 1∶1 的比例配置相应的责任股,所配责任股仅有分红权,没有所有权,且不得转让。但集团公司配股金额不超过 10 万元,按先后顺序配股,配完为止。

二、个人收入和绩效考评挂钩

凡是应聘到旅行社工作的人员均为旅行社员工,其工资将由两部分组成:基本工资+绩效工资。基本工资因岗位而不同,绩效工资按照所做的业务(以资金到账为准),扣除经营成本和必须缴纳的税款之后,计提其中的 30%,每季结算一次。

1. 应聘员工的个人收入组成:基本工资(由旅行社统一交纳社保金)+绩效工资。
2. 在编员工的个人收入组成:现有的档案基本工资+绩效工资。

资料来源:人人网资料整理。

五、合理激励

目前旅行社业普遍存在"企业寻租""员工跳槽"现象,越来越多的旅行社管理者认识到建立一套有效的激励体系十分必要。合理的激励措施能够充分调动员工的积极性,有利于吸引人才、留住人才。合理的激励方式主要有以下几种。

(一)物质激励

物质激励是最基本的激励方式。它是运用分配的手段,通过分配上量的差异来激发人们的积极性。旅行社物质激励的形式主要有基本收入激励、福利形式激励和其他物质激励。

【小知识 6-2】 小 费

小费是服务行业中顾客感谢服务人员的一种报酬形式。在国外,支付小费是普遍的现象。导游人员小费是大众游客对导游服务工作的一种认可和理解,若能利用好小费这一激励手段,有助于导游职业的良性发展,提高导游职业的社会认可度,能激发导游人员对于工作的热忱,使其用心为游客提供满意的服务。旅行社在与顾客签署合同时,可适当地提醒客人,需要支付导游人员多少小费及为何支付小费。导游人员收取到的小费是游客对其服务的一种尊重,旅游企业不可以与导游人员"分割"小费,否则小费的激励作用将产生反效果。

（二）强化激励

强化是行为控制的重要手段。对某些行为给予肯定或奖赏，使其行为得以巩固加强称为正强化。对某些行为给予否定或惩罚，使其行为减弱或消退称为负强化。强化激励应以正强化为主。

（三）尊重与自我实现激励

这属于精神激励的范畴。尊重是指希望个人的能力得到社会的承认，希望自己的价值能受到别人的尊重、信赖和高度评价。自我实现是指实现个人的理想和抱负，能发挥特长而在事业上取得成功。这种激励方式有以下几种。

1.造就人才激励

旅行社利用各种机会有选择地把员工送出去学习，通过学习和深造，员工能力得到提高，旅行社及时给予相应的待遇、职称。当每个员工受到尊重并达到自我实现的目标后，随之而来的是责任感和义务感的增强。

2.荣誉激励

人总有一种要求社会和组织承认其工作，承认其成绩，获得众人尊敬和赞美，心理需求得到满足的要求，即光荣感和自豪感。正因为如此，旅行社应设立一些荣誉称号，让那些有较大贡献和成就的员工取得这些称号，如优秀员工、先进工作者、劳动模范等，把这些称号作为员工追求的目标。

3.晋升激励

旅行社对于思想品德、业务能力高的员工，给予职务晋升。要求晋升有标准、机会均等，从而使晋升成为人人可追求的目标而起到激励作用。

（四）目标激励

目标激励即制定一个振奋人心、经过努力可以实现的奋斗目标，可以起到鼓舞和激励的作用。旅行社有总目标，部门有局部目标，员工有个人目标，这三个目标尽量保持一致。目标激励的内容有：各部门和旅行社目标要具体化，要使每个员工明白组织目标和个人目标的关系，使目标有激励性；目标要使人们通过努力可以达到，具有可行性；目标有阶段性，以使激励及时，当组织目标达到时，和个人利益相关部分要及时兑现，使激励真正起到作用。

（五）命运共同激励

旅行社的依托是员工，员工的依靠是旅行社。当旅行社和员工双方互为依托，他们就有了共同的命运而共兴衰同荣辱，这就是旅行社和员工的命运共同体。命运共同体的基础是旅行社和员工目标的一致，相互信赖、相互承认、相互感情的融合。命运共同体的激励主要有以下几个方面：

(1)旅行社要经常向员工灌输命运共同体的思想；

(2)实行民主管理，确立员工主人翁地位；

(3)创造一个良好的企业文化,形成良好的社风;
(4)领导带头以身作则;
(5)关心每个员工,帮助他们解决工作中的困难;
(6)关心员工的生活,帮助他们解决生活中遇到的困难;
(7)多开展集体活动,让员工感受集体的温暖;
(8)加强沟通,使旅行社和员工目标一致,感情融洽。

案例 6-3

马蜂窝大学

马蜂窝大学是马蜂窝旅游网旗下的旅游行业培训网站,创建于2016年,主业为旅游行业从业者提供在线学习课程。从2017年至今,马蜂窝大学除了线上课程外,还在多座城市开展了线下集训营,为当地旅行社线上运营人员创造交流学习机会。现有商品运营学院、内容学院、营销学院、设计学院、客满学院、数据学院、目的地学院、自由行学院、当地游学院、定制学院等10个学院。马蜂窝大学现有讲师150余人。2019年推出实战互动项目,2020年推出游学旅课创新课程。

资料来源:马峰窝大学网站.

第三节 旅行社主要岗位的人力资源管理

一、旅行社经理人员的管理

(一)旅行社经理人员的概念

旅行社经理人员是指旅行社的经营管理人员,属于社会上流行的"职业经理人"范围。旅行社经理人员又分为高级职业经理人和职业经理人。

旅行社高级职业经理人是指具有较高理论知识和实践能力,以自己的管理才能为投资者服务,能在企业股东的授权下从事高层次战略管理和企业整体运作的经营管理人员。主要包括旅行社总经理、副总经理,以及旅行社企业的总监级管理人员。

旅行社职业经理人是指具有较高理论知识和实践能力,以自己的管理才能协助高级职业经理人为企业股东资产的保值、增值服务,能够从事旅行社某一部门或某一职能管理工作的经营管理人员。主要包括旅行社部门经理、副经理、经理助理和大型旅行社主管级管理岗位。

(二)对旅行社经理人员的管理

对于高级职业经理人,可以采取市场流行的总经理向董事会负责的办法,为以总经理为首的经营管理层设立完善的考核目标体系,由董事会定期对高级职业经理人进行考核。然后由高级职业经理人对企业的中层管理人员进行考核。

目前,我国旅行社业对于旅行社经理人员的管理和绩效考评,主要体现在企业财务指标和企业年度运营计划上。而对于非财务指标(如服务质量、人力资源建设、新产品研发能力)没有给予充分的重视,造成旅行社经理人员过分注重旅行社短期财务结果,不愿意就企业的长期策略目标进行合理投资。

现在,平衡计分卡考核体系在一些管理现代化的大型旅行社企业应用。平衡计分卡是美国哈佛大学财会学教授罗伯特·卡普兰与复兴方案公司总裁戴维·诺顿,在积累了大量实践经验的基础上,建立的一套革命性管理体系。平衡计分卡包括财务性指标、客户指标、内部运营指标以及学习和成长指标四个层面的考核指标。

1. 财务性指标

财务性指标是一般企业常用于绩效评估的传统指标。财务性指标可显示出旅行社企业战略的实施和执行过程,是否正在为最终经营结果(如利润)的改善而做出贡献。

2. 客户指标

平衡计分卡要求旅行社企业将使命和策略诠释为具体的与客户相关的目标和要点。客户指标衡量的主要内容包括旅游市场份额、同业及团体老客户挽留率、新客户获得率、顾客满意度、从客户处获得的利润率等。

3. 内部营运指标

内部营运绩效考核,应以对客户满意度和实现财务目标影响最大的业务流程为核心。内部营运指标涉及企业的新产品研发、旅游服务过程、售后服务过程等。

4. 学习和成长指标

学习和成长指标,为其他三个方面的宏大目标提供了基础构架,是驱使上述计分卡三个方面获得卓越成果的动力。学习和成长指标涉及员工的能力,信息系统的能力,激励、授权与相互配合。

总之,平衡计分卡的发展过程中特别强调描述策略背后的因果关系,借助客户层面、内部营运层面、学习与成长层面评估指标的完成,而达到最终的财务目标。

阅读资料 6-3
某旅行社对经理人员的考核指标体系

中国旅行社界对于如何管理旅行社经理人做了很多有益的尝试,许多企业根据自己的具体情况,确立了具有企业特色的经理人管理考核目标体系。现介绍一例如下,虽然还不是很完善,但目前,与单纯的财务指标考核比较起来,仍然有了很大的进步,供广大旅行社界从业者参考借鉴。

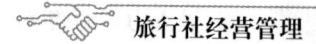

表 6-2　　某旅行社对控股公司及业务部门的考核指标体系

业绩指标	A1	同业批发人数／营业额		
	A2	同业批发毛利总额		
	A3	直客收客人数／营业额		
	A4	直客业务毛利总额		
	A5	地接人数／营业额		
	A6	地接业务毛利总额		
	A7	实现利润总额		
费用指标	B1	人员工资		
	B2	通信费		
	B3	房租及水电		
	B4	差旅费		
	B5	市场营销费		
	B6	公关招待费		
	B7	办公费用		
	B8	其他费用		
	B9	费用总额		
客户指标	C1	客户满意度		
	C2	客户投诉率／解决率		
	C3	有无重大事故		
市场营销指标	D1	广告费用		
	D2	企业客户拜访数量		
	D3	电话拜访数量		
分销网络建设指标	E1	分销商数量		
	E2	VIP 分销商数量		
	E3	地理分布		
旅游专线批发指标	F1	旅游专线数量		
	F2	批发人数／销售额		
	F3	专线毛利总额		
专题旅游产品指标	G1	专题旅游产品数量		
	G2	收客人数／营业额		
	G3	专题旅游毛利总额		
学习与成长指标	H1	员工数量及素质		
	H2	员工能力结构		
	H3	培训科目、时数、人员		
	H4	信息系统应用情况		

二、旅行社导游人员的管理

导游服务质量实质上是导游人员的素质和工作积极性在导游标准化服务中的体现。导游人员是旅行社中与旅游者接触最多的人员，往往代表了企业的形象。高水平的导游服务能带来愉快的旅行,而低质量的导游服务则会影响客源的增长。因此,对导游人员的管理是旅行社人力资源管理的重点和难点。

根据管理主体的不同,导游人员的管理可分为外部管理和内部管理。

(一)外部管理

1. 旅游行政主管机关

旅游行政主管机关对导游人员的管理,主要体现在制定了导游人员管理的有关法规、政策,可以依据法律法规对违法的导游人员进行处罚。

2. 导游服务公司

我国导游职业出现了自由化的趋势,导游服务公司应运而生,专门负责向旅行社提供导游服务。对于未被旅行社聘用的导游人员的管理就落在了导游服务公司的身上。

3. 社会舆论

目前社会舆论监督已经成为对导游人员管理的重要手段,曝光违法导游行为,规范了导游人员的服务,也提高了旅游者的维权意识。

(二)内部管理

1. 旅行社严把招聘关

旅行社招聘优秀导游人员,不能只注重年龄、相貌、身高这些外在标准,还应重视服务意识、服务态度、敬业精神,招聘那些愿意为企业长期服务,愿意通过学习不断提高自己的服务质量的导游人员。

2. 加强培训,注重职业道德教育

导游人员的职业特点决定了他们经常会面临各种诱惑,旅行社应该制订明确的培训计划,提高导游人员的自身素质和服务技巧,采取措施对导游人员服务过程加以监控。

3. 科学考评

旅行社应该建立完善的导游服务质量评定体系,应该将导游人员的笔试、口试成绩与服务实践中旅游者的评价结合起来。

4. 建立合理的激励机制

我国导游人员基本工资很低,甚至一些旅行社根本不给底薪,所以,他们把购物返佣作为可靠的收入来源。目前"高薪养导"的呼声在旅行社界很高,只有给导游人员可靠的薪金待遇,才能保证导游人员的基本利益,然后再按照带团贡献的大小按劳计酬。另外,还要注重情感激励、事业激励。

5. 合同管理

对导游人员实行合同管理,以合同方式保证其依法为旅游者提供导游服务。

三、旅行社计调人员的管理

目前,业内常用的对旅行社计调的管理模式主要有两种。

(一)流程制

流程制是将旅游要素的预订工作分开,订房、订车、订票、安排导游人员,分别由不同的计调人员负责,一般接待量比较大的旅行社多采用这种计调工作模式。流程制强调了专业化,但是容易出现协调上的问题。

(二)个人负责制

个人负责制是一个计调人员从一单业务的确认到各项要素的确认,再到结算收款,一直跟踪到底。中小旅行社往往采用这种计调工作模式。个人负责制便于考核,但是不能保证较高的工作效率,而且全部信息由一个计调人员掌握,极易导致计调人员跳槽。

对于计调人员的管理,旅行社界都在进行探索。有的旅行社通过集中统一采购,杜绝计调人员一人掌控全部信息的情况,但是由于旅行社业务的不确定性,在产品价格缺乏竞争力的时候,很难分清是哪个计调的责任,而且每个环节都不能产生一人掌控的局面,极易出现管理失控和利润黑洞。有的旅行社根据自身的业务状况制定了不同的考核指标,强调要素采购环节,或者把收款、售后服务等工作也列入对计调的考核指标。

案例 6-4
计调对交通工具监控不力

北京某旅行社接到了某单位80多人去北戴河二日游的团队,计调在安排用车的时候向车队租赁了两辆51座的金龙旅游车。在向车队派发订车单的时候写明了对车型、用车时间的要求,也得到了车队的确认就认为万事大吉了。结果在出团当天导游接到游客后即向计调打来电话,反映两辆旅游车的车况不同。一辆车的话筒是坏的,且车内没有车载电视,而另一辆车一切正常,车内设施齐全,结果有些游客不乐意了,认为旅游费用都是一样的,为什么乘坐的车辆会有这样的差别?

导游也不高兴了,乘坐没有话筒和电视的那辆旅游车的游客因为心里不舒服,把不满都发泄到了带团导游身上,即使导游扯着嗓子在车内给游客讲笑话缓解气氛换来的也只是游客的嘘声。游客不开心,导游不舒坦,大家都憋着一肚子气,这团的质量可想而知了。其实这种情况是完全可以避免的。如果计调操作时,在向车队下达派车单时能留意到这些细节,向车队问清楚车况及车内设施等细节,就不会出现因为两辆车车况的差异而引起游客不满或投诉。这就是计调对交通工具监控不力的一个例子。

资料来源:《旅行社OP计调手册》(熊晓敏)。

第四节 旅行社企业文化

一、旅行社企业文化概述

(一)旅行社企业文化的概念

旅行社企业文化是企业在长期的经营管理实践中逐步形成的共同的文化观念,是由企业领导者倡导、为全体员工所认同的本企业的群体意识和行为准则。

企业文化是企业的灵魂和精神支柱,指导和规范着企业的一切活动。企业文化包括企业物质、制度和精神三大要素,直接指导企业物质文明建设、制度文明建设和精神文明建设。

(二)旅行社企业文化的内容

1. 企业目标

现代企业管理学强调通过目标的设置来激发动机、引导行为,使员工的个人目标与企业的目标统一起来,以激励员工的积极性。

2. 企业价值观

企业价值观是企业全体员工在共同信念、共同利益的基础上形成的群体价值观。对于旅行社来说,价值观为旅行社生存和发展提供了基本方向和行动指南,它是旅行社全体员工据以判断事务的标准。

3. 企业道德

企业道德属于社会意识形态,又是一种管理观点,它以善良与邪恶、诚实与虚伪等相互对立的道德范畴为标准来评价旅行社及员工的各种行为,从而调整旅行社之间、员工之间、旅行社与员工之间的关系。

4. 企业精神

企业精神是一种人格化的企业员工群体的心理状态的外化,它反映着企业员工群体对一系列问题的认识、观念以及所采取的态度等。它包括旅行社员工所共有的经营信条、价值观念、行为准则、责任感、荣誉感等。

5. 企业制度

旅行社的企业制度包括旅行社硬性的或有形的管理制度,如管理体制、组织机构、社规、社纪等,还包括旅行社员工在自己所从事的工作岗位上所形成的习惯方式、行为准则、道德规范等软性或无形的、固定化的行为模式。

6. 企业环境

企业环境包括社会环境、工作环境、社会地位、福利、娱乐等。还包括竞争对手、顾客、相关事业单位以及政府影响等。对旅行社的员工来说,旅行社的工作环境和社会环境对他们的影响最大。

7. 企业形象

企业形象是指旅行社及其行为在人们心目中留下的印象和获得的评价。旅行社企业必须十分注重自身的行为,注重整体形象、员工形象和社会形象。

二、塑造旅行社企业文化的基本方法

(一)选择价值标准

由于企业的价值观是整个企业组织文化的核心和灵魂,因此,选择正确的企业价值观是塑造企业文化的首要战略问题。旅行社应该从本企业的特点出发,把握住企业价值观与企业文化要素之间的关系,选择适合自身发展的企业文化。

(二)强化员工认同

1. 宣传与推广

一旦确立企业价值观和企业文化模式,就要充分利用一切宣传工具和手段,使其深入人心。

2. 树立榜样人物

榜样人物是企业精神与企业文化的人格化身与形象缩影,能够以其特有的感染力、影响力和号召力为企业成员提供可以仿效的具体榜样。而企业成员也正是从榜样人物的精神风貌、价值追求、工作态度和言行举止之中深刻理解到企业文化的实质和意义。

3. 培训和教育

有目的的培训和教育,能够使企业成员系统地接受和强化认同企业所倡导的企业精神和企业文化。

(三)分析、提炼、定格

1. 分析

发动员工或聘请专家收集有关企业价值观和企业文化的合理化建议。

2. 提炼

把收集的内容进行综合整理、归纳、总结和反思,去粗取精,保留为广大员工所接受的形式和内容。

3. 定格

把经过科学论证和实践检验的企业精神、企业价值观、企业文化予以条理化、格式化,用精炼的语言表达出来。

(四)巩固落实

1. 制度保障

要使每一个员工都自觉主动地按照企业文化的标准去行事是不可能的。因此,建立某种奖优罚劣的规章制度是有必要的。

2. 领导表率

任何企业如果没有企业领导者以身作则,要想培育和巩固优秀的企业文化是不可能的。

(五)不断发展

任何一种企业文化都是特定落实的产物,当企业的内外环境发生变化时,就应及时调整、更新、丰富、发展企业文化,使其更具有生命力。

案例 6-5

年终奖体现企业文化

大连××假期旅行社每年年终的时候都要评出很多奖项来给员工,比如,无私奉献奖、优秀员工奖、最佳部门奖等。"其实这些奖项最高的每个人可能才只有1000元,低的可能只有200元,但是因为形成了制度,又给了员工荣誉,大家心里很舒服,也就不计较钱多少了。"供职于该旅行社的魏女士说,"这样的年终奖已经是我们企业文化的一部分了。"

有劳资专业人士认为,在年终奖的发放问题上,即使企业存在困难,也千万不要因此伤了士气。"以合理的方式发放和员工进行协商沟通,总好过以危机的名义单方面减免员工的年终期待。从某种意义上说,年终奖并不只是单纯的物质奖励,在一定程度上也是对员工一年辛勤工作的肯定,具有精神激励的作用。"该人士说。

资料来源:中国旅游网.

本章小结

本章首先介绍旅行社人力资源管理的概念、职能、主要内容和特征;其次,阐述旅行社人力资源管理的五个完整过程;再次,重点阐述如何管理旅行社经理人员、导游人员和计调人员;最后,介绍旅行社企业文化塑造的基本方法。

案例分析

没有导游的职业尊严,怎么可能有品质旅游的未来?!

2018年初,中国旅游研究院院长戴斌博士携团队前往凯撒旅游进行调研,并发表了题为"没有导游的职业尊严,怎么可能有品质旅游的未来"的演讲,在业内反响热烈。

戴斌阐述了导游在我国旅游业发展中始终是推动者和见证者,为我国旅游事业做出了卓越的贡献。同时,戴斌通过事实揭示了旅游发展半个多世纪,导游的职业地位却一直未能得到应有的提高,各地时不常出现在人们视野中的个别"黑导游""无良导游"事件,导游等一线服务人员首当其冲成为整治对象,也是负面舆论的靶点,成为社会诟病的导链。而全国近80万导游队伍的大多数导游勤勤恳恳为游客服务甚至关键时刻不惜以生命为代价者显然没有深入人心。这与我国旅游发展的大环境是极其不协调的。戴斌说:"作为国家旅游智库的领导者,我来晚了,对导游这个国家旅业的样本关注得不够。我想该是站出来的时候了:没有导游的职业尊严,怎么可能有品质旅游的未来。没有导游服务价值的体现,又怎么会有旅游领域的工匠精神!"

导游的职业尊严来自哪里呢?

戴斌说:1.尊严来自包括游客在内的社会成员发自内心地平等对待每一份职业。导游的职业尊严和文明旅游要放到社会发展进程和时代发展的大背景中去审视,公权力和社会各界也要主动作为。旅游局、文明办、工会、共青团、妇联等政府部门和群团组织要多多宣传、善于宣传导游队伍中的正面人物和优秀事迹,让导游获得应有的职业自豪感。

2.尊严来自包括导游在内的旅游服务者,应当并且能够通过自己努力付出而获得财务自由,过上体面的小康生活。

戴斌强调:值此大众旅游和品质旅游的新时代,要从根本上推动导游尊严感的实现。为此他郑重呼吁并将共同推动:

1.有必要树立"没有导游的职业尊严,就没有品质旅游的现实保障"新思维,营造尊重服务、尊重导游的社会氛围。

2.有必要召开一次全国性的导游工作会议,从旅游强国的底层器件和关键要素的高度,系统谋划提升导游为代表的一线员工的综合素质、专业能力、经济待遇和社会声誉。

3.有必要尽快成立全国导游协会,完善调查研究、信息交流、专业培训、公共关系、权益维护等专项工作机制,让导游人员拥有真正为自己说话的社团组织。

4.有必要倡议每一位导游人员切实把"游客至上,服务至诚"的旅游业核心价值观内化于心,外化于行。多努力,少抱怨,致敬经典,重构价值,用过硬的职业素养和专业能力赢得游客和社会的尊重。

资料来源:中国旅游研究院(数据中心)网站.

案例思考:

1.你对导游职业是如何看待的?
2.你认为当前导游职业人员存在的问题有哪些?
3.对戴斌的观点你如何看待?你认为导游的职业尊严该如何获得?

思考与练习

一、记忆题

1.什么是人力资源?人力资源的内容有哪些?
2.旅行社人力资源管理的特征有哪些?
3.旅行社人力资源管理过程有哪些?
4.旅行社员工招聘的原则及其内容有哪些?
5.什么是绩效考评?旅行社员工绩效考评的目的及其内容有哪些?
6.旅行社合理激励员工的方式有哪些?
7.如何对旅行社经理人进行管理?
8.如何对旅行社导游人员进行管理?
9.如何对旅行社计调人员进行管理?
10.什么是旅行社企业文化?旅行社企业文化的内容有哪些?

二、思考题

1.如何理解现代人力资源管理与传统人事管理的区别?
2.旅行社为什么要对员工进行绩效考评?
3.收集国内外旅行社员工招聘、培训情况,比较其异同点。

三、操作性练习

1.网上收集国内外旅行社企业文化方面的信息,谈谈你对企业文化的新认识。

第七章 旅行社风险管理

学习目标

旅行社从产品开发到接待的整个过程都面临着市场风险、违约责任风险、赔偿责任风险、财产风险、人身风险和财务风险等。旅行社行业的特殊性决定了旅行社属于高风险型企业。通过采取一系列的措施和方法,对风险进行准确的预测和严格的控制,降低风险的损失程度是旅行社风险管理的目标。

通过本章学习,了解旅行社风险管理的概念、旅行社风险管理的目标;掌握旅行社风险管理的步骤,尤其是旅行社风险控制与处理;重点掌握旅行社风险管理的规避。

重要概念

风险管理;责任风险;风险识别;风险预测和评价;风险管理的规避

导入案例

面对新冠疫情,旅行社为何不肯全额退款?

2020年1月始,新冠疫情暴发,各大小旅行社开始解除旅游合同,关于不能全额退款问题引发不少游客的不满和质疑。

《中华人民共和国民法典》规定:因不可抗力不能履行合同的,根据不可抗力的影响,部分或者全部免除责任,但法律另有规定的除外。

《中华人民共和国旅游法》第六十七条规定:因不可抗力或者旅行社、履行辅助人已尽合理义务仍不能避免的事件,影响旅游的,按照下列情形处理:

(一)合同不能继续履行的,旅行社和旅游者均可以解除合同。合同不能完全履行的,旅行社经向旅游者做出说明,可以在合理范围内变更合同;旅游者不同意变更的,可以解除合同。

(二)合同解除的,组团社应当在扣除已向地接社或者履行辅助人支付且不可退还的费用后,将余款退还旅游者;合同变更的,因此增加的费用由旅游者承担,减少的费用退还旅游者。

此次新冠疫情发生,造成交通出行或旅游活动受限,该情形构成了民法典上的不可抗力,由此影响消费者(旅游者)与旅游经营者之间旅游服务合同的履行,应该遵循相关规定来处理。

资料来源:民主与法制网.

第一节　旅行社风险管理概述

一、风险管理的含义

风险是企业在经营过程中经常会遇到的一些难以预料的、具有不确定性的损失。风险管理是指经济主体对威胁其收益的实际损失与潜在损失所进行的识别、测定和控制。

二、旅行社经营风险的特点

（一）责任风险大

违约责任风险和赔偿责任风险实际上都属于旅行社责任风险范畴，它是旅行社所面临的最主要风险。旅行社的责任风险与签约、承诺和相关法律的约束有关。旅行社业务操作过程中契约关系较多，旅行社对契约的履行易于受到不确定性因素的影响。

阅读资料 7-1

ATIC：澳大利亚山火致旅游业损失达十亿美元

澳大利亚是一个自然环境十分优越的地方，这里曾经被誉为生活的天堂，每年都有许多人前往旅游参观。但是自 2019 年的 9 月份开始，澳大利亚燃起熊熊山火，持续了 4 个多月还未熄灭，生态损害惨重，环境也受到了污染，旅游业遭受重创。据《悉尼先驱晨报》2020 年 1 月 15 日报道，澳大利亚旅游委员会（ATIC）的报告显示，游客纷纷放弃前往受灾严重的新南威尔士州和维多利亚州，部分地区的旅行订单取消率高达 100%。在未受山火影响的地区，取消预订的游客也已超过 60%。

（二）多数属于可管理风险

旅行社所面临的风险大多数是可以投保的风险，属于"可管理的风险"，也就是指通过采取一系列的措施和方法，对风险进行准确的预测和严格的控制，降低风险的损失程度。

【小知识 7-1】　　　　　　　关注外来风险点

旅行社要时刻关注经营之外的风险点，这些外来风险事件的发生虽然不是旅行社的直接责任，但如果本来可以避免，却因为旅行社的疏忽和过失使旅游者遭受到了外来风险事故的侵害，那就是旅行社的责任了。避免事故的发生要做好以下几点：

1. 确定好整个团队的行程，对于乘坐飞机、火车等公共交通工具的团队，安排好时间，提前想到在去飞机场或火车站的路上可能发生的堵车、调流等意外事件，尽可能预留出时间，减少有责延误事件的发生。

2. 时刻关注天气和自然灾害，在旅游团出发前务必要关注整个行程中所到地区的天气情况和自然灾害情况,如果有大雾,就要考虑轮渡和航班可能延时甚至取消,要及时做好应对准备,如果旅游目的地发生了洪水、泥石流、雪灾这样的灾害,就已经不适合去旅游了,要根据天气情况及时调整行程,避开不可抗力对旅游者的影响。

3. 对旅游目的地的选择要符合我国对旅游目的地国家的要求,并实时关注最新公告,看当地是否有政治骚乱和自然灾害,得知信息后一定要及时对旅游团做变更,不及时做出调整会使旅行社产生很多额外的费用。

三、旅行社风险管理的目标

旅行社在进行风险管理的过程中,可以将风险管理划分为损失发生前和损失发生后两个不同的风险管理阶段。每个阶段有各自的风险管理目标。

(一)损失发生前风险管理目标

1. 节约成本费用

风险管理的一项重要工作是避免产生不必要的成本费用,控制由于处理损失而形成的额外成本费用。

2. 满足外部要求

在旅行社经营过程中,许多经营风险是来自企业外部环境,如政府的各项规定、环境保护、旅游者特殊要求、相关企业的合作关系,等等。如果处理不好,就会使旅行社产生经营风险。

案例 7-1

同舟共济应对新冠疫情 ××保险公司为旅行社开通线上线下服务

疫情到来,旅行团队出游、境内外"机票+酒店"等旅游产品全部取消,给旅游行业造成巨大经济损失。为帮助旅行社妥善处理疫情以来的保险理赔、游客合同纠纷,××保险公司积极行动起来,推出多项举措降低旅行社和游客损失。

××保险公司是旅行社责任保险统保全国示范单位,疫情到来,××保险公司紧急成立疫情应急处置服务小组,专门应对疫情期间产生的旅行社保险理赔事项,开通了保险理赔线上线下并行的报案通道,方便案件报案及咨询,为旅行社提供索赔指引。

此外,对于疫情原因产生的旅游合同退费等合同纠纷事项,部分旅行社没有应对经验。针对这一情况××保险为旅行社与游客的沟通、退费等方面提供符合国家各项法律法规的建议,让旅行社通过更科学的方式,妥善处理旅游合同纠纷。

据了解,为减少旅行社损失,××保险还与旅责险责任保险统保示范项目承保公司达成两项旅行社保险优惠及保险赔偿方法:

一、所有投保旅行取消附加险的旅行社免费扩展保险责任:对于2020年1月24日前已投保旅行取消附加险的旅行社,在保单约定的"旅游合同约定的行程已经开始"的基础上,免费扩展至旅游活动开始前。即只要是2020年1月24日之前签署的旅游合同,因文化和旅游部紧急通知而无法履行、且无法从履行辅助人处退还的损失,旅责险统保示范

项目均按照保险合同约定在限额内进行赔偿;

二、所有投保旅行社责任保险统保示范项目的旅行社减免保费:2020年1月24日前投保出单2020年旅行社责任保险统保示范项目的旅行社,可按日减免保费,减免天数以文化和旅游部下发通知恢复团队旅游业务日期进行计算;减免保费将在续保2021年旅责险统保示范项目时直接抵扣。据估算,相当于为所有旅行社共节省3000万元至5000万元保费。

资料来源:天眼新闻网。

3. 合法经营

旅行社在经营过程中,要有效地实施风险管理,控制损失,就必须使企业的经营活动在法律与制度许可的范围内进行。旅行社风险管理的一个重要内容就是运用各种法律规定,使经营活动具有法律依据,具有合法性。

(二)损失发生后风险管理目标

1. 继续经营

旅行社在产生经营损失后,如果这种损失还不足以造成企业破产,继续经营便是最基本的目标。一般情况下,在经营损失发生后继续经营,会增加一定数量的额外成本费用,这时旅行社要识别不允许中断的经营活动及可能中止的意外事故或经营风险,以防经营损失的进一步扩大。

2. 稳定经营收入

旅行社在产生经营损失后,要冷静地分析损失对经营收入目标实现的影响程度,如果这种损失还可使企业继续经营,稳定收入便是最重要的目标。

3. 社会责任

意外经营损失的发生,不仅会对旅行社产生影响,而且还会使企业员工、旅游者以及其他相关企业,也因此产生利益上的损失。旅行社应自觉地承担一定的社会责任,努力将各种社会利益损失减少到最低限度内,从而保持旅行社良好的市场形象和社会形象。

阅读资料 7-2

文化和旅游部办公厅关于暂退部分旅游服务质量保证金支持旅行社应对经营困难的通知

各省、自治区、直辖市文化和旅游厅(局),新疆生产建设兵团文化体育广电和旅游局:

为贯彻落实习近平总书记关于新型冠状病毒感染的肺炎疫情防控工作的重要指示精神,进一步做好文化和旅游系统疫情防控工作,支持旅行社积极应对当前经营困难,履行社会责任,文化和旅游部决定向旅行社暂退部分旅游服务质量保证金(以下简称保证金)。现就有关事项通知如下:

一、范围和标准

暂退范围为全国所有已依法交纳保证金、领取旅行社业务经营许可证的旅行社,暂退标准为现有交纳数额的80%。被法院冻结的保证金不在此次暂退范围之内。

二、交还期限

自通知印发之日起两年内,接受暂退保证金的各旅行社应在2022年2月5日前将本次暂退的保证金如数交还。

三、有关要求

各地文化和旅游行政部门要依据有关规定抓紧组织实施,自本通知印发之日起,一个月之内完成暂退保证金工作;要建立工作台账,指导和督促相关旅行社企业在全国旅游监管服务平台及时完成保证金信息变更和备案工作;要加强监管,对未按期交还保证金的旅行社要依法依规查处,并记入企业信用档案。各地于2020年3月15日前将保证金退还情况报送文化和旅游部市场管理司。特此通知。

文化和旅游部办公厅
2020年2月5日

第二节　旅行社风险管理的步骤

一、风险识别

风险识别是旅行社风险管理的重要内容。风险识别是对企业性质、经营方式、经营过程以及经营环境进行分析,找出其面临的风险并加以判断、归类和鉴定风险性质的过程。

(一)风险识别的界定

旅行社风险识别应从四个方面入手。

1. 损失的对象

损失的对象主要解决旅行社风险是什么的问题。损失的对象主要有财产损失、净收入损失和承担法律责任损失三种情况。

2. 损失的原因

损失的原因主要解决旅行社为什么产生风险的问题。一般来说,造成旅行社损失的原因主要有自然、人为和经济三种情况。

3. 损失的数量

损失的数量主要解决旅行社风险的程度问题。损失的数量是旅行社识别风险损失严重程度的重要因素。

4. 损失的单位

损失的单位主要解决谁受损失的问题。旅行社某种风险所造成的损失可能是个人,也可能是部门和企业。

(二)旅行社风险识别的方法

1. 风险调查分析法

风险调查分析法是旅行社通过对各个业务活动环节进行分析和观察或请教专家获得各种信息,以识别经营风险的方法。

2. 财务报表分析法

财务报表分析法是旅行社通过对人员、财务状况进行分析,尤其重视对应收账款、资产负债表、损益表和现金流量表的研究与分析,预测旅行社的经营风险的方法。

二、风险预测和评价

风险预测是旅行社通过对行业与旅行社以往的损失估计、投诉以及赔偿情况的资料进行详细分析,并运用概率论与数理统计的方法来估计和预测风险发生的可能性和损失幅度。风险评价是对旅行社风险的预期损失程度和控制、处理风险可能发生的成本费用的大小进行衡量,决定应对哪些风险进行处理以及处理的程度。旅行社经营风险的预测通过以下方法评价。

(一)风险概率评估法

旅行社经营风险的数据是指在旅行社经营过程中,某种对经营不利的事件可能发生的机会。旅行社经营风险概率分析的依据主要有统计数据、理论分析和主观估计三个来源。统计数据是对旅行社经营风险历史观察统计的结果,是在旅行社经营概率过程中发生某种经营风险的相对频率;理论分析是利用经营学、管理学的一般理论,来说明和确定产生某种经营风险的概率;主观估计是根据人的经验判断和对某种经营风险的主观认定而得出的概率。

(二)期望值分析法

期望值分析法是将一种经营风险的收益与成本差和另一种经营风险的收益与成本差进行比较,从而对经营风险的成本与收益进行科学的评估的方法。

(三)敏感性分析法

敏感性分析是研究不确定因素一定幅度的变化,对旅行社经营结果的影响程度。这种分析方法是从敏感性因素变化的可能性,以及预算的误差来评价经营风险的大小。

由于旅行社的经营环境是不断变化的,历史资料只能为进行风险预测及评价提供一些参考。因此,还需要根据风险发展趋势、旅行社内外部因素对历史资料进行修正,以得到比较切合实际的数据。

三、风险控制与处理

旅行社风险管理的最终目的就是可以控制和处理风险。对于不同类型的风险,控制与处理的方法也不相同。

(一)旅行社的财产及人身风险控制与处理

对于财产风险,旅行社可以通过投保和财产监察加以转移或控制;对于员工人身风险,旅行社可安排有效的社会保险计划来控制。

(二)市场及竞争风险的控制与处理

对于市场及竞争风险的控制与处理,旅行社可以通过市场开发时进行科学的分析,减少风险;研发新产品采取试产试销降低风险;保守商业秘密,使产品可模仿性降低;采用产品多样化和市场化方法分散风险。

(三)旅行社的财务风险控制与处理

旅行社应经常分析财务报表,及时发现问题;坚持"先付款、后接待",减少应收账款数额;制定有效的信用制度;提取合理的坏账准备金;采用合理的定价及催款制度等来提高抗风险的能力。

(四)旅行社责任风险的控制与处理

旅行社的责任风险往往是可控的,为了减少在旅游活动中出现问题的概率,旅行社要向员工进行风险意识教育,强化其遵照合同提供服务的意识;提高员工处理突发事件的能力和技巧;慎重选择合作伙伴;健全与供应商之间的合同化管理;与旅游者签订合同时,对于不确定性强的事项适当降低承诺;对接待过程中可能出现的责任风险,向保险公司办理保险。

【小知识 7-2】　　　　　　发生风险时沉着应对

在事故发生时,逃避、退让都不是办法,旅行社要先保障旅游者利益,同时维护自身权益不受损害。一旦发生事故,要找一名沟通能力比较强又有责任心的员工随时记录损失情况,包括旅游者的医疗费用、财产损失以及处理事故的食宿交通费用,都要随时做好记录并保留好费用凭证,因为无论是否通过保险解决,随时有一份损失清单都是很有必要的。根据以往案件的情况,以下几个方面需要注意:①交通事故一定要及时报案,通过交强险、第三者责任险、承运人责任险、旅行社责任险、旅游意外险,联合车方、地接社等并案处理;②食物中毒要及时通知疾控中心,并获取证据证明就餐地点,人数少于3人时要和医生沟通,诊断应为食物中毒,如个别旅游者自身肠胃问题,保险公司会依据医院既往病史的诊断而拒赔;③在景区、宾馆、酒店等经营场所内发生的事故要注意向责任第三方提出索赔,因为一般景区、宾馆、酒店都会投保公众责任险,如果坚持走旅行社责任险的话,要注意保留好第三方责任的证据,以便保险公司赔付完后向第三方追偿;④发生旅程延误时要及时退票、退房等以减少损失,报案时要向保险公司列举延误造成了哪些实际损失;⑤对于旅游者自身有病史且不属于旅行社责任的案件,旅行社要保留好医院等权威部门出具的相关证明材料保护自己。

第三节　旅行社风险的规避

一、树立风险意识

在我国现阶段,大多数旅行社没有风险管理的意识,没有积极采取措施来防范各种风险。缺乏防范风险的意识,其原因包括以下几个方面。

（一）思想局限

我国旅行社行业发展历史比较短,旅行社行业发展不健全,其管理者在风险管理问题上存在某些思想局限。

（二）缺少一个成熟行业的支持

保险业等社会保障行业发展滞后,使旅行社的风险管理缺少一个成熟行业的支持,很多风险管理很难得以贯彻。

（三）缺乏相关法律保障

由于旅行社行业管理法律法规尚不健全,行政管理部门对旅行社缺乏足够的约束手段,使旅游过程中发生的一些风险事故无法得到及时处理。

近年来,随着旅行社行业的不断发展,国家相关法律法规逐渐健全,行政管理的力度也在加大。旅游者的权益意识觉醒,权益受到损害后主动进行维权,保险行业等社会保障体系也有了长足进步,这一切都为旅行社防范风险意识的增强,旅行社的风险管理提供了物质基础。

二、建立风险管理部门

旅游意外事件的处理需要专门知识与技巧,同时需要旅行社内部各个部门的共同配合。因此,设立适合旅行社经营需要的风险管理部门是十分必要的。

（一）建立风险经理岗位责任制

风险经理是旅行社风险管理部门的负责人,对旅行社风险管理过程承担着主要责任。在规模较大的旅行社,风险经理可以由分管风险或财务的副总经理担任;中小规模的旅行社由总经理或副总经理直接兼任。

风险管理的主要任务包括以下两个方面。

1. 控制旅行社风险管理的全过程

包括掌握风险管理计划的全部结构;为高层管理者制定风险管理政策;分配各部门的风险管理成本;促使部门实现风险管理目标。

2. 合理运用风险管理技术

风险管理者要运用有效的控制方法和风险管理政策,如回避、预防、结合、转移等多种风险管理控制技术,帮助各部门经理解决问题,对企业的风险损失加以控制。

（二）设立风险管理的内部组织系统

现代旅行社风险管理的组织系统,是在风险经理的控制与指挥下,以专业风险管理部门为中心,组织各经营和管理部门共同实现风险管理目标的完整体系。风险管理涉及旅行社各个层次,主要有以下几个部门。

1. 财务部门

旅行社的风险管理与财务活动具有直接关系。不仅财务活动的各种记录和数据可以向旅行社提供各种经营损失的信息。同时,财务部门的管理制度不健全,也会造成资金和有价资产的损失。风险管理部门与财务部门的合作,可以更好实现风险管理目标。

2. 销售部门

旅行社产品销售过程中会发生许多经营风险。风险管理部门要与承担旅行社产品销售任务的计调和外联部门合作,有效地控制企业的经营风险。

3. 接待部门

旅行社的接待部门直接与旅游者打交道,因服务质量、接待失误都会给旅行社带来损害。风险管理部门与接待部门合作,配合他们杜绝或降低事故发生的幅度与频率,从而控制风险损失。

【小知识7-3】　　　　　　　　　加强自身管理

旅行社在日常经营中要加强对导游及带团工作人员的安全培训,他们工作的细心与否直接影响着旅游者安全。旅行社要提高业务人员、计调及相关工作人员的风险意识。

1. 选择旅游者要慎重,对于儿童、老人、孕妇等比较特殊的人群参团旅游一定要多注意,有的旅行社代为投保的意外险只管到65岁或70岁,而他们接的团里却有75岁的老人,不及时上系统的保险公司往往对名单是不审核的,导致保险失效,有的意外险还规定未成年人保额减半,许多旅行社不知道自己投保的保险范围在哪里,这是旅行社管理上的一个缺陷,接的团超出了保险的范围,一旦发生损失,超出保险范围的费用只能旅行社自己承担了。

2. 团队出发前要确认旅游者是否适合参加行程,询问并查看旅游者有无身体不适,是否晕车、晕船、恐高。对于健康有问题的旅游者尽量劝其不要参加行程,对于有心脏病、高血压等病史的旅游者在行程中要格外注意,必要的提醒和劝阻都能免除一定责任。需要注意的是因晕车、晕船造成旅游者人身财产损失的,旅游者被诊断为晕动病的,旅行社责任险和旅行外意险都是可以拒赔的,所以一定要做好事前提醒工作来免除责任。

3. 在旅游路途中工作人员要对儿童、老人、孕妇等比较特殊的人群多加照顾和提醒。老人发生最多的事故还是意外摔伤,容易发生问题的几个环节是上下楼梯、上下车和进出电梯等,在这些时候要特别注意对老人的提醒和保护,一旦发生问题,是难以逃脱责任的。而对于儿童也要注意看护,主要是防止儿童之间打架、避免走失等。

4. 要时刻注意湿滑的路面,特别是在雨雪天气后,比如桥上、湖边等,遇到湿滑的地方要提醒旅游者放慢速度,必要时另外选择路线。

5. 对于漂流、骑马、滑雪等危险较大的特殊旅游项目,导游应视旅游者情况而定,不要一味向旅游者推荐,有些项目对年龄和身体状况是有限制的,必须事先掌握并告知旅游者,如果不做必要的提醒,出了问题旅游者会把责任归咎在导游身上。

6. 工作人员在旅途中要经常提醒旅游者注意所带财物的安全,特别是当旅游者与行李分离时务必叮嘱旅游者随身携带贵重物品。从以往发生的案件来看,最容易发生被盗案件的有两个地方,一个是宾馆酒店,另一个是机场车站,尤其是在机场和火车站,各个地区的治安状况不一样,工作人员应尽量避免代管旅游者财物、证件等,以免给自己造成麻烦。

7. 要避免工作人员、旅游者与当地居民发生冲突,如有小摩擦应立即劝阻,做到大事化小、小事化了。打架斗殴任何保险都可以拒赔,因此不能意气用事,要理性地处理事情。

8.要做好用车管理,在用车前务必要检查车辆的运营资质和保险情况,要注意检查车方保险要查哪些险种,车方正规投的保险应该是承运人责任险或者车上人员责任险,是保护车辆方的,承运人责任险是强制保险,所以旅行社检查车方保险一定要车方出具承运任责任险保单,这也是判断车辆是否正规的一种方式。

三、分散经营风险

旅行社是高风险的行业,降低与分散旅行社经营风险是旅行社风险管理的重要内容。通常采取以下方法。

(一)多元化经营

旅行社行业受季节性影响比较大,敏感度比较高,为了提高旅行社的抗风险能力,就必须通过多元化经营,投资其他行业或者投资其他地区,来分散旅行社的经营风险。旅行社经营的多元化主要有股权多元化、产品多元化、经营多元化和地域多元化等。

案例 7-2

唐兵:新冠疫情后旅游保险会有哪些新变化?

我国旅游业快速发展,自然灾害、公共卫生、事故灾难、社会安全等突发事件及意外事故、违约责任、法律风险等风险日益突出,但旅游经营者和游客的风险意识并不高,除了强制险种之外的旅游保险投保率不高。从旅游保险供给侧来看,还存在产品结构单一、针对性不强、宣传不到位、终端服务水平不高等等问题。

本次疫情发生以来,从很多方面反馈的情况来看,不少旅游企业和游客对风险有了更深的认识,保险意识也明显增强。疫情之后,我认为中国旅游保险市场会有一个长足发展。一个旅游保险新时代来了,我们都要做好心理准备和工作准备去迎接它。

疫情之后,旅游保险会呈现什么新变化?又该如何推动其健康发展?业界先知先觉者已经开始讨论起来。

我认为,应该发挥政府的引导作用,同时利用市场化手段,丰富创新旅游保险,进一步完善商业保险与强制保险之间的关系,加大面向旅游经营者和游客的宣传力度,真正建立覆盖旅游供给侧和需求侧的保险体系。

具体来说,有几类保险还是很有前景的:

一个是旅游链条上各类文化和旅游经营者的责任保险。现在谈旅游保险往往就集中在旅行社领域,其实景区、酒店、民宿、演艺场所等都应有针对性的安全生产责任保险、雇主责任险、财产险及员工健康险等,保险应贯穿到吃住行游购娱相关产业链条中,特别是一些高风险旅游项目的经营者,疫情之后更要提高保险意识。

一个是旅游者的行程取消和终止险。以后投了这个险种,再遇到突发事件引发的行程取消或者终止,不必和相关企业之间扯皮打架,保险公司赔付就行了。

一个是旅游者的出境游医疗救助险。从这些年的情况来看,中国游客在境外除了意外事故,也有越来越多的因自身突发疾病需要救助的案例。我国外交部、很多驻外大使馆这些年一直在呼吁,但一直没解决,做这个需要法律法规来支撑。我建议在今后《旅游法》修订的时候,应该争取建立出境旅游医疗救助强制保险制度,让国人不仅能花钱购物,也能享受到及时的医疗和行政救助,实现真正的高质量旅游。

在这个基础上,可以探索建立行业巨灾保险等。文旅主管部门可以积极争取发改、财政、银保监会的支持,探索建立旅游行业巨灾保险或风险金制度,将因行政行为、服从国家利益和公共利益而导致的文旅企业营业中断等风险,通过保险或风险金进行适当补偿。疫情之后,也需要相关主管部门在旅游保险方面打开思路、精准改革、不断创新,在推动旅游业高质量发展中,充分发挥好保险的保驾护航作用。

资料来源:腾讯网资料整理.

(二)集团化经营

集团化经营是增加企业经营稳定性、降低风险与波动的有效途径。通过集团化经营、横向一体化、纵向一体化、跨行业联营等策略,可以将经营风险化整为零,增加旅行社抗风险能力。同时,集团化使一部分旅行社的外部风险内部化,有利于对一部分财务风险、市场风险、责任风险的控制与管理。

(三)与供应商签订保证合同

旅行社相当部分的责任风险是由于供应商的失误造成的。为此,旅行社可以在与供应商签订合同时,专门订立保证条款,从而增强旅游供应商的责任心。一旦发生问题,旅行社就可以对供应商的过失进行追索,以降低旅行社的责任风险。

四、积极参加保险

近年来,保险及其他社会保障事业在我国发展壮大,为旅行社风险管理提供了外部保障。旅行社应该充分利用这些市场化的、成熟的服务,减少旅行社意外损失。针对旅游活动中责任风险较多的问题,为逐步建立合理、完善的旅游保险体系,经 2010 年 7 月 29 日国家旅游局第 9 次局长办公会议、2010 年 11 月 8 日中国保险监督管理委员会主席办公会审议通过,国家旅游局 2010 年 11 月 25 日颁布了《旅行社责任保险管理办法》,自 2011 年 2 月 1 日起施行。国家旅游局 2001 年 5 月 15 日发布的《旅行社投保旅行社责任保险规定》同时废止。

根据规定,旅行社从事旅游业务经营活动,必须投保旅行社责任保险。旅行社责任保险的保险责任,应当包括旅行社在组织旅游活动中依法对旅游者的人身伤亡、财产损失承担的赔偿责任和依法对受旅行社委派并为旅游者提供服务的导游或者领队人员的人身伤亡承担的赔偿责任。具体包括下列情形:

(一)因旅行社疏忽或过失应当承担赔偿责任的;
(二)因发生意外事故旅行社应当承担赔偿责任的;
(三)国家旅游局会同中国保险监督管理委员会规定的其他情形。

责任限额可以根据旅行社业务经营范围、经营规模、风险管控能力、当地经济社会发展水平和旅行社自身需要，由旅行社与保险公司协商确定，但每人人身伤亡责任限额不得低于20万元人民币。在意外事故发生后，旅行社可以依据有关规定，按照程序向保险公司索赔，保险公司按照双方合同，对合同约定范围内的责任进行适当程度的赔偿。

旅行社责任保险有效保障了旅游者与旅行社双方的合法权益，降低了旅行社的经营风险。

案例 7-2
旅行社的经营风险如何转移与化解？

2019劲旅峰会于11月27日，在北京皇家菜博物馆隆重举行，来自行业内外的800位嘉宾与会。在峰会上，旅游卫士副总经理沈雯发表了题为"旅游保险3.0时代，旅行社的经营风险转移与化解"的演讲，介绍和推介了专注于旅游行业的互联网保险平台——旅游卫士。

沈雯说：旅游行业有其特殊性，政治、经济、自然灾害等因素都会影响旅游行业的正常经营。但凡发生这样的事故，游客第一时间会找到旅行社。旅行社表示很冤枉，可能最后赚的并不多，但是赔的很多。当下，旅游行业保险有两大类，一是意外险，一是责任险，这两部分保险并不能化解行业遇到的所有问题。

保险行业已经从1.0时代到了3.0时代，怎样让保险真正为行业赋能？旅游卫视积聚大量数据的分析，对精算系统进行更新，引进比较先进的核算模式与新的数据模型，推出一个颠覆以往的新的责任险的产品方案，叫作"新责任险"。新责任险是由三家保险公司打造的一个共保体。从产品科学费率设计到在线投保，再到服务保障机制缺一不可。

服务保障分成四大块：

第一，由律师、行业内专家组成的调解委员会，小案例可以形成快速赔付，理赔中心就可以确定，保险公司快速赔付。

第二，专业律师免费提供咨询和代理诉讼，律师出庭答辩费用由保险公司支付。

第三，凡是旅游卫士参与调解或法院裁定的案件，赔偿是由保险公司直接赔到游客方、法院、原告，减少旅行社自己垫付资金的压力。

第四，很多风险在签合同之前都可以控制住，所以，我们会给客户提供从如何签合同，签完合同如何买保险，买完保险由领队与导游在现场如何处置，如何正确报案等一系列培训。

本章小结

旅行社行业的特殊性决定了旅行社属于高风险型企业。通过介绍风险管理的含义和旅行社经营风险的特点，阐述了旅行社风险管理的步骤，如风险识别的界定、旅行社风险识别的方法、风险预测和评价、风险控制与处理，从四个方面介绍了旅行社如何规避经营风险。

案例分析

旅游发生意外 责任如何界定

案例介绍：

李先生一行八人，参加了某旅行社组织的新马泰十五日游。根据合同约定，李先生交纳每人旅游费7800元，旅行社提供境外交通、住宿、餐饮、基本景点门票及游览期间旅游意外保险。李先生在泰国乘快艇游览芭堤亚岛返回时，海面突起狂风，风大浪急，快艇颠簸，造成王先生腰椎压迫性骨折。上岸后，旅行社将其送往曼谷芭堤亚医院。因为病情原因，李先生不得不住院治疗，终止之后的游览行程，乘飞机直接返回国内。李先生因为游程被迫终止，于是向质监所投诉，要求旅行社退赔其境外未游览行程的所有旅游费用。

旅行社方辩解：事故发生后，旅行社已对游客进行了及时的医疗救治，支付了有关医疗费用，并妥善安排其返回国内。同时，旅行社积极协助游客索取了有关事故证明材料，为游客办理意外保险索赔提供了充实依据。因此，不应退还其未游览行程的所有费用。

处理结果：

1.此案属于旅游意外事故。被诉方旅行社在组织旅游活动之前已对其安全状况及注意事项向游客做了充分说明及告示。因此，旅行社对其有关事故不负赔偿责任。

2.投诉人交纳旅游费用7800元，旅行社方为其支付了办证费、境外全程交通费、前5日行程的游览、住宿、餐饮费及境外医疗费共计6900元。因此，旅行社退还应投诉人旅游费用余额900元。

案例分析：

1.出境旅游的价格涉及境外旅行社的报价，不同季节（节假日）时有变化。游客出境旅游应首先选择具有出境游资格的旅行社，同时应咨询和选择适合自己的旅游线路和价格，并签订旅游合同。

2.根据国家有关规定，所有旅行社都必须投保旅行社责任保险，同时向旅游者推荐旅游者个人保险。旅游者在旅行过程中发生意外，如系旅行社方面责任，将可获得双重保险。

3.旅游者在旅游过程中如发生意外事故，应及时取得事故发生地公安、医疗、承保保险公司分支机构及旅行社方出具的有效凭证，以便向承保保险公司办理理赔事宜。

资料来源：无忧考网，典型旅游投诉案例分析.

案例思考：

1.结合案例谈谈旅行社责任险的内容及意义？
2.旅行社责任保险与旅游者人身意外伤害保险这两个险种的主要区别有哪些？

思考与练习

一、记忆题

1. 什么是风险管理?
2. 旅行社经营风险的特点有哪些?
3. 旅行社风险管理的目标有哪些?
4. 什么是风险识别?风险识别的方法有哪些?
5. 旅行社经营风险的预测通过哪些方法评价?

二、思考题

1. 结合某旅行社经营的特点,分析该旅行社是如何分散风险的。
2. 旅行社如何规避经营风险?

三、操作性练习

课后搜集有关旅行社保险方面的信息,谈谈旅行社责任保险与旅游者人身意外伤害保险这两个险种的主要区别有哪些。

第八章 旅行社财务管理

学习目标

财务管理作为旅行社管理工作的重要组成部分,是科学评估旅行社经营效益、合理配置旅行社经营资源的重要手段。

通过本章学习,力求使学生对旅行社财务管理有一个全面系统的认识,了解旅行社成本费用结构;掌握旅行社财务管理基本方法;能够进行基本的财务指标分析。

重要概念

财务管理;资本金;资金的时间价值;旅行社设立

导入案例

2019年全国旅行社全年营业收入超7000亿元

2020年8月24日,文化和旅游部公布了《文化和旅游部2019年度全国旅行社统计调查报告》。报告显示,截至2019年12月31日,全国旅行社总数为38943家(按2019年第四季度旅行社数量计算),比2018年增长8.17%;2019年度全国旅行社营业收入7103.38亿元,营业成本6512.90亿元,营业利润32.10亿元,利润总额43.28亿元,税金及附加税7.26亿元,所得税13.10亿元,旅游业务营业收入5165.72亿元,旅游业务利润233.27亿元。

资料来源:中华人民共和国文化和旅游部网站.

第一节 旅行社财务管理概述

一、旅行社财务管理的含义及特点

(一)旅行社财务管理的含义

旅行社财务管理是以旅行社的经营目标和经营需要为出发点,按照资金运动的规律,通过对资金进行合理筹集、使用、调节和监督,正确处理旅行社在市场经营活动中所产生的各种经济关系。简单地讲,就是利用货币形式对旅行社市场经营活动进行全过程的管理。

【小知识8-1】　　　　　　　　财务管理假设

研究企业财务管理问题的基本前提是财务管理假设,由理财主体假设(财务管理工作是在经济上和经营上都具有独立性的组织之内)、持续经营假设(理财的主体是持续存在并且能执行其预计经济活动的)、有效市场假设(财务管理所依据的资金市场是健全而有效的)、资金增值假设(通过合理运营,企业资金的价值可以不断增加)、理性理财假设(工作人员都是理性的理财人员,其理财行为也是理性的)构成。

(二)旅行社财务管理的特点

通常对货币资金的形成、分配和使用进行管理是企业财务管理工作的共同特点。但是,由于旅行社经营活动的特殊性,其财务工作又具有以下特点。

1. 核算单位涉外性

按照《旅行社条例》规定的经营范围,我国旅行社业务主要有国内旅游、入境旅游和出境旅游,在目前的经营实践中分为国际旅行社和国内旅行社两大类。其中,国际旅行社作为涉外企业,直接为国家创造了大量的非贸易性外汇。核算单位的涉外性决定了国际旅行社的财务工作除了必须严格遵循一般的财会制度之外,还应该认真执行和贯彻我国企业从事对外经营业务的方针、政策和有关规定。

2. 业务对象广泛性

旅游活动具有综合性、异域性的特点,与之相适应,旅行社财务管理工作也必须与各个要素部门发生业务关系,并同时与几个接团、组团旅行社发生业务往来。因此,旅行社财务核算的涉及面广,涉及的对象和环节也多,导致企业所需投入的人力、物力也相应增加。

3. 业务操作时效性

旅行社市场业务经营活动的特殊性使得旅行社财务工作必须加强时效性管理。一方面,为加速资金周转,避免占用过多的流动资金,旅行社一般不以现金方式,与其他旅行社、交通、酒店、餐馆、旅游景点、商业网点等部门进行业务活动的直接结算,而采用定期结算的方式。由于一般旅行团队游程比较短,资金结算的期限不长,所以旅行社财务活动中应收账款与应付账款在流动资产中所占的比例很大,为避免呆账和坏账现象的发生,必须及时清算短期账户。另一方面,在旅行社业务的实际操作过程中,导游人员只有在送走旅游团队以后才能将接待计划、费用结算通知单以及更改计划一并送往财务部门,财务部门经过仔细核算后,再把有关账单寄往相关旅行社和业务合作单位。所以,从费用的发生到资金的收入和付出,往往存在一定时间上的间隔。旅行社要保证业务经营活动的正常运转,就必须有计划、按步骤地对财务工作加强时效性控制,尤其是加强对业务流程中各环节的管理。

4. 操作内容复杂性

旅行社服务内容和服务对象往往是复杂多变的,所以旅行社经营业务活动具有其他行业不可比拟的不确定性。在旅行社产品销售与生产过程中,旅游接待计划中所规定的人数、路线、住宿、餐饮、交通工具和游览行程等项目,随时都可能因内外部的意外事件而发生变更。此外,组团社与接团社之间、旅行社与旅游团队之间沟通内容的差异、沟通信息的障碍等不稳定因素也都会影响旅行社服务产品的实现。这些不确定因素最终都将影响旅行社财务工作的开展,增添旅行社财务管理工作的复杂性。

5. 资产存量稀少性

与一般生产性企业相比,旅行社的资产存量明显较低,这主要表现在固定资产及存货所占用的资金上。由于旅行社不生产实物产品,只是在批量购买交通、饭店和相关部门各种服务的基础上,再融入旅行社本身的服务内容进行组装加工,并向旅游者提供整体性旅游服务产品。因此,旅行社不需要用于生产实物产品的各种设备和设施,其所拥有的固定资产主要包括旅行社自行投资建造的房屋、旅游交通车队的汽车等。至于旅行社所占有的存货主要是指发给旅游者的帽子、胸章、旅游袋以及其他各类小型低价的旅游纪念品。当然,这些固定资产的数量相对于其他企业而言,在企业总资产中所占的比例是非常低的。

二、旅行社财务管理的原则

根据我国《企业财务通则》的要求,企业财务管理的基本原则是,建立健全企业内部财务管理制度,做好财务管理基础工作,如实反映企业财务状况,依法计算和缴纳国家税收,保证投资者权益不受侵犯。

与其他类型企业在进行财务分析和评价经营效益时,除要注意"遵循会计假设、风险与收益平衡、成本与效益对等"等原则外,还要在把握旅行社企业特点的基础上注意以下原则。

(一)重视资金的时间价值分析

所谓资金的时间价值,是指旅行社的流动资金在周转使用中由于时间的推移而发生的增值现象。由于资金具有增值性特点,一定量的资金在不同的时间节点上具有不同的价值。在旅行社财务管理中,资金的时间价值与资金周转相伴而生。需要说明的是,衡量旅行社资金价值最简单的方法是利息。这就决定了旅行社经营管理者在考虑投资和经营项目的损益时,应该把不同时期的收入和支出,按一定的折现率折算为同一时点上的收支,这样的价值才具有可比性。

(二)重视风险评估

在经济学的一般理论中,风险是指一种经济活动可带来的收益或其他经济利益所具有的不确定性。旅行社市场经营活动本身具有的高风险性以及企业对市场变化敏感性的增强,都要求旅行社在财务管理活动中加强市场风险意识,科学评估经营活动项目包含收益和损失的双重性,从而实现合理规避风险、确保资金安全使用的目的。

【小知识 8-2】　　　　　　风险评估

风险评估是量化测评某一事件带来的影响或损失的可能程度。有基于知识的分析方法、基于模型的分析方法、定性分析和定量分析等多种方法,目标是找出企业信息、资产面临的风险及其影响,以及目前安全水平与组织安全需求之间的差距。

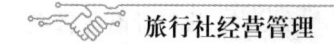

(三)坚持盈亏平衡分析

旅行社经营的盈亏平衡是指总收入等于总成本(包括固定成本和变动成本)时的产品销售额或销售量。在旅行社财务分析中,可以根据具体的旅游产品(包括包价旅游、半包价、单项旅游产品等),对成本、单价、组团人数和利润进行盈亏平衡分析,既是企业经营管理者进行市场预期绩效评估的基本根据,也是在实际的业务操作过程中,经营管理人员调整旅游产品的销售策略、价格策略和利润策略的主要依据。

【小知识8-3】　　　　　　盈亏平衡点的确定

一般说来,企业收入＝成本＋利润。如果利润为零,则有:收入＝成本＝固定成本＋变动成本。

同时,收入＝销售量×价格,变动成本＝单位变动成本×销售量。

这样,由销售量×价格＝固定成本＋单位变动成本×销售量,可以推导出,盈亏平衡点(销售量)＝固定成本/每计量单位的贡献差数。

资料来源:周三多.管理学.北京:高等教育出版社,2009.

第二节　旅行社资产管理

一、旅行社资产的构成

资产又称资本金,通常是指旅行社在工商行政管理部门登记的注册资金。按照流动性的强弱,旅行社资本金可以分为固定资金和流动资金两种形式;而从实物形态上讲,则表现为固定资产和流动资产两种形态。与其他行业相比较,旅行社资产构成具有明显的行业特点,即流动资产比重大,固定资产比重小。

按照不同的投资主体,旅行社资产还可以分为国家资产、法人资产、个人资产以及外商资产。其中,国家资产是指有权代表国家投资的政府部门或机构,以国有资产的方式投入企业形成的资本金,如土地、房屋、特许经营等;法人资产是指其他法人,以其依法可以支配的资产投入企业所形成的资本金,如控股、参股、技术入股等;个人资产则是指社会个人或本企业内部职工,以个人合法财产投入企业形成的资本金;外商资产是指国外投资者以及我国港、澳、台地区投资者投入企业形成的资本金。

伴随着未来旅行社信息化管理程度的不断提升,旅游产品市场销售与购买方式的不断变化,旅行社产品更替节奏的不断加快,旅行社资产的构成也将随之发生新的变化。

二、旅行社流动资金管理

旅行社的流动资金是指旅行社可以在一年内或者超过一年的一个营运周期内变现或者耗用的资产,包括现金、各种存款、债权资产(如短期投资、应收款项、预付款项以及存货等)。

(一)现金管理

现金是旅行社中流动性最大的资产,对企业市场经营活动的影响最为重要。旅行社应当严格遵守国家的有关规定,建立健全旅行社内部现金控制制度。

1. 合理确定现金库存限额

旅行社应当根据维持日常业务经营活动的开支需要,确定库存现金的数量大小,既不要因现金库存数量短缺而影响企业的市场业务经营活动,也不要因资金库存量太高而造成资金的闲置与浪费。

2. 严格规定现金使用范围

旅行社对于现金的使用范围应有明确的规定。一般来讲,旅行社的现金主要用于职工工资、各种工资性津贴和支付给个人的奖金,包括各种劳保、福利费以及国家规定的对个人的其他现金支出。旅行社现金使用的范围还涉及企业中个人劳动报酬、出差人员必须携带的差旅费、结算起点在 1000 元以下的零星支出,以及按照规定需要现金支付的其他支出等方面。除此之外,不能随意扩大现金的使用范围。

3. 制定现金收支管理制度

相对于其他企业来说,旅行社每天的现金流量比较大,应按照国家的有关规定,制定企业的收支管理制度,并严格遵守和执行,每天除留下必备的现金库存数额外,把余款存入银行。

【小知识 8-4】　　　　　　　"库存现金"科目

为了核算和监督库存现金的收、付和结存情况,旅行社应在资产负债表"资产"项目下设置"库存现金"科目。其借方反映库存现金的增加,贷方反映库存现金的减少,如有外币现金的收付,则应在现金科目中分别按不同的币种开设现金明细科目。

(二) 存款管理

根据国家相关规定和旅行社开展业务经营活动的需要,旅行社可以在银行开立人民币存款和外币存款账户。旅行社存入银行的各种款项,可随时用于业务经营往来和结算、发放工资等,还可以提取相应数额用以补充旅行社的库存现金。为保证银行所记录的业务与旅行社实际发生业务的一致性,旅行社应定期将各种存款账目与银行核对,并编制银行存款调节表对账实不符的情况进行及时调整。此外,旅行社不能向外出租或出借账户,不能签发空头支票或者套取银行信用。

(三) 债权资产管理

旅行社债权资产主要是指应收账款。应收账款是指旅行社在各类业务经营中发生的应当收回而尚未收回的资金。由于当前旅行社在实际的业务操作中往往采取先接待后结算的方式,应收账款成为占用旅行社流动资金的重要组成部分,而且由于应收账款的数量一般都比较大,因而成为旅行社财务管理过程中一个非常棘手的难题。从目前情况看,应收账款处理不当,已经给不少旅行社的发展带来相当大的困难。因此,为确保旅行社的合理经济收入,加强旅行社应收账款管理具有相当重要的现实意义和发展的战略意义。

1. 制定和执行信用政策

旅行社应针对具有不同市场信用度的合作企业采用不同的信用政策,分别进行控

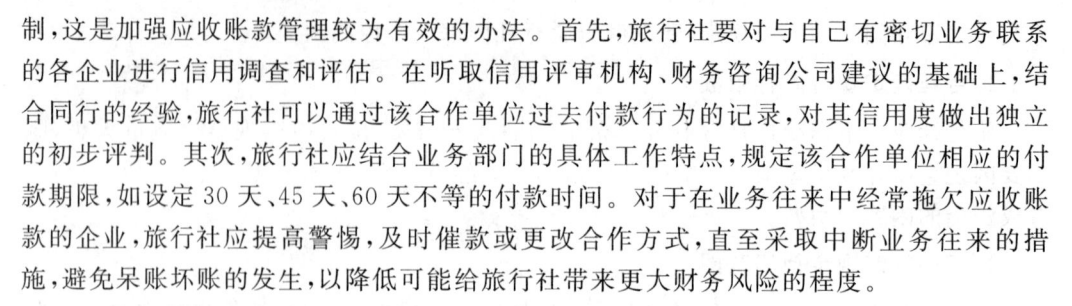

制，这是加强应收账款管理较为有效的办法。首先，旅行社要对与自己有密切业务联系的各企业进行信用调查和评估。在听取信用评审机构、财务咨询公司建议的基础上，结合同行的经验，旅行社可以通过该合作单位过去付款行为的记录，对其信用度做出独立的初步评判。其次，旅行社应结合业务部门的具体工作特点，规定该合作单位相应的付款期限，如设定30天、45天、60天不等的付款时间。对于在业务往来中经常拖欠应收账款的企业，旅行社应提高警惕，及时催款或更改合作方式，直至采取中断业务往来的措施，避免呆账坏账的发生，以降低可能给旅行社带来更大财务风险的程度。

2. 及时做好催讨工作

催讨应收账款是旅行社财务管理的一项重要工作。一方面，旅行社应从企业的实际需要出发，设专人专职进行催讨工作，以便从人力资源上保证催讨工作的顺利开展。旅行社可以把应收账款的管理工作落实到每个相关的业务部门和个人，通过将应收账款、资金回笼指标纳入企业经营管理活动的考核内容中去，并与奖罚措施进行挂钩，来提高旅行社员工做好催讨工作的积极性。另一方面，旅行社应制定催讨应收账款的工作流程，提高催讨工作的效率。一旦发生应收账款未到位的情况，旅行社可以将列有欠款企业的名单、金额、时间等具体要素的欠款明细清单寄往相关单位进行核对确认。同时，旅行社还要定期编制账龄分析表，在应收账款到期前对相关单位进行提醒。若到期未付，便要追踪，采取打电话、发传真、寄挂号信等形式进行催讨。对于欠款数额大、信誉差的单位应上门催讨，并考虑变更合作关系。

3. 建立坏账准备金

在市场经营活动中，由于旅行社具有流动资产比例高的总资产结构，使其发生呆账坏账的可能性相对于其他旅游企业而言概率更高。为弥补坏账可能给企业造成的损失，保证旅行社经营活动的正常开展，旅行社可以根据国家有关规定在年终提取坏账准备金，在发生坏账损失时可进行适当冲减。值得注意的是，旅行社计提的坏账准备金只是一个估计数，而不是实际发生的坏账损失数，其实际意义在于以估计坏账抵减应收账款，并把应收账款降低到可望收回的金额。

三、旅行社固定资产管理

旅行社固定资产是指使用年限在一年以上的房屋、建筑物、交通运输工具及通信设备等。与一般企业相比，旅行社固定资产相对较少，其管理主要集中在以下几个方面。

(一) 旅行社固定资产折旧

固定资产折旧是指固定资产由于磨损而转移到产品和服务成本中的那部分价值。在旅行社中可以计提折旧的固定资产主要是房屋或其他类型的建筑物、在用的机器设备、运输车辆、季节性使用和修理停用的设备等。对于旅行社固定资产的折旧一般采用平均年限法和工作量法进行计算。

1. 平均年限法

$$年折旧率＝(1－预计净残值率)/固定资产的预计使用年限$$

$$月折旧率＝年折旧率÷12$$

月折旧额＝固定资产原始价值×月折旧率

平均年限法是以固定资产的预计使用年限为出发点进行计算的，旅行社中大部分可计提折旧的固定资产都可采用这种方法。按惯例，一般营业用房的预计使用年限为20～50年。而旅行社固定资产的预计净残值率，一般按照固定资产原值的3%～5%确定。

2. 工作量法

单位工作量折旧额＝[固定资产原值×(1－预计净残值率)]/预计工作总量

本期应提折旧额＝本期实际完成工作量×单位工作量折旧额

工作量法是一种以固定资产的实际使用时间或使用量为自变量，与年限无绝对直接依存关系的折旧方法。旅行社有些固定资产，如用于接待旅游者的旅游客车由于使用的频度不均匀，发生的磨损程度也差异较大，对于这类资产，旅行社一般可采用工作量法来提取折旧。

(二) 旅行社维修费用提取

旅行社维修费用提取与一般企业相似，发生的固定资产维修费用计入当期成本。对于数额较大、分布于不同周期的维修费用，可以分期计入成本，也可以根据计划，分期从成本中进行预提。

(三) 旅行社资产盘亏、盘盈、报废及毁损处理

旅行社对盘亏、盘盈、报废及毁损的固定资产应及时做营业外收支处理。

[小知识8-5] 大型旅行社资源要素表

资源要素	资源类型	名称	资产类型
生产相关资源	技术资源	与生产直接相关的技术	有形资产 无形资产
实物资源	门市、设备、物业、户外广告资源		
采购能力	议价能力		
稀缺资源			
市场资源	渠道	营销网络、区位优势、官网、门市	有形资产
关系资源	客户关系、政府关系、合作伙伴关系	无形资源	
营销能力	历史文化、服务能力	无形资产	
杠杆资源	特许经营、加盟连锁、第三方合作资源	无形资产	
商誉资源	品牌资源	企业品牌、服务品牌	无形资产
文化资源	企业文化		
公司治理资源	管理资源	管理制度、组织机构、经营管理能力	
人力资源	内部人力资源、外部可利用人力资源、培训体系	无形资产	
金融及财务资源	资金、规模、周转能力、融资能力	有形资产、无形资产	
信息资源	信息资源	获取企业外部信息能力、内部信息交换、合作伙伴信息共享资源	有形资产 无形资产

第三节　旅行社成本与税费管理

成本与税费是旅行社财务管理的一项重要内容,是对经营过程中发生的成本与税费进行计划、核算、分析和控制,以提高旅行社经营活动的利润,降低企业经营成本,提高费用管理潜力的重要手段。

一、旅行社成本与费用构成

根据不同的分类方式,可以将旅行社成本划分为多种类型。根据功能分,旅行社的成本可以分为代付成本、费用成本。根据变量分,旅行社的成本可以分为固定成本、变动成本。而按时间分,旅行社的成本又可以分为历史成本、未来成本。如果按责任分,旅行社的成本还可以分为可控成本、不可控成本等。但无论怎样划分,一般由营业成本、营业费用、管理费用、财务费用等四项内容构成。

(一)旅行社营业成本

旅行社的营业成本是指旅行社在经营过程中为组织旅游者进行旅游活动而发生的各项直接支出,包括房费、餐费、交通费、文娱费、行李托运费、票务费、门票费、专业活动费、签证费、陪同费、劳务费、宣传费、保险费、机场建设费等各项代收、代付的费用。

(二)旅行社营业费用

旅行社营业费用是指旅行社各营业部门为开展市场经营业务活动而发生的各项费用,以及由旅行社统一负担的费用,包括运输费、装卸费、包装费、保管费、保险费、燃料费、水电费、展览费、广告宣传费、邮电费、差旅费、洗涤费、清洁卫生费、低值易耗品摊销、物料消耗、经营人员的工资(含奖金、津贴和补贴)、职工福利费、服装费及其他各类营业费用。这些费用虽然不与旅行社的旅游产品直接相关,但是都可以划归某一营业部门。

(三)旅行社管理费用

旅行社管理费用是指旅行社组织和管理经营活动而发生的费用,以及由旅行社统一负担的费用,包括公司经费、工会经费、职工教育经费、劳动保险费、待业保险费、劳动保护费、董事会会费、外事费、租赁费、咨询费、审计费、排污费、绿化费、土地使用费、技术转让费、税金、燃料费、水电费、折旧费、修理费、无形资产摊销、低值易耗品摊销、开办费摊销、交际应酬费、坏账损失及其他各项管理费用。在人力资源管理、财务管理等职能部门发生的各种管理费用,一般也都列入旅行社的管理费用中。

(四)旅行社财务费用

旅行社财务费用是指旅行社在经营期间为筹集资金而发生的费用,包括旅行社在经营活动期间发生的利息净支出、净汇兑、金融机构的手续费及筹资过程中发生的其他费用。

此外,需要强调的是,旅行社发生的下列支出,不得计入成本费用:
(1)为购置设备和建造房屋等固定资产、购入无形资产和其他资产所发生的支出。

(2)对外进行项目的投资支出和分配给投资者的利润。

(3)因违法经营而被没收财物所造成的损失。

(4)支付的各项赔偿金、违约金、滞纳金、罚款,以及赞助、捐赠等支出。

(5)国家规定不得列入成本、费用的其他开支。

二、旅行社税金构成

旅行社应当按照国家的有关规定,定期计算并缴纳各种税金。按照我国旅游企业的课税依据,旅行社依法缴纳的税金大致可以分为以下五类:

(1)以财产、物质为征税对象的税金,如:房产税、土地使用税、车船使用税等。

(2)以营业收入净额为计征对象的税费,如:营业税、城市建设维护税、教育附加费等。

(3)以利润总额为征税对象的税金,如:所得税等。

(4)以个人为征税对象的个人所得税。

(5)印花税,以及其他应缴纳的税收。

需要注意的是,虽然营业税一般是以营业收入净额为计税基础,但是由于旅行社特别是组团旅行社的营业收入中包括了相当一部分属于为其他旅游和服务企业代收的收入,为了避免重复纳税,旅行社应将营业总收入中属于代收性质的那部分收入从营业收入总额中剔除,也就是说,旅行社只按照其营业收入净额计算并缴纳税金。

目前,我国旅行社的营业税率为5%,而其他附加税金为0.5%。

三、成本与税费管理方法

旅行社成本与税费管理是旅行社在经营过程中按照事先制定的目标,对旅行社日常发生的各项经营活动,按照一定的原则,采用专门的方法进行严格的管理和监督,把各种经营成本费用控制在允许范围内的一种财务管理方法。由以下几个部分组成。

(一)确立目标成本

确立目标成本是旅行社进行成本控制的首要步骤,也是旅行社进行经营活动保本点分析的必然结果,这是旅行社完成企业利润指标、实现企业发展计划的基础。旅行社可以根据本企业的实际情况和经营目标,并参照行业内其他旅行社经营成本费用水平,制定出目标成本。确立目标成本的具体方法有分解法、定额法和预算法三种。

1. 分解法

分解法,是指旅行社将目标成本制定过程经过自上而下再由下而上两步,在旅行社内部各部门、各岗位进行分解。

第一步,旅行社管理层将总的目标成本和成本费用进行分解,并且落实到旅行社各个职能部门,并由各部门分解落实到各个岗位或者个人。

第二步,各个岗位或个人将修订后的目标向上进行汇总,经过管理层的综合平衡后,

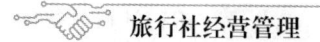

最终成为旅行社进行市场经营活动的整体目标成本。

2. 定额法

定额法,是指旅行社在确定各种经营成本或费用合理定额的基础上,制定企业经营活动总的目标成本,对于不能直接确定定额的项目,则可参照行业平均水平以及旅行社的实际条件所规定的限额。

3. 预算法

预算法,是指旅行社把经营成本划分为同销售收入成比例增减的变动成本费用,不成比例增减的半固定或半变动成本费用,以及与销售收入增减无关的固定成本费用。然后,按照业务量来分别制定弹性预算,并将其作为成本控制的目标成本。

(二)加强日常管理

旅行社在经营活动中可能遇到的复杂情况比较多,产品构成的些许变化也许最终会导致经营成本费用的极大差异。所以,在制定出目标成本之后,旅行社还必须加强对日常经营活动的管理,以便在实际操作中及时调整各种偏差,严格控制物品消耗和经费支出。旅行社成本费用的日常控制主要包括建立成本控制信息系统、实行责任成本制和进行重点控制三个方面。

旅行社成本控制信息系统是采用现代信息技术手段,针对旅行社产品季节性差异大、不确定因素多的情况,通过系统化管理,对专项产品进行专项控制,达到及时指导经营活动的目的。

旅行社的责任成本制度则是通过明确成本责任中心的方式,推动旅行社各职能部门的全体员工共同参与成本控制管理。

而所谓进行重点控制,就是根据成本费用项目的权重,实施不同的控制力度。旅行社应对企业内部那些占成本费用比重较大的、实现目标成本难度较大的以及成本降幅潜力较大的部门和岗位实施重点控制,以提高成本费用管理的效率。

(三)严格财务稽核

通过建立完善的财务稽核制度,旅行社可以加强对原始记录、会计核算、会计分析的控制,将各种差错消灭在萌芽状态,这也有助于改进管理作风。与此同时,旅行社在对各部门财务工作进行定期和不定期的检查考核中,要注意做好以下三项工作:第一,检查各部门经营活动中目标成本的实现情况,查找工作中存在的问题,并分析产生的原因。第二,对各部门和个人在成本费用控制中的工作进行考评,并给予相应的奖励或惩罚。第三,在进一步总结经验的基础上,对成本费用的控制方法进行修订,逐步实现标准化的管理程序。

总之,运用以上方法,可以促使旅行社通过对产品设计、产品开发、产品采购、产品销售与促销、旅游服务接待等方面的成本和费用的形成过程进行全面监督和分析,及时纠正经营活动中可能发生的偏差,努力将经营成本控制在目标决策范围内,从而为旅行社利润目标的实现提供保证。

【小知识8-6】　　　　　　　　财务稽核

财务稽核是财务稽查和财务复核的简称。

财务稽核制度是内部控制制度的重要组成部分,是会计机构本身对于会计核算工作进行的一种自我检查或审核工作。建立会计机构财务稽核制度,其目的在于防止会计核算工作上的差错和有关人员的舞弊。

通过财务稽核,对日常会计核算工作中出现的疏忽、错误等及时加以纠正或者制止,以提高会计核算工作的质量。会计稽核是会计工作的重要内容,也是规范会计行为、提高会计质量的重要保证。因此,几经修订的《会计法》,始终强调各单位应该建立健全内部稽核制度。

资料来源:财政部会计资格评价中心.中级财务管理[M].北京:中国财经出版社,2009.

第四节　旅行社营业收入与结算管理

一、旅行社营业收入管理

(一)营业收入的构成

旅行社营业收入是指旅行社在一定时期内,由于向旅游者提供服务而获得的全部收入。根据国家统一财务制度的规定,旅行社代收和代付的各种费用也应全部计入旅行社营业收入的总额之中。具体而言,旅行社营业收入主要包括以下几个方面。

1. 综合服务费收入

综合服务费收入是指旅行社为旅游团(者)提供综合服务所获得的各种收入,包括导游费、餐费、房费、文娱活动费、市内交通费、全程陪同费、组团费和接团手续费等。

2. 零星服务收入

零星服务收入是指旅行社承接散客旅游者委托代办各种国内外服务事项所取得的收入。

3. 票务收入

票务收入是指旅行社为旅游者代理和代售国际、国内联运客票的手续费收入。

4. 加项收入

加项收入是指旅行社在旅游活动中,由于旅游者增加游览项目和风味餐等活动所带来的经营收入。

5. 其他服务收入

其他服务收入是指旅行社在经营活动中产生的不属于以上各项目的各种服务收入。

(二)营业收入管理原则

旅游活动的综合性以及旅行社经营活动的特殊性,决定了代收和代支的款项在旅行社营业收入中占据很大比重,这也是旅行社营业收入管理区别于其他企业营业收入管理的一个重要特征。因此,在对旅行社营业收入进行管理的过程中,必须坚持准确核算与合理界定的管理原则。

1. 准确核算

准确核算是指按照权责发生制,准确核算旅行社的营业收入。旅行社的经营活动在符合以下两个条件时,即可确认获得了营业收入。

第一,旅行社已经向旅游者提供了合同上所规定的所有服务项目。

第二,旅行社已经从旅游者或组团处收到团款。

需要注意的是,由于旅行社代收和代付的款项在营业收入中所占的比例较大,旅行社营业收入的核算对象除了营业收入总额以外,还应注意对营业收入净额的核算。同时,在旅行社经营过程中,从实现产品到获得实际的营业收入存在一定的时间间隔。但是,按照权责发生制的原则,旅行社的营业收入无论是否到位,都应该作为已实现收入入账,并形成应收账款项目。

2. 合理界定

加强旅行社营业收入管理的另一个重要原则是合理界定营业收入实现的时间。根据有关规定,对旅行社营业收入的时间进行合理界定的原则为以下三条:

第一,从国内旅游业务角度进行界定。接团社以旅游者离开本地时作为营业收入实现的时间,而组团社以旅游者旅行结束返回原出发地时作为营业收入实现的时间。

第二,从入境旅游业务角度进行界定。以旅游者离境或离开本地时作为营业收入实现的时间。

第三,从出境旅游业务角度进行界定。以旅游者旅行结束返回国内原出发地时作为营业收入实现的时间。

二、旅行社利润管理

(一)旅行社利润的构成

旅行社的营业利润、投资净收益和营业外收支净额构成了旅行社利润总额,它是衡量旅行社在一定时期内开展市场经营活动的最终成果。通过对旅行社利润指标的考核和比较,能够综合地反映出旅行社在经营周期内所取得的经济效益。

1. 旅行社营业利润

旅行社营业利润是指旅行社进行正常的业务活动所取得的经营成果,即营业收入扣除营业成本、营业费用、营业税金、管理费用、财务费用后的净额。旅行社营业利润是构成旅行社利润的主要组成部分。

2. 旅行社投资净收益

旅行社投资净收益是指旅行社的投资收益扣除投资损失后的数额。旅行社投资收益包括旅行社对外投资所得的利润、取得的股利、债券利息、投资到期收回或中途转让取得的款项高于投出资产账面净值的差额等。旅行社的投资损失是指因投资不当而产生的投资亏损额,或指投资到期收回或中途转让取得的款项低于投出资产账面净值的差额等。

3. 旅行社营业外收支净额

旅行社营业外收支净额是指旅行社的营业外收入减去营业外支出后的差额。营业外收入和营业外支出是指与旅行社生产经营活动没有直接关系的各项收入与支出。旅行社的营业外收入包括固定资产盘盈和变卖的净收益、确实无法支付而按规定程序批准后转作营业外收入的应付账款、礼品折旧和其他收入等。旅行社的营业外支出包括固定资产盘亏和毁损、报废的净损失、非常损失、赔偿费、违约金、罚息和公益性捐赠等。

(二)旅行社利润分析

利润指标是考核旅行社经营效果的一项综合性经济指标。对旅行社利润指标的分析可以在以下三个层次上展开。

1. 旅行社利润总额分析

对旅行社利润总额进行分析可采用比较分析法。旅行社通过本年度利润与上年度利润或与计划利润的比较,可以基本掌握本企业利润总额的增减变动情况。

实际利润较计划利润增减额＝本年实际利润总额－本年计划利润总额

完成计划百分比＝(本年实际利润总额/本年计划利润总额)×100%

超额或未完成计划百分比＝完成计划百分比－100%

2. 旅行社营业利润分析

在使用比较分析法对旅行社的营业利润计划指标与实际结果进行对比分析的基础上,旅行社应进一步分析营业利润,找出影响企业营业利润的因素。对营业利润的分析往往运用因素分析法,即在营业收入一定的情况下,从营业成本、营业税金、管理费用和财务费用入手,重点分析影响旅行社营业利润实现的主要原因,并及时采取有效措施,降低经营成本费用,从而切实增加企业的营业利润。

3. 旅行社利润率分析

通过各项经济指标的比率分析,旅行社可以准确评估企业资源配置的有效性,并寻找利润管理的突破口。在旅行社财务管理中经常使用的利润率指标主要有以下几个:

第一,用以衡量旅行社资本金获利能力的资金利润率。

资金利润率＝(利润总额/资金占用率)×100%

第二,用以衡量旅行社盈利水平的营业利润率。

营业利润率＝(利润总额/营业收入净额)×100%

第三,用以衡量旅行社成本费用与利润关系的成本利润率。

$$成本利润率=(利润总额/成本费用总额)×100\%$$

第四,用以衡量旅行社接待人天数与利润关系的人天利润率。

$$人天利润率=(利润总额/人天总数)×100\%$$

(三)旅行社利润管理

旅行社利润管理是旅行社财务管理的一项重要内容,其主要内容是确定目标利润和进行利润分配。

1. 确定目标利润

在确定目标利润时,如果外部宏观环境以及行业内的竞争没有发生较大变化时,旅行社可以参考行业平均水平以及根据本企业的发展实力来决定,一般可以在上年度实际取得利润的基础上,将目标利润指标进行合理提高。目标利润确定后,旅行社应当积极开拓市场、有效降低经营成本以配合计划目标的实现。从另一角度讲,旅行社也有必要将目标进行分解,建立旅行社各部门或个人收益与旅行社经济效益挂钩的管理和激励机制,从制度上促使全体员工自觉参与旅行社的经营利润管理。

2. 进行利润分配

旅行社利润的分配必须兼顾国家、集体、个人三者的利益。旅行社应按照国家税务制度的要求,及时准确地上缴各项税金。同时,合理分配留归旅行社的利润。这里的合理分配是指既要满足旅行社经营发展的需要,也必须公平合理地给予投资者以经济回报。在现实的利润分配中,由于旅行社经营管理体制的不同,利润分配的具体方式也存在一定的差异性。

三、旅行社结算管理

旅行社的结算是指旅行社与有关旅游和服务企业以及个人之间,由于劳务供应、资金调拨及其他款项往来而发生的货币收付行为。从我国旅游的实际情况看,旅行社结算分为国际结算和国内结算两大部分。

(一)旅行社国际结算管理

旅行社的国际结算属于非贸易结算。目前,我国旅行社普遍采用汇款结算的方法。汇款方式主要包括电汇、信汇和票汇三种。

1. 电汇

电汇是汇出行应汇款人的申请,拍发加押电报或电传给在另一国家的分行或代理行(即汇入行),指示其解付一定金额给收款人的一种汇款方式。

2. 信汇

信汇是汇出行应汇款人的申请,将信汇委托书寄给汇入行,授权解付一定金额给收款人的一种汇款方式。

3. 票汇

票汇是汇出行应汇款人的申请,代汇款人开立以分行或代理行为解付行的银行即期汇票,支付一定金额给收款人的一种汇款方式。

这三种方式在实际操作中各有利弊:电汇交款速度快,但费用也较高。信汇费用低廉,但是速度较慢,而且操作较为烦琐。票汇可以转让流通,但是必须由收款人持票登门取款。旅行社一般在紧急状况下因资金数额较大时使用电汇。

除了以上三种方式以外,旅行社还可以使用信用证、旅行支票以及信用卡进行国际结算。

【小知识 8-7】　　　　　　　信用证、旅行支票、信用卡

1. 信用证是国际贸易中最主要、最常用的支付方式,是开证银行应申请人的要求并按其指示向第三方开立的载有一定金额的,在一定的期限内凭符合规定的单据付款的书面保证文件。

2. 旅行支票是由规模较大的银行、公司(旅行社或信用卡公司)印发的专供旅游者使用的一种定额支票,汇款人既是支票购买人,也是收款人和持票人。

3. 信用卡是银行或专门机构发给其认为可靠的客户,以供客户购买商品和取得服务的一种短期消费信贷的凭证。

随着我国经济实力的增强、对外交往的扩大,旅行支票与信用卡的使用越来越普遍。目前,我国旅行社一般都接受客户的信用卡结算,所使用的信用卡具体分为内卡和外卡两种。内卡包括我国范围发行的加入金卡联网系统的各类银行卡,如建行龙卡、中行长城卡等。外卡包括 VISA、MASTER、DINNER 等。一般来说,使用信用卡进行结算,旅行社都要相应收取 1%～10% 不等的手续费。

旅行社应当根据自身的特点选择合适的结算方式,并且按照国际结算的有关规定,严格执行结算程序,保证旅行社经营活动的有序开展。

目前,我国国际旅行社进行国际结算的具体程序主要包括以下三个步骤:

首先,根据旅游团(者)的旅华日程表,国外旅行社提前 15 天汇款,旅行社同时实行预订金和预消费制度。

其次,旅行社核对外汇水单(即银行办妥收款后通知入账的存款单据)与旅游团(者)的实际旅费是否相符。

最后,旅行社编制结算账单,在与旅华日程表核对后填写结算通知单,经核对无误后将有关票据汇往国外旅行社,若有差别,则在结算通知单上注明处理意见,通过银行退款或加收款项。

(二)旅行社国内结算管理

旅行社国内结算是旅行社与国内其他旅游经营单位之间发生的货币收支行为,即组团社与接团社、接团社与酒店、餐馆、航空公司、铁路、旅游景点等单位之间进行的计价结算。

我国旅行社的国内结算大多采用银行转账的方式,由旅行社与相关单位按照国家规定的有关标准以及双方签订的协议进行结算,一般每年都要对双方所依据的协议进行确认,通过合同的方式加以约束。此外,在接团社与组团社之间普遍采用涵盖旅游行程、接待计划等相关要素在内的"旅行社旅游团费结算表"作为双方结算的凭证。

【小知识 8-8】　　　　　旅行社结算款科目设立

为了加强旅行社营业收入的核算,除设立"营业收入"科目外,还要通过结算款科目进行营业收入的过渡性核算。

第五节　旅行社财务分析

一、旅行社财务分析的内容

旅行社财务分析是以会计核算和报表资料及其他相关资料为依据,运用专门的分析技术和方法,对过去和现在一系列经营活动的盈利能力、营运能力、偿债能力和增长能力状况等进行分析与评价的经济管理活动。它是为企业的投资者、债权人、经营者及其他关心企业的组织或个人了解企业过去、评价企业现状、预测企业未来做出正确决策提供准确的信息或依据的重要基础。

旅行社财务分析的内容主要有:

(一)资金运作分析

根据旅行社业务战略与财务制度,预测并监督现金流和各项资金使用情况,为旅行社的资金运作、调度与统筹提供信息与决策支持。

(二)财务政策分析

根据各种财务报表,分析并预测旅行社的财务收益和风险,为旅行社的业务发展、财务管理政策制度的建立及调整提供建议。

(三)经营管理分析

参与销售、生产的财务预测、预算执行分析、业绩分析,并提出专业的分析建议,为业务决策提供专业的财务支持。

(四)投融资管理分析

参与投资和融资项目的财务测算、成本分析、敏感性分析等活动,配合制定投资和融资方案,防范风险,并实现旅行社利益的最大化。

(五)财务分析报告

根据财务管理政策与业务发展需求,撰写财务分析报告、投资财务调研报告、可行性研究报告等,为旅行社财务决策提供分析支持。

二、旅行社财务分析的方法

财务分析的方法有很多,但目前我国企业常用的主要有比较分析、趋势分析、因素分析和比率分析四种。

(一)比较分析

比较分析是将具有可比性的各种经济指标在同一基础上进行比较,根据比较差异来揭示各种财务活动的合理性。通过财务信息之间的数量关系与数量差异,为进一步的分析指明方向。这种比较可以是将实际与计划相比,可以是本期与上期相比,也可以是与同行业的其他企业相比。

(二)趋势分析

趋势分析是根据时间上的变化来分析旅行社未来发展趋势的一种方法,也称动态分析法。能够揭示财务状况和经营成果的变化及其原因、性质,帮助预测未来。用于进行趋势分析的数据既可以是绝对值,也可以是比率或百分比数据。

(三)因素分析

因素分析是根据财务综合指标所固有的因果关系,将多种因素共同影响的综合指标分解为各个具体因素后,逐个确定对某一财务指标的影响程度的分析方法。一般要借助于差异分析的方法。

(四)比率分析

比率分析是通过把同一时期财务报表上若干重要项目的相关数据相互比较,求出比率,用以分析和评价旅行社经营活动以及旅行社目前和历史状况的一种方法。对财务比率的分析有助于了解企业的财务状况和经营成果,往往要借助于比较分析和趋势分析方法。

上述各方法有一定程度的重合。在实际工作当中,比率分析方法应用最广。

三、旅行社财务报表

财务报表亦称对外会计报表,是会计主体对外提供的反映会计主体财务状况和经营的会计报表,包括资产负债表、损益表、现金流量表或财务状况变动表、附表和附注。

(一)资产负债表

资产负债表(表8-1)是指反映旅行社在某一特定日期的财务状况的静态报表。资产负债表主要反映资产、负债和所有者权益三方面的内容,并满足"资产＝负债＋所有者权益"平衡式。

(1)资产应当按照流动资产和非流动资产两大类别在资产负债表中列示,在流动资产和非流动资产类别下进一步按性质分项列示。

(2)负债应当按照流动负债和非流动负债在资产负债表中进行列示,在流动负债和非流动负债类别下再进一步按性质分项列示。

(3)所有者权益一般按照实收资本、资本公积、盈余公积和未分配利润分项列示。

表 8-1　　　　　　　　　　　旅行社资产负债表

企会01表

编制单位：　　　　　年　月　日　　　　　　　　　　　　　　　　　　　单位:元

资产	期末余额	年初余额	负债和所有者权益	期末余额	年初余额
流动资产：			流动负债：		
货币资金			短期借款		
交易性金融资产			交易性金融负债		
应收票据			应付票据		
应收账款			应付账款		
预付款项			预收款项		
应收利息			应付职工薪酬		
应收股利			应交税费		
其他应收款			应付利息		
存货			应付股利		
一年内到期的非流动资产			其他应付款		
其他流动资产			一年内到期的非流动负债		
流动资产合计			其他流动负债		
非流动资产：			流动负债合计		
可供出售金融资产			非流动负债：		
持有至到期投资			长期借款		
长期应收款			应付债券		
长期股权投资			长期应付款		
投资性房地产			专项应付款		
固定资产			预计负债		
在建工程			递延所得税负债		
工程物资			其他非流动负债		
固定资产清理			非流动负债合计		
生产性生物资产			负债合计		
油气资产			所有者权益(或股东权益)：		
无形资产			实收资本(或股本)		
开发支出			资本公积		
商誉			减:库存股		
长期待摊费用			盈余公积		
递延所得税资产			未分配利润		
其他非流动资产			所有者权益(或股东权益)合计		
非流动资产合计					
资产总计			负债和所有者权益(或股东权益)总计		

(二)损益表

损益表(表8-2)又称利润表,是用以反映旅行社在一定期间利润实现(或发生亏损)的一张动态报表。损益表可以为报表的阅读者提供做出合理的经济决策所需要的有关资料,可用来分析利润增减变化的原因,旅行社的经营成本,做出投资价值评价等。

损益表的项目,按利润构成和分配分为两个部分。其利润构成部分先列示销售收入,然后减去销售成本得出销售利润;再减去各种费用后得出营业利润(或亏损);再加减营业外收入和支出后,即为利润(亏损)总额。利润分配部分先将利润总额减去应交所得税后得出税后利润;其下即为按分配方案提取的公积金和应付利润;如有余额,即为未分配利润。损益表中的利润分配部分如单独划出列示,则为"利润分配表"。

表 8-2 旅行社利润表

企会 01 表

编制单位: 年 月 日 单位:元

项目	本期金额	上期金额
一、营业收入		
减:营业成本		
营业税金及附加		
销售费用		
管理费用		
财务费用		
资产减值损失		
加:公允价值变动收益(损失以"－"号填列)		
投资收益(损失以"－"号填列)		
二、营业利润(损失以"－"号填列)		
加:营业外收入		
减:营业外支出		
其中:非流动资产处置净损失(净收益以"－"号填列)		
三、利润总额(损失以"－"号填列)		
减:所得税		
四、净利润(净亏损以"－"号填列)		
五、每股收益		
(一)基本每股收益		
(二)稀释每股收益		

法定代表人: 财务负责人: 审核人: 制表人:

(三)现金流量表

现金流量表(表 8-3)是反映旅行社在一定时期现金流入和现金流出动态状况的报表。其组成内容与资产负债表和损益表相一致。通过现金流量表,可以概括反映经营活动、投资活动和筹资活动对企业现金流入流出的影响,对于评价企业的实现利润、财务状况及财务管理,要比传统的损益表提供更好的基础。

表 8-3　　　　　　　　　旅行社现金流量表

企会 01 表

编制单位：　　　年　月　日　　　　　　　　　　　　　　　　　　　　单位：元

资产、负债类账户			收入、费用类账户		
账户名称	年初金额	年末金额	账户名称	借方发生额	贷方发生额
现金及银行存款			主营业务收入		
应收账款			主营业务成本		
坏账准备			销售费用		
预付账款			管理费用		
原材料			财务费用		
库存			投资收益		
待摊费用			营业外收入		
长期股权投资			营业外支出		
固定资产					
无形资产					
短期借款					
应付账款					
预收账款					
应付职工薪酬					
应付股利					
应交税费(应交增值税)					
长期借款					
应付债券					

四、旅行社财务状况分析与评价

旅行社财务状况分析是反映财务状况的会计要素，也是财务报表分析的主要内容之一，主要指对旅行社目前资产、负债和所有者权益的各个方面进行评价。

(一)偿债能力分析

1. 流动比率

流动比率表示每一元流动负债有多少流动资产作为偿付担保。计算公式为

$$流动比率 = 流动资产/流动负债 \times 100\%$$

它既反映了短期债权人的安全程度，又反映了旅行社营运资本的能力。一般认为，流动比率为 2∶1 对于旅行社是比较合适的。

2. 速动比率

速动比率是企业速动资产与流动负债的比率。计算公式为

$$速动比率 = 速动资产/流动负债 \times 100\%$$

这一比率用以衡量旅行社流动资产中可以立即用于偿付流动负债的能力。一般认为，速动比率 1∶1 较为合适。它表明旅行社的每一元短期负债，都有一元易于变现的资

产作为抵偿。

3. 现金比率

现金比率是旅行社现金类资产与流动负债的比率。计算公式为

$$现金比率 = 现金/流动负债 \times 100\%$$

现金类资产包括旅行社所拥有的货币资金和持有的有价证券。这一比率不能过高，否则就意味着旅行社流动负债未能得到合理的运用，经常以获利能力低的现金类资产保持着，这样会导致旅行社机会成本增加。

4. 资产负债率

资产负债率表明旅行社资产总额中，债权人提供资金所占的比重，以及旅行社资产对债权人权益的保障程度。计算公式为

$$资产负债率 = 负债总额/资产总额 \times 100\%$$

这一比率越小，表明旅行社的偿债能力越强。

5. 产权比率

产权比率反映旅行社所有者权益对债权人权益的保障程度。这一比率越低，表明旅行社的长期偿债能力越强，债权人权益的保障程度越高，承担的风险越小，但企业不能充分地发挥负债的财务杠杆效应。

6. 利息保障倍数

利息保障倍数又称已获利息倍数，它反映了获利能力对债务偿付的保证程度。利息保障倍数应至少大于1，且比值越高，旅行社偿债能力越强。

(二) 营运能力分析

1. 应收账款周转率

应收账款周转率是反映应收账款周转速度的指标。计算公式为

$$应收账款周转率 = 赊销收入净额/平均应收账款余额 \times 100\%$$

其中　　赊销收入净额 = 销售收入 − 现销收入 − 销售退回、折让、折扣

这一指标反映了旅行社应收账款变现速度的快慢及管理效率的高低，周转率越高，反映收账越迅速，偿债能力越强，从而可以最大限度地减少坏账损失，相对增加企业流动资产的投资效益。

2. 存货周转率

存货周转率是反映企业销售能力和流动资产流动性的一个综合性指标，也是衡量企业生产经营各环节中存货运营效率的一个综合性指标。计算公式为

$$存货周转率 = 营业成本/平均存货 \times 100\%$$

其中　　　　　　平均存货 = (期初存货 + 期末存货)/2

3. 流动资产周转率

流动资产周转率是反映企业流动资产周转速度的指标。计算公式为

$$流动资产周转率 = 营业收入/流动资产平均占用额 \times 100\%$$

其中　　　　流动资产平均占用额＝(期初流动资产＋期末流动资产)/2

在一定时间内,流动资产周转次数越多,表明以相同的流动资产完成的周转额越多,流动资产利用效果越好。

4. 固定资产收入率

固定资产收入率可用来分析旅行社固定资产的使用效率,如果这个比率较低,则说明旅行社利用固定资产进行经营的效率较差,最终影响旅行社资产的利用程度。计算公式为

固定资产收入率＝销售收入总额/固定资产平均占用总值×100％

5. 全部资产收入率

全部资产收入率可用来分析旅行社全部资产的使用效率。计算公式为

全部资产收入率＝总收入/平均总资产×100％

(三) 获利能力分析

1. 销售毛利分析

所谓销售毛利,是指主营业务收入与主营业务成本之差。销售毛利的计算有绝对数和相对数两种方式。计算公式为

销售毛利额＝主营业务收入－主营业务成本

销售毛利率＝销售毛利额/主营业务收入×100％

2. 营业利润率分析

营业利润率是指企业营业利润与主营业务收入的比率,该指标用于衡量企业主营业务收入的净获利能力。计算公式为

营业利润率＝营业利润/主营业务收入×100％

其中　营业利润＝主营业务利润＋其他业务利润－资产减值准备－营业费用－管理费用－财务费用。

3. 总资产收益率分析

总资产收益率也称总资产报酬率,是旅行社一定期限内实现的收益额与该时期旅行社平均资产总额的比率。它是反映旅行社资产综合利用效果的指标,也是衡量旅行社总资产获利能力的重要指标。计算公式如下

总资产收益率＝收益总额/平均资产总额×100％

其中　　　　　　收益总额＝税后利润＋利息＋所得税

平均资产总额＝(期初资产总额＋期末资产总额)/2

案例 8-1

某旅行社流动资产周转率分析表见表8-4。

表8-4　　某旅行社流动资产周转率分析表　　单位:万元

项目	2019年	2020年
销售收入	40938	48201
流动资产平均余额	35563	48592
其中:平均存货	12806	14510
销售成本	26801	32187
流动资产周转次数	1.15	0.99
流动资产垫支周转次数	0.75	0.66
成本收入率	152.75	149.75
存货周转次数	2.09	2.22
存货构成率	36.01	29.86

分析:

1.流动资产周转次数如下

分析对象＝0.99－1.15＝－0.16(次)

流动资产垫支周转次数影响＝(0.66－0.75)×152.75％＝－0.14(次)

成本收入率变动影响＝0.66×(149.75％－152.75％)＝－0.02(次)

2.流动资产垫支周转次数如下

分析对象＝0.66－0.75＝－0.09(次)

存货周转次数影响＝(2.22－2.09)×36.01％＝0.05(次)

存货构成率影响＝2.22×(29.86％－36.01％)＝－0.14(次)

3.根据表资料计算

(1)该企业流动资产周转是否节约资金?

流动资产周转缓慢所浪费的流动资产＝48201×(1÷0.99－1÷1.15)＝6774(万元)

(2)该企业流动资产周转是否增加收入?

流动资产周转缓慢所减少的收入＝35563×(1.15－0.99)＝－5690(万元)

本章小结

本章主要介绍旅行社流动资产管理与固定资产管理、成本费用管理、营业收入与利润管理、税金管理以及结算管理等内容。

财务管理作为旅行社管理工作的重要组成部分,是科学评估旅行社经营效益、合理配置旅行社经营资源的重要手段。

案例分析

旅行社应该如何使用财务管理工具优选经营方案

信用政策是旅游企业财务管理的一个重要组成部分,它是指企业为对应收账款投资进行规划与控制而确立的基本原则与行为规范。主要包括信用标准、信用条件和收账政策三部分内容。其中,信用标准的确定需要在应收账款的收益与成本之间权衡,力争使边际收益等于边际成本。信用条件是指旅游企业要求客户支付赊销款项的条件,一般由信用期限、折扣期限和现金折扣三部分组成。某旅行社长期从事"沙漠探险七日游"的接团工作,现在采用30天按发票金额付款(即不给折扣),为了提高收益水平,拟将信用期放宽至60天,仍按发票金额付款,该旅行社的最低报酬率要求达到15%,其他数据见表8-5。

表8-5　　　　　　　某旅行社其他数据表

项目 \ 信用期	30天	60天
旅行团人数/人	200	300
营业收入(每人2000元)	400000	600000
营业成本/元		
其中:变动成本(每人1200元)	240000	360000
固定成本	100000	100000
毛利	60000	140000
可能发生的收款费用	5000	15000
可能发生的坏账损失	2000	6000

计算方法如下:

1. 收益的增加:增加游客人数(销售量)×单位边际贡献=(300−200)×(2000−1200)=80000(元)

2. 占用资金的利息增加(应收账款的机会成本)

应收账款的机会成本=应收账款平均占用×资金成本率=平均每日营业收入×营业收入成本率×平均收款期×资金成本率

(旅行社的报酬率即资金成本率)

30天信用期机会成本=400000/360×240000/400000×30×15%=3000(元)

60天信用期机会成本=600000/360×360000/600000×60×15%=9000(元)

机会成本增加=9000−3000=6000(元)

3. 收账费用和坏账损失增加

收账费用和坏账损失=(15000−5000)+(6000−2000)=14000(元)

4. 改变信用期的税前损益=收益增加−成本费用增加=80000−(6000+14000)=60000(元)

可见,实行60天的信用期要比30天的信用期多付出成本20000元,但收益增加了80000元,两者之差为+60000元,看来,企业在可能的情况下应该实行60天信用期这一方案。

资料来源:豆丁网,旅游企业财务管理(李晓波).

试从财务管理的角度,结合案例分析旅行社在可能的情况下应该如何使用财务管理工具优选经营方案?

第八章 旅行社财务管理

思考与练习

一、记忆题

1. 简述旅行社财务管理的含义。
2. 旅行社资本金的结构是什么?
3. 简述旅行社成本费用管理的要点。
4. 旅行社营业收入主要由哪几部分构成?
5. 旅行社国际结算的给付方式有哪些?

二、思考题

1. 对于已形成一定的市场品牌效应的旅行社而言,其品牌本身就是一种无形资产,是不是也可作为资本的一种形式进行投入?
2. 为了加强对旅行社营业收入的核算,除设立营业收入科目外,你认为有没有必要设立"结算款"科目进行营业收入的过渡性核算?

三、操作性练习

结合某旅行社资产负债表(表8-6)分析其财务管理状况与利润水平。

表8-6　某市三家旅行社不同财务杠杆下的经营结果一览表

项目	甲旅行社	乙旅行社	丙旅行社
注册股权资本/万元	100	100	100
借入资本/万元	0	100	200
经营资本总额/万元	100	200	300
财务杠杆作用/%	0	50	67
旅行社赢利率/%	10	10	10
赢利额/万元	10	20	30
减:利息支出(5%/万元)	0	5	10
年度净利润额	10	15	20

结合案例,综合分析三家旅行社的资金利用水平、盈利能力、财务管理水平和经营战略,试说明财务管理在旅行社经营中的作用。

第九章 旅行社网络化与信息化管理

学习目标

旅行社业网络化信息化发展是技术进步的客观结果,也是我国推动旅游业服务民生健康发展的必然要求。

通过本章学习,了解我国旅行社业网络化信息化的发展动态;掌握网络信息技术在现代旅行社经营管理中的应用;了解在线旅行服务业的问题,熟悉国家相关监管的法律法规及措施,更全面地正视现在和面对未来。

重要概念

在线旅行服务业;在线渗透率;旅行社 ERP

导入案例

2015—2018 年中国在线旅行预订使用率持续增长,2018 年底中国在线旅行预订使用率为 49.5%,较 2017 年年底增加 0.8%。2020 年受新冠肺炎疫情影响,在线旅行预订使用率有所下降,截至 2020 年 3 月,中国在线旅行预订使用率为 41.3%,较 2018 年底减少 8.2%。但长期来看,随着疫情逐渐好转至结束,在线旅行预订市场将恢复增长,未来在线旅行市场发展前景良好。

当下,在线旅行预订 App 主要有携程旅行、去哪儿旅行、艺龙旅行、飞猪旅行等。2020 年 8 月,携程旅行活跃用户数为 5583.59 万人,较 2020 年 1 月增加了 295.33 万人;去哪儿旅行活跃用户数为 3881.64 万人,较 2020 年 1 月减少了 490.69 万人;艺龙旅行活跃用户数为 246.623 万人,较 2020 年 1 月减少了 95.67 万人;飞猪旅行活跃用户数为 2903.02 万人,较 2020 年 1 月增加了 29.82 万人。

资料来源:中国产业信息网.

第一节 在线旅行服务业的发展现状

伴随信息技术的不断进步,"互联网+"在各领域广泛普及和应用,"旅游+互联网"链接尤为深入。2016 年国家旅游局将"全面融入互联网时代,用信息技术武装中国旅游全行业"作为"515 战略"的十大重点任务之一进行定位和部署,制订发布"旅游+互联网"

行动计划,旅行社业在网络化和信息化时代,内涵和外延也发生诸多改变,成为新型的旅行服务业代理商。传统旅行社线上寻求发展空间,网络新秀也纷纷抢占和布局,利用互联网提供查询、预订和支付等一站式预订、营销、管理等已成为常态,网络及信息技术促使旅行社业向集团化、智能化和管理优化方向迈进。

一、在线渗透率和市场规模持续增长

在线旅游是随着互联网发展而诞生的一种新型旅游商业模式,是指旅游消费者通过网络向旅游服务提供商预订旅游产品或服务,并通过网上支付或线下付费获得旅游资源的一种商业模式。用户可以通过互联网获取与旅游相关的产品或服务,而将旅游资源整合制作成产品在互联网上进行销售的在线旅游平台则是在线旅游产业的核心。

渗透率就是一方对另一方的渗透程度。一般各网站所说的网民渗透率,即该网站服务提供商对网民的渗透程度,即全体网民中有多少比率的网民了解、访问或者使用该网站。

(一)互联网旅行预订用户快速增加

CNNIC(中国互联网络信息中心)发布数据,截至2019年6月,我国在线旅行预订用户数规模达4.18亿,较2018年底增长814万,占网民整体的48.9%。OTA(全称为"Online Travel Agency",在线旅行社)平台和旅行社借助产品服务创新和渠道潜力挖掘拓展用户。在产品服务方面,OTA平台和旅行社针对用户的细分需求,形成不同的产品组合,如适合儿童和老年人的家庭游产品以及满足用户个性化需求的定制服务等;在渠道拓展方面,OTA平台通过布局线下门店与在线渠道形成互补,并通过大数据技术整合线下需求进行智能营销,从而挖掘潜在用户市场。传统旅行社拓展移动端营销渠道,通过即时通信等便捷方式维护客户关系。值得注意的是,根据公开调查数据,移动端生活方式高度普及,用户黏性更高;2018年上半年在线旅游App用户规模同比增幅均超过55%,移动端超越PC端成为用户的首选渠道。

(二)在线旅游OTA市场交易规模平稳增长

图9-1是中国旅行社协会《2018年中国旅行社行业发展年度报告》中综合上市公司财报、企业及专家访谈以及艾瑞统计模型核算得出的2013—2022年中国在线旅游OTA市场交易规模现状及预测。可以看出,中国在线旅游OTA在经历了2016年的暴涨巅峰阶段后,增长幅度减缓,总体平稳上升,这与在线旅游OTA趋于成熟直接相关。

(三)旅游在线渗透率逐步上升

图9-2是中国旅行社协会《2018年中国旅行社行业发展年度报告》对我国2011年至2016年在线旅游市场交易规模及在线渗透率的发布数据。另据旅行社资讯网,2019年中国在线旅游市场全年交易规模突破万亿,渗透率达到16.7%,我国在线旅游市场总体保持增长,一二线城市在线旅游渗透率逐渐进入稳态,其用户增长也逐渐趋缓,而三四线城市处于渗透率提升、用户增长的高成长阶段,低线城市需求崛起。未来三四线城市成为在线旅游增长的主要区域。

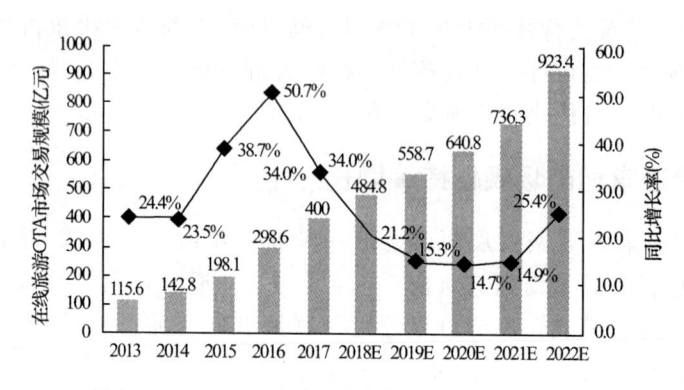

图 9-1　2013—2022 年中国在线旅游 OTA 市场交易规模

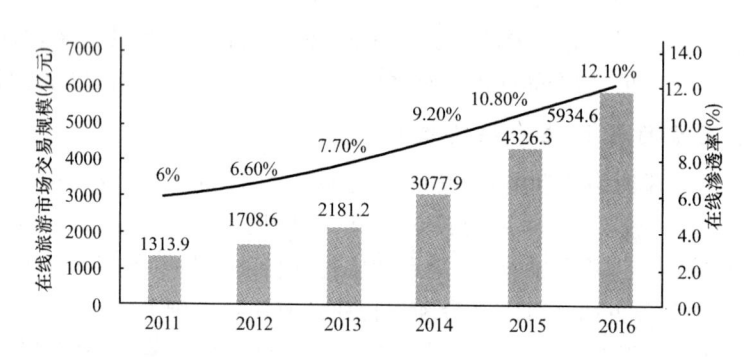

图 9-2　2011—2016 年在线旅游市场交易规模及在线渗透率

二、在线市场竞争格局趋于稳定

近十年的网络竞争,旅游细分市场运营发展日趋精细化,在线旅游市场份额日趋稳定,突围壁垒增高,窗口逐渐缩小,市场集中度将进一步提升。

(一)资本运作推动行业进入强者时代

外部资本市场对在线旅行服务业的资本注入加速了市场竞争,大型旅行服务商、部分中小旅行服务商上市或进入新三板,使得其可以通过并购等方式实现规模化发展。多轮竞争的结果,使得在线旅游移动端市场集中度明显提高。

图 9-3 数据显示,在线企业中携程总体独大,去哪儿、飞猪、途牛位列其后,同程、驴妈妈、艺龙等依然具有一定的稳定份额。当然,各龙头企业在不同领域的份额还是有差别的。据前瞻产业研究院整理数据,2018 年在线度假旅游市场处于高度集中状态,从 OTA 型企业来看,途牛继续位列首位,市场份额达 28.4%;从平台型企业来看,飞猪市场份额最高,达 28.3%;去哪儿和马蜂窝的市场份额分别为 11.7%、8.3%,位列第二、第三。

(二)在线旅游市场形成四方竞争格局

经过多年的角逐,在线旅游市场格局逐步稳定,携程系(携程网、去哪儿网、同程、艺龙)、海航系(主要是途牛旅游)、阿里系(主要是飞猪旅行)、新美大(主要是美团旅行)四

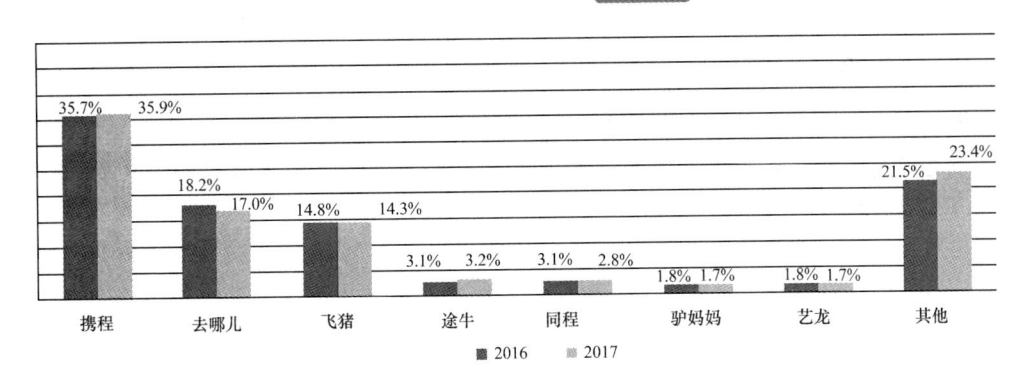

第九章 旅行社网络化与信息化管理

	携程	去哪儿	飞猪	途牛	同程	驴妈妈	艺龙	其他
2016	35.7%	18.2%	14.8%	3.1%	3.1%	1.8%	1.8%	21.5%
2017	35.9%	17.0%	14.3%	3.2%	2.8%	1.7%	1.7%	23.4%

图 9-3 在线旅游市场集中度分析

大系形成四方格局。携程系的携程网、去哪儿网、同程、艺龙重点是快捷订国内、海外酒店,国内、国际机票,旅游度假,景点门票产品一站式预订服务;阿里系的飞猪旅行专为淘宝会员提供机票、酒店、旅游线路等综合性旅游出行服务;新美大美团旅行借助其6亿用户的美团点评,拥有多个流量入口,聚合了景点、住宿、餐饮、休娱等资源,一站解决食住行游购娱;海航系途牛旅游主攻旅游线路产品,主打定制旅游。各大巨头结合自身的资源渠道和市场定位把握优势地位。

案例 9-1

高铁带人、景区带村——美团旅行发挥一站式优势,推进全域旅游

2017年12月6日,西成高铁正式开通。美团旅行和西安铁路局、西安旅游局达成战略合作,未来将在票务、大数据运营、旅游目的地营销、"旅游+"等领域展开深度合作,通过"高铁+互联网"的模式带动铁路沿线地区的旅游经济发展。这是继与东中南部达成地方合作之后,美团旅行在全域旅游布局中再次落下的重要一子,也是旅游扶贫的持续落地。

西成高铁连接西安到成都,贯穿西北、西南经济长廊,使关中经济圈与成渝经济圈携手相连。但就在这个川陕"一日经济生活圈"中,经济水平却高低悬殊,比如在西成高铁覆盖的16个站点中,佛坪、洋县、城固等就属于当地相对贫困的地区。

尽管这些地方都有独具一格的旅游资源,但是因为地处偏远的西南,根本没有机会像如西湖、泰山这样的爆款景点一样出现在大部分旅游推介平台,所以大多数时候缺少的只是一个平台指引,或者说引流入口,让这些稀缺的旅游资源触达到更多潜在消费者,让消费者有机会去认识、深度了解以及实地踏足。美团旅行,就是这样一个引流入口。

据介绍,美团旅行在为消费者提供票务产品的同时,也会推出相关主题活动,将西成高铁沿线的旅游特色产品和玩法呈现给用户。消费者不但可以在美团旅行购买高铁车票,同时还可以获取旅行攻略、了解景点信息、购买相关产品等。

此前,美团旅行已与上海黄浦区旅游局、广西旅游发展委、千岛湖旅游集团等多个单位达成战略合作,在东中南部地区建立起数个新目的地品牌馆和当地特产频道,助力旅游扶贫。而随着西成高铁的开通,高铁带人、景区带村的深入,西南地区也必将迎来一番发展新气象。

资料来源:搜狐海外网.

三、在线旅行经营模式

典型在线旅游经营模式主要表现在以下几个方面：

一是传统旅游服务商线上分支模式。如传统旅行社设立网站、微博、微信公众号、短视频，开辟线上市场，为消费者提供旅游线路预定、定制等服务。

二是综合型旅行服务平台提供全面的旅行资讯服务与在线预订。这是当前典型的OTA模式，代表性企业如去哪儿网、携程、艺龙、世界邦旅行网，其主要是在用户和产品供应商中担当代理商的角色，或电商模式，即旅游产品的在线商城化，实现线上和线下双渠道销售，如携程、途牛。

三是社交媒体平台为出行者提供了交流与分享的平台模式。即媒体化商业模式，通过内容分享、社交等聚集大量的目标人群流量，主要通过广告展示、内容植入等方式盈利，如马蜂窝、穷游网、面包旅行等。

四是在线旅游搜索引擎模式。有别于网页搜索引擎，旅游搜索引擎是收录旅游相关信息的搜索引擎。其收录的内容包括旅游线路、旅游景点、旅游攻略、户外用品、酒店住宿等相关旅游信息，利用先进的数据技术进行价格比较及信息分类，为消费者提供最佳出行参考，是针对某个行业的精准搜索，以"专、精、深"特点为顾客提供全面的搜索结果。如，去哪儿网、天巡航班搜索、游比比等。

第二节　旅行社信息化与网络技术应用

旅游业线上线下融合发展已取得积极成效，旅游互联网化已基本普及，"无预约不旅游"已成为大众共识。互联网服务已经覆盖了旅游的行前、行中、行后全过程，无论是订购、查询还是分享，都需要借助互联网来实现。当前，网络技术是旅行社进行互联网＋的最根本因素，是旅行社信息化进程和市场竞争的壁垒。传统的旅行企业应该迎合时代的新潮流，转型升级完成向数字化、信息化迈进，从而牢牢把握住原本属于自己的市场，积极开拓新的市场，也要为提高行业管理效率、强化行业服务能力做出贡献。

从功能倾向性角度看，旅行社信息化和网络技术应用，一是优化内部管理的旅行社管理信息系统，二是链接广开外源的旅行社网络化经营平台，全面实现网络化。

案例 9-2

旅通软件助力旅行社数智升级

传统旅行社的办公生态依旧是基于人为操作的，比如组团计调的合同签订、团队接待通知书、地接确认书、团队订票单、借款单、结算单等，无论是与客户、地接旅行社、还是自家旅行社财务的对接，都需要制作这些内容清单、打印签字、寄送核对，耗时太多，并且十分烦琐。而财务由于款项多，应收应付、预收预付核算工作量大，工作进度更是滞后。

旅行社作为旅游行业的中介，如何快速有效地进行信息化管理呢？旅通软件是用"慧工作，智享受"理念打造旅行社管理系统，针对传统旅行社经营模式的多个问题，如老板监管不到位、计调安排路线不明确、导游报账不方便、财务对账不清晰、业务客户跟进不到位等，对传统经营模式进行颠覆，从在线办公切入智慧旅游管理模式，让旅行社实现高效办公。在大数据时代，旅行社要想在其中脱颖而出，是时候走上数字化转型的道路了。

资料来源：旅通网.

一、旅行社信息化管理概述

旅行社信息化管理就是对旅行社生产服务过程的管理实现信息化，提高旅行社的生产率和管理效率，进而提高旅行社的市场竞争能力，满足现代人旅游的个性化服务要求，提高效益。

旅行社信息化管理的途径，就是利用计算机技术、通信技术及网络平台，对旅行社经营管理的所有信息进行综合管控，构建以人为主体的人机综合系统。即围绕旅行社业务和管理要求，从内部管理到食、住、行、游、购、娱等旅游后端市场采购，再到市场销售，全方位网络化信息系统建设，实现"内部智能管理、全网络分销、数据连接"，适应和满足日益多样化的旅游前端市场需求。

（一）旅行社信息化管理的必要性

1. 信息量大、更新速度快

作为旅游信息的汇集者，旅行社经营的产品涉及饭店、旅游景点、旅游交通、旅游用品等行业，涉及的信息量很大，而且相关信息处在不断的变化之中，其时效性很强，旅行社信息化管理系统必须时时刻刻变更系统中的信息，把最有效的旅游信息介绍给旅游消费者。旅行社所收集的旅游产品信息越多，旅游消费者获取满意产品的概率就越高。

2. 信息管理复杂，需要各部门通力协作

旅行社业务复杂，关联性极强，每一笔业务都必须通过各个部门的协作来完成，如一个旅游产品的销售，需经过外联、接待、陪同、财务结算等环节，需要旅行社信息化管理系统，提高交叉处理信息的能力。

3. 市场需求不断变化，要求较强的个性化处理能力

信息化时代，旅游者获取信息的便捷程度大大提高，旅行能力也大大增强，个性化的服务要求越来越高。因此，旅行社信息管理必须能够利用网络技术和信息处理技术，提供全面的信息，为个性化旅游提供个性化的服务。

（二）旅行社信息化发展模式

1. 自建 B2B 平台联通产业链

B2B 平台是电子商务的一种模式，是英文 Business-to-Business 的缩写，即商业对商业，或者说是企业间的电子商务，即企业与企业之间通过互联网进行产品、服务及信息的交换。它将企业内部网，通过 B2B 网站与客户紧密结合起来，通过网络的快速反应，为客户提供更好的服务，从而促进企业的业务发展。

旅行社 B2B 平台就是把旅行社上下游相关企业纳入一个网络平台，上游资源供应商

（旅游供应商、旅游批发商）通过平台提供产品，下游分销商（组团社、在线旅游服务商、直客）则可直接在平台查询、交易、分销等，库存数据均实时同步，不需要人工干预，将采购与分销无缝连接。

2. 借力数据直连系统进行多渠道分销

旅行社可与支持 API 接口对外开放的成熟旅行社信息系统软件连接，借助其系统的网络数据直连功能，获得"撒网式"的全网络营销方式开拓分销渠道，如一站式直连微信、直连携程等 OTA、直连 B2B 平台、直连直客、直连同行网站等众多分销渠道。这种方式，能够同步享有连接的渠道上的库存数据自动实时更新，只要有网络的地方，随时随地打开电脑或手机就能一键分销，多渠道助力加速去库存。

3. 办公系统网络智能化

开发和应用旅行社管理信息软件系统，打破传统繁杂的人与人对接的管理和业务模式，使 OP、销售、财务作业流程在 PC 端、手机端均可一站式在线完成。内部员工办公智能化、信息传递，及时且杜绝大量的重复作业问题，大大节省人力成本和营销成本，提高办公效率，实现企业全方位信息化管理和业务信息化操作。

二、旅行社信息化管理软件和平台技术应用

旅游业快速发展的今天，迎接互联网给予的新机遇的同时，也衍生出一些新问题，首当其冲的就是旅行社资源匹配效率低、信息化程度不高。所以从大环境上看，"旅游＋互联网"的模式被采用，也需要信息化的技术软件作为连接媒介。

（一）旅行社信息化"ERP"管理系统及实例

1. "ERP"系统简介

"ERP"是近年来较为普遍的企业信息管理系统，各个行业都有针对性的 ERP 系统。"ERP 系统(Enterprise Resource Planning)是企业资源计划的简称，是集物资资源管理、人力资源管理、财务资源管理、信息资源管理一体化的企业管理软件。市面上比较常见的 ERP 产品有 SAP、Oracle、用友 UFERP、金蝶 ERP K/3，等等。

随着旅行社网络化、信息化的不断深入，对"ERP"系统的需求不断提高，越来越多的旅行社选择应用该系统。市场上面向不同的受众，各类版本的旅行社"ERP"系统不断出现，有大而全的，比如，面向旅行社集团、大型组团社的管理信息系统；有专而精的，比如，针对地接社、导游的管理信息系统。在保持基本功能的共性基础上，基于不同旅行社业务的不同需求，也各有侧重，"ERP"软件系统开发也越来越细化。

2. "ERP"软件实例：地接管理系统——云驴通 ERP

云驴通 ERP 是由上海照梵软件有限公司研发的旅行社管理信息系统。通过该系统让地接社的各个业务角色分工明确、各司其职，让繁杂的地接社工作条理化和智能化，大幅提升工作效率。无论是销售、计调、财务还是导游，自动处理重复性劳动，快速推进业务进程，减少出错率，降低管理成本。据企业统计，目前国内已有 1000 多家旅行社正在使用云驴通 ERP。

云驴通 ERP 系统工作流程如图 9-4 所示。

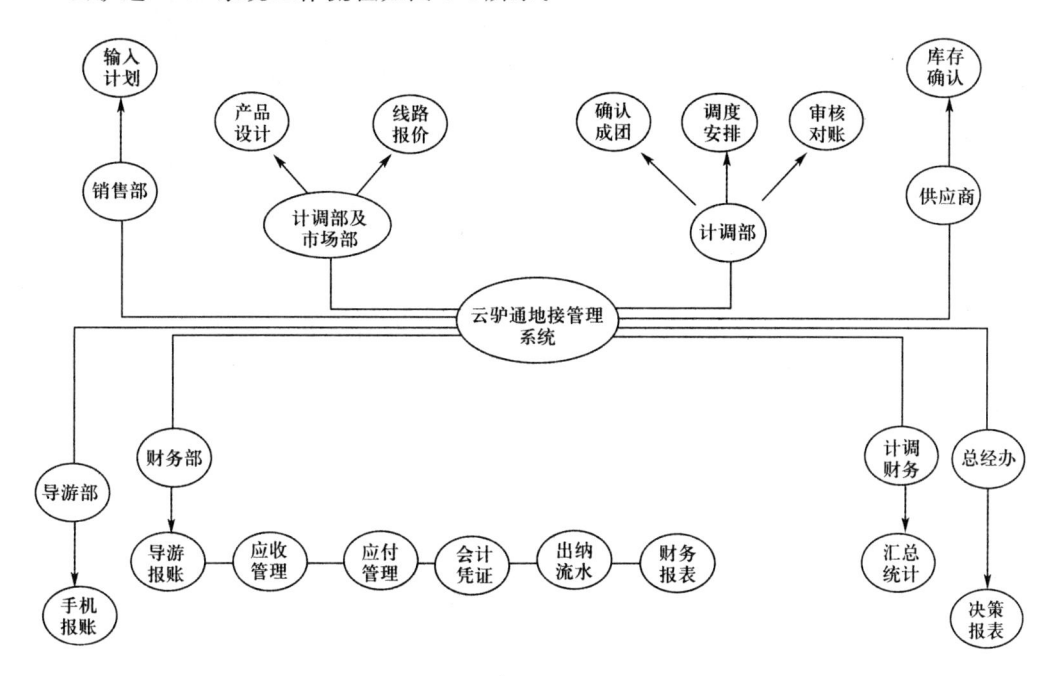

图 9-4　云驴通 ERP 系统工作流程图

云驴通 ERP 三大核心价值：

(1)运营智能化

云驴通 ERP 为地接社提供从管理方法、流程、领域的全面精细化解决方案,覆盖各个计调、销售、财务、导游、供应商、分销商等多个角色,将精细管理的思想贯彻到报价、计划、调度、对账、审核、收付款、发票等所有业务环节当中,让繁杂的地接社工作更加条理化和自动化,大幅提升工作效率,降低成本。

(2)财务精细化

地接社通过云驴通 ERP 系统做到细致入微,对每一岗位、每一项具体的业务,都建立起一套相应的工作流程和业务规范,在实践中狠抓落实,并将财务管理的触角延伸到公司的各个业务单元,通过行使财务监督职能,拓展财务管理与服务职能,将每个订单、客户、供应商为企业带来的收入、成本、费用跟踪到底。

(3)决策科学化

云驴通 ERP 通过多维度的统计与分析报表,为地接社提供充足的决策数据和工具,系统按照地接社业务模式对大量的报表和数据进行分析和计算,遵循科学的程序,进行严密的逻辑推理,从而帮助地接社经营者做出正确决策,为企业构建更科学和有效的商业决策。

(二)旅行社信息化平台技术"SaaS"云系统及实例

1."SaaS"云系统简介

随着信息技术的不断提高,科技让生活的变化越来越巨大,互联智能化的程序与应用不断迭代更新,旅行社"ERP"系统也升级到云端——SaaS 云系统。

"SaaS"(Software as a Service,软件即服务)克服了传统"ERP"需要购买、构建和维护自己独立的 IT 基础设备,旅行社只需连通互联网,就可以直接拥有所有 IT 设备,企业自行安装注册,就可以通过互联网使用共享的基础设施服务。"SaaS"系统以为客户提供资源的无缝整合,系统升级,初始费用低,以及任何时间、任何地点、从任何计算机或设备上都可以获得 SaaS 应用程序的高效采用率等优势,成为翘楚。

2. "SaaS"云系统开发实例——"游天地 ERP 综合版"

"游天地 ERP 综合版"是新研发的"SaaS"云系统,号称"集大成 通天下",重点面向扩张发展期的组团 & 地接 & 批发社及综合型业务旅行社优化管理模式,拓展 OTA 业务,打造 B2B2C 业务架构。

"游天地 ERP 综合版"主要优势功能如下:

(1)一应俱全,支持全类旅游业务

支持超过二十种的全类旅游商品管理,满足旅行社各类业务需求。

(2)弹性方案,适用于各类旅行社

兼容组团、地接、专线批发业务,拓展 OTA、门店、同业分销,打造综合型 B2B2C 体系。

(3)资源库存监控与最大化利用,尽在掌握

实时掌控酒店、交通等资源的预订状态,实现多产品销售共享资源,实时库存余位监控,防止产品超卖,自动完成资源最大化利用。

(4)搭建供应体系,接入丰富的业内资源

B2B 平台模式,各类供应商可以进入系统发布产品与确认订单。

(5)OTA 商桥,独家技术

轻松开展 OTA 业务,独家与主流 OTA 平台完成产品+订单双向同步,准确、实时、无误。

(6)多种接口对接,准确无误地实现自动化业务

电子合同接口:对接国家旅游局 12301 电子合同及"E 签宝"电子合同;

保险接口:对接多个保险公司;

支付接口:对接支付宝、微信、银联、银企直联。

(7)精细化的资源与团队管理,井井有条

依托游天地™的智能化产品策划工具,方便选择产品的每项细分资源,实现系列团队智能拼团、调序、安排,提供手机版导游带团助手 ERP 管理工具。

(8)支持多种分销渠道在一个系统中扩张业务

游天地分销系统可以帮助用户在一个系统中完成与 OTA、加盟/直营门店、同/异业伙伴、B2C 电商渠道的集成接入,统一管理产品和库存,统一处理订单与账务。

除此之外,游天地™还开发诸多电商及移动平台,如多位一体的旅行社电子商务平台(国内版、国际版),支持开设多级店铺分销的游天地™微信电商版平台(国内版、国际版),以及 Andriod 版、IOS 版的游天地™App,等等。各类技术平台随需而变,带动旅行社信息化管理和网络化技术不断拓展和深入。

阅读资料 9-1

领先的旅行社管理系统——小强 ERP 故事

深圳同天下科技有限公司是集旅游企业综合性 ERP 系统研发、销售及建立行业数据中心为一体的国家高新技术企业,致力于帮助旅行社信息化转型。该公司创新研发出系列 SaaS 模式的小强 ERP、OTAS 产品,帮助各类旅行社重新优化业务流程、重新构建管理模式、重新设计工作方式,增效降本,创新发展,将旅游人的工作流程化繁为简,带领旅行社走出传统办公时代。

"小强 ERP"的特色:

(1)针对不同旅行社开发多种版本类型,满足各类旅行社的实际需求。

如,既有批发业务又有组团业务,既对同业又对直客的综合社系统;专注专线业务的专线批发商系统;主营多个旅游目的地的游商综合批发商系统;有多个分公司财务独立结算的集团类型;多个旅行社合作包机共享一套机票大盘系统等。

(2)覆盖旅行社全流程的工作模块,满足所有岗位的工作需求。

销售模块:客户集团、公司、个人信息多级管理,跟进情况随时记录,定期提醒查位、下单、收款、账单流程一键处理,扫码付随时随地收款确认,电子合同在线签署等。

计调模块:地接、供应商分类管理,各类常用信息随时调取,行程模版轻松建团,各类证件智能识别录入,签证、机票、地接等成本费用智能精准分摊。

老板模块:员工日报实时查看,产品走势图形展示收客动态智能提醒,大数据分析指导经营,各类数据手机随时查看,员工情况轻松管理,旅行社运营状态自在掌握。

财务模块:日常收支情况随时可查,各类收支明细尽在掌握,客户应收款、供应商应付款一目了然,收款、付款一键批量操作等。

管理模块:员工账号及权限可精确设置,系统功能可个性化设置,开关 4+N 审批规范业务流程,用信息化工具打通全部流程,大大降低旅行社运营成本,科学提升管理效率。

数据统计模块:销售、客户、产品、供应商等各类数据精细统计,多维度筛选分析排行,分析结果可视化图形展现,实时战报数据电视、大屏独立展现,强大的大数据分析统计功能,帮助管理者找到核心竞争力,科学地指导旅行社经营。

分销模块:网站、微站智能配置,后台更改数据,网站自动同步,广告位自主发布,行程计划轻松推广,手把手帮助旅行社建立自己的官方网站,PC、移动端多平台推广,网站、微站多渠道获客,帮助旅行社最大限度引流。

移动端模块:移动版微网站自动生成,一键微信分销,手机拍照自动识别证件信息,各类消息实时提醒,随时随地轻松办公。

数据对接模块:直采携程、途牛、去哪儿、众信等 OTA 线路,与金蝶等财务系统无缝对接,多 OTA 平台信息直采,财务数据无缝对接。

北京众和国际旅行社总经理刘阳分享使用小强 ERP 感受:没有该系统前,我们需要做很多文件、PPT、表格、文档等存在手机上,使用小强系统后,只要把产品上线到系统中,手机上就可以随时查看并导出所有的行程细节、产品内容,包括价格、库存等,非常完整。使用小强ERP办公,每个环节都是按流程去做,流程规范化、透明化,大家工作都变得井然有序,效率得到极大提升。小强系统还可以实现同业对接,不管是老板还是我们员工都非常看好这点,我也希望有更多同业来使用小强系统,和同业都能串接起来,真正地实现对接,最终实现共赢的目标。

【小知识9-1】　　　　SaaS ERP和传统ERP的区别

1. 技术架构不同

传统ERP软件都是架构在本地,而SaaS软件架构在云端。什么叫构架云端呢?就是不需要安装,打开浏览器,输入云端网址登录账号即可使用。

2. SaaS ERP使企业成本大幅降低

一个传统ERP软件系统的开发需要IT人员、相关业务人员、企业管理层等多方合作完成的,其投入成本可想而知。SaaS软件可以降低企业的开发成本,而且软件更新迭代快速。而传统ERP给到客户手里就是最终版了,几乎没有版本的更新升级服务,因为版本升级的操作成本太过高昂,需要一家客户、一家客户到现场去做更新,人工成本、时间成本都很高。

3. SaaS ERP支持多终端处理工作

传统的ERP系统往往只能在办公室处理工作,如果离开公司就不能处理相关的业务了。但是通过SaaS,用户可以在任何一个有互联网连接的地方工作,PC端、移动端均支持。

4. 大数据与智能化

传统ERP系统在企业的各个业务环节上大多是无法联通的,办公、财务、人力资源、CRM等系统往往都是各自独立,要进行不同业务板块的数据深入挖掘困难很大。SaaS ERP因为云端化的特性,可以使企业自身生态链上的各个业务系统相互打通,数据共享,为企业自动生成相关的数据关联报表,建立大数据体系,使企业走向商业智能化。

第三节　旅行社网络化与信息化发展及监管

智能科技的到来已经把人们的生活和行业都带进了互联网时代。用户离不开互联网,旅游行业的每个环节也离不开互联网。旅游全面进入网络化和信息化时代已是必然。但发展中出现的问题也不容忽视,加强引导和监管尤为重要。

一、旅行社网络化与信息化发展态势及问题

网络化与信息化的普及和所带来的技术进步,给传统旅行社的经营模式带来前所未有的转变和影响。旅行社业扩展为旅行服务业,线下与线上融合,行业发展巨变,法律监管也要不断调整和更新。

(一)机遇与挑战并存

多年来国家政策的支持、经济环境的驱动,"互联网＋旅游"发展迅速。在总体增长

的格局下,旅行社网络信息化全面升级。相应的,在线旅行服务业保持强势发展,在线旅游渗透率保持增长。同时,移动互联网技术的进步使旅行服务的商业模式和组织形式处于持续重构进程中,资本战不断升级加速了行业并购整合,越来越多的线上线下旅行社投资、并购、重组、融资等资本活动加剧,这有利于提升行业发展的活力,也催生了企业巨头的出现,引发垄断危机的风险。

(二)突出问题必须正视

虽然我国在线旅游市场保持较快发展,但在线旅游行业发展时间短暂,整个行业缺乏成熟的经验支持,再加上在线旅游消费过程中,点多、线长、面广,以及涉及线上、线下多个环节,无论是有关部门的执法监督,还是企业自身的内部管理,客观上都存在一定的难度,这也使得在线旅游消费中问题不断,日趋严重。

消费维权热点主要集中在默认搭售、霸王条款、大数据"杀熟"、订单退改、信息泄露、虚假宣传、低价陷阱、下单后涨价或无票、订单失误(错单、漏单等)、旅游意外赔偿等,已成为影响消费者旅游心情和旅游质量的突出问题。市场秩序混乱问题频发,将会阻碍行业更好更快发展。

【小知识9-2】　　　　　　什么是大数据杀熟?

所谓"大数据杀熟",在经济学上被称为"价格歧视",通常指一个新客户和一个老客户购买同样的商品或服务时,老客户看到的价格要比新客户高。经营者利用大数据等技术手段,针对不同特征的消费者,对同一产品或服务在相同条件下设置差异化的价格。

大数据杀熟,本质就是价格欺诈。利用信息不对称,在老客户毫不知情的情况下,悄悄地提高价格,让老客户觉得价格本来就是如此。

这种"杀熟"操作可谓层出不穷。例如,在某在线旅游平台App上,用新旧两个账号同时查询同一间酒店,新客户的价格是1130元,老用户的价格是1349元。还有一些平台对新老客户推送目的地酒店时,会根据客户之前浏览过的价位做推荐。为了吸引新客户,推荐的酒店价格普遍较低,但只要浏览过一次五星级酒店,页面推送的基本就是高价酒店。

很多人不禁发出疑问:作为老客户,商家不是应该提供更多的优惠吗?为什么反而痛下杀手呢?

一方面,大数据时代,商家早已掌握了客户的消费习惯,如果消费者对某个平台的产品形成了很高的依赖度,那就很有可能被杀熟,因为商家非常清楚,越是老客户,对平台的依赖性越强,越不会轻易改变消费习惯,对这样的客户收取更高的价格,客户很难发现,即使发现了,可能也懒得再去适应新的平台。所以,越是老客户就越容易被杀熟。

另一方面,在互联网时代,流量对于商家而言是排在首位的,所以,商家的重要任务就是获得更多的新客户。尤其是很多平台发展到一定阶段之后,获客越来越难,获客成本越来越高,为了吸引新客户,商家往往会给新人推出更优惠的价格,而这些优惠老客户反而享受不到,所以就出现了新人胜旧人的现象。

三、行业监管持续推进

旅行社业网络信息化的进程加速了在线旅游市场快速增长,在线旅游企业和平台的数量不断增多,方便了广大人民群众出游,促进了旅游消费,带动了行业发展。与此同时,一些在线旅游经营者上线不合规旅游产品,扰乱市场秩序,侵害游客合法权益,给行业健康有序发展带来了负面影响,要求加强法治建设、强化行业监管、规范市场秩序成为社会共识。近年来,政府有关部门正不断完善相关法律法规,不断出台各项规范,加大监管力度,持续推动在线旅游消费者满意度水平提升。

(一)《旅行社在线经营与服务规范》

2017年12月27日国家旅游局发布《旅行社在线经营与服务规范》(以下简称《规范》),自2018年5月1日开始实施。《规范》在旅行社在线经营功能分类、旅行社在线经营基本要求、旅游产品信息在线展示要求、旅游产品在线交易要求、旅行社在线经营服务要求等层面都做了较为详细的规定。

(二)《在线旅游经营服务管理暂行规定》

2020年国家文化和旅游部发布《在线旅游经营服务管理暂行规定》(以下简称《规定》),自2020年10月1日起正式施行。《规定》从在线运营、监督检查、法律责任等大方面,对在线旅游市场进行了更加严格的约束。其中,针对虚假预定、大数据"杀熟"、平台资质、信用监管等常见热点问题进行了规范,同时对在线旅游经营者、监管部门、旅游者都明确了相关的责任,是在线旅游业各方主体的行为指引、行为规范、担责依据。

(三)《关于平台经济领域的反垄断指南(征求意见稿)》

2020年11月10日,国家市场监管总局发布《关于平台经济领域的反垄断指南(征求意见稿)》(简称《征求意见稿》),共六章24条。《征求意见稿》明确了诸多基础性概念,对经营者集中的申报标准予以营业额和协议控制(VIE)架构的特别考量。也对广受批评的"大数据杀熟""搭售""二选一"做出分析界定。

近年来,我国线上经济蓬勃发展,新业态、新模式层出不穷,成为经济增长的新动能。但与此同时,线上经济呈现出市场集中度越来越高的趋势,市场资源加速向头部平台集中,关于平台垄断问题的反映和举报日益增加,显示线上经济发展中存在一些竞争风险和隐患。《征求意见稿》对旅行服务业在线平台具有同样约束力。

(四)《关于深化"互联网+旅游"推动旅游业高质量发展的意见》

2020年11月30日文化和旅游部联合国家发展改革委、教育部、工业和信息化部、公安部、财政部、交通运输部、农业农村部、商务部、市场监管总局发布《关于深化"互联网+旅游"推动旅游业高质量发展的意见》(以下简称《意见》),提出以"互联网+"为手段,在坚持常态化疫情防控的基础上,推动旅游生产方式、服务方式、管理模式创新,丰富旅游产品业态,拓展旅游消费空间,培育适应大众旅游消费新特征的核心竞争力,推动我国旅游业高质量发展的指导思想。坚持技术赋能,深入推进旅游领域数字化、网络化、智能化转型升级。强调推动5G、大数据、云计算、物联网、人工智能、虚拟现实、增强现实、区块链等信息技术革命成果的应用普及,深入推进旅游领域数字化、网络化、智能化转型升级,培育发展新业态新模式,推动旅游业发展质量、效率和动力变革。

《意见》中强调,坚持开放共享,加快形成以开放、共享为特征的旅游业发展新模式。坚持安全有序,筑牢互联网和旅游业融合发展的安全防线,依托互联网技术全面提升旅游监管和服务水平。

各项政策的实施,说明政府逐渐改变在旅行社行业监管中的角色,即从政府主导型管理转向政府引导型管理,从"管理"转变为"治理",更多地运用法律、法规、政策等为旅

本章小结

本章从在线旅行服务业的发展现状、旅行社信息化与网络技术应用、旅行社网络化与信息化发展及监管等三个层面阐述了我国旅行社业在网络化信息化发展中的显著变化及相关内容。分析了信息与网络技术进步对旅行社业带来的发展机遇和挑战,以及新模式引发的新问题,着重引述国家相关机构和部门鼓励创新与加强监管的各项方针政策,全面概述当下旅行社业发展的客观现实。

案例分析

京东集团与携程集团达成战略合作 携程核心产品供应链将接入京东平台

2020年8月,京东集团与携程集团正式签署战略合作协议,按照协议约定,携程核心产品供应链将接入京东平台,双方将在用户流量、渠道资源、跨界营销、商旅拓展、电商合作等方面开展全方位的合作。

根据此次京东与携程签署的战略合作协议,携程将为京东提供实时产品库存,以及极具市场竞争力的产品价格,京东将接入携程的核心产品供应链,并将京东平台的用户流量开放给携程,在日常运营及精准营销方面为携程旅行产品供应链提供全方位的支持。除此之外,双方还共同提出了覆盖更广的用户群体、共享渠道资源、线上线下的交易场景全覆盖、品牌跨界营销、商旅拓展五大合作愿景。

资料显示,京东旅行目前已全面运营交通出行、酒店住宿、旅行度假、景区乐园、本地玩乐、商旅服务六大业务板块。在企业用户端,京东商旅则定位于互联网差旅管理平台,整合优质差旅供应商资源,为客户提供专业性、全方位的企业差旅管理方案。

未来,双方将共同聚焦于生活旅行业务的深度探索,通过旅行和实物、物流、大数据的完美结合,不断在业务模式、用户体验上推陈出新,满足消费者行前、行中、行后所有和旅行相关的多样化需求,共同打造用户放心、满意的旅行平台。

分析:

信息化和互联网时代,流量和数据是旅游企业信息化的重要指标,跨界联盟、资源共享是互联网化及线上线下融合发展的必然举措,也是未来旅游智能化发展的必然需求。

资料来源:央广网.

思考与练习

一、记忆题

1.什么是在线渗透率?

2. 什么是在线旅行社?

3. 旅行社在线经营模式主要有哪些?

4. 适用于旅行社业网络信息化经营管理的法律规范有哪些?

二、思考题

1. 信息与网络技术在旅行社经营管理中的应用?

2. 关注时事,思考如何应对旅行社业在网络化和信息化过程中的机遇与挑战?

三、操作性练习

利用课余时间,了解和熟悉一款适合旅行社经营管理的信息系统软件。

第十章
我国旅行社业的发展现状及未来发展趋势

学习目标

旅行社业发展多年，国内外政治、经济、文化、科技都在引领和左右旅游市场的供需态势。

通过本章学习，了解我国旅行社业向旅行服务业转变的特征、存在的问题，重点了解当今旅游服务业的发展热点及行业创新，以及未来发展的趋势和可实施的发展战略。

重要概念

定制旅行；社群化战略；品牌化战略

导入案例

出境游旅行社如何转型"内循环"？小古林已实现并获益

当下，各家旅行社尤其是出境游机构还在苦苦摸索如何破局时，天津小古林国际旅行社（以下简称小古林）已经大变招实现了"内循环"的热启动。

受新冠肺炎疫情的影响，一直以境外东南亚市场为主的小古林，也不得不寻求转型。小古林在2020年3月，便多次召集中高层人员研究疫情下的经营战略，于2020年4月最终决策大力发展周边游、市内游、省内游，并敲定在天津市的蓟州盘山景区开展农家院项目，于2020年5月1日正式收客。

疫情后，游客对目的地的安全和卫生要求更高。小古林旅行社看好蓟州盘山山上山清水秀、生态环境好等资源优势，同时瞄准疫情后旅游市场周边自驾游的需求旺势，果断拿下农家院项目，适度开发和添加应季的果蔬采摘，丰富产品类型，增加体验度，并利用自己的渠道优势，把控好地接等服务环节。天时地利人和，很快项目就受到市场欢迎，迅速获得盈利。

2020年7月初，天津市文旅局下发文件允许跨省游，小古林又积极组织人力物力研究新项目，成功开拓了张家界线路、广西南宁线路、海南线路，均取得较好成果，进一步实现盈利。

资料来源：同天下网.

第一节　我国旅行社业的发展现状

中国旅行社协会《2018年中国旅行社行业发展年度报告》对我国旅行社业的发展现状和未来趋势做了全面梳理。

一、我国旅行社业总体运行分析

(一)近年我国旅行社业总体运行特征

1. 旅行社业向旅行服务业转化

随着市场需求的个性化和多元化、互联网等技术的迅猛发展、在线旅游业务的快速渗透，我国旅行社经营主体扩大，业务范围不断延伸，旅游服务对象也由"旅游者"转向"旅行者"，这一系列的改变打破了旅行社传统边界，促使我国旅行社业向旅行服务业转变。

2. 在线旅游规模进一步扩大

如第九章所述，网络信息化的普及和利用，使得互联网成为市场供应和市场需求的在线市场，不论是经营者、中间商，还是旅行者共聚，在线旅游规模必然不断扩大。

3. 资本战不断升级，加速行业并购整合

优胜劣汰符合市场竞争规律，但资本进入所引发的行业并购、在线OTA集中度过高的现象使得机遇与挑战并存，不可忽视。

4. 旅游事件频发，旅行社面临更多挑战

旅游的动态、跨区域性以及食、住、行、游、购、娱的移动生活所需本身就具有不确定性，各种自然和人为因素都会引发波动，带来隐患。而当今世界气候的非常态变化、国际关系的不稳定、意识形态差异等，加大了自然灾害、社会事件以及各种旅游意外小事件的发生频率，这无疑给旅行社业带来冲击。而且，各种突发事件在今后将成为旅行社面临的一种常态。

5. "互联网＋"颠覆传统旅行社经营模式

2015年《国家旅游局关于实施"旅游＋互联网"行动计划的通知》发布，国家要求积极发展"互联网＋旅游"，在积极推动在线旅游平台企业发展壮大以来，旅游业搭乘互联网快车道，传统经营模式产生极大的改变，传统旅行社职能被削弱，互联网去中介化也在威胁传统旅行社的地位。同时，互联网也催生旅游需求方式的改变，旅游"碎片化""散客化"渐强，这些都促使旅行社业转型和变革。

案例10-1

"互联网＋"颠覆传统旅游模式　公交千人旅游团"信手拈来"

在自驾游和高铁游的分流下，近年来旅行社短线客源流失严重，加上旅游网络分销商的低价冲击,本地旅行社生存发展面临严峻挑战。

2019年5月,浙江假日国际旅行社与金华公交旗下的"金华行"公众微信平台联合组织4500多人分批成团出行的"金华行"建德一日游取得圆满成功。

金华公交利用其全国文明单位的社会影响力,整合旅游大巴、旅游公司等资源,与周边景区和专业旅行社展开深度合作,统筹和整合短线旅游的各个环节要素,重构旅游商业模式,充分发挥"金华行"的平台市场整合优势,旅行社的组织、管理、服务优势,线上线下配合,拥抱"互联网+",跨界O2O,实现多方共赢。

(二)我国旅行社业发展存在的问题

1. 我国旅行社经营中面临的重要问题:一是旅行社的过度进入与竞争,引起产品同质化严重、创新不足;二是市场竞争无序,"零负团费"现象屡禁不止;三是旅行社业整体绩效水平低下,行业利润率低。

2. 我国旅行社经营困难主要表现:一是人力、店面等经营成本增加,盈利能力减弱;二是获客困难;三是线上线下旅行社转型方向不明。

3. 我国旅行社业需要创新的方面:一是产品与服务要创新,来增强竞争优势,提高企业核心盈利能力;二是经营模式和管理寻求创新,实现旅行社业的转型升级;三是营销创新,获取更多客源,实现企业长久发展。

二、旅行社行业发展热点与创新

(一)行业发展热点

1. 出境游增长放缓,旅游企业加快产品迭代升级

总体看,2019年底之前,国人消费能力的不断提高,国人出境频率、出境消费都呈大幅度上升。国家发改委统计数据,2018年上半年出境游人次达到7131万,同比增长15%。而国家移民管理局早前发布的消息则显示,2018年上半年内地居民因私出入证件签发量再创新高,全国公安机关出入境管理部门共签发因私普通护照1641.6万本,同比增长21%,显示出了出境游市场强劲的发展潜力。然而,2020年至今,新冠疫情世界性的持续蔓延,出境游市场严重受挫,出游市场下沉明显。在此背景下,旅游企业对下沉到周边、省内、省际的国内游市场挖掘,成为业务的增量。

旅行社从本地游到周边游再到跨省旅游的坚持已经反映了对于疫情的良好应对,大型旅行社线上、线下业务布局更加合理,并利用单项预订来应对碎片化需求,通过短视频、直播等手段与年轻消费者保持沟通。在进一步了解市场需求和消费者行为的基础上,产品迭代和业务创新加速。

阅读资料10-1

2020中国旅游经济运行分析

2021年2月24日人民日报人民文旅报道:中国旅游研究院近日发布了《中国旅游经

济蓝皮书(No.13)》《2020年旅游经济运行分析与2021年发展预测研究报告》(简称《报告》)。《报告》对2020年中国旅游经济运行情况做了全面分析,对2021年中国旅游发展进行了预测分析。

《报告》对2020年中国旅游发展的态势分析如下:

1. 全年旅游经济总体呈现深度"U型"走势

《报告》认为,2020年新冠疫情对旅游业带来了前所未有冲击和挑战,但旅游行业在统筹推进疫情防控和复工复产中取得积极成效。全年旅游经济总体呈现深度"U型"走势。上半年有组织的旅游活动全面停滞,第三季度散客出游筑底回升,第四季度恢复跨省旅游业务全面提振消费和投资信心,开始步入深度"U型"的右侧上升通道,恢复并巩固了环比增长的趋势。

2. 近程、自驾、夜间旅游等成为2020年度热词

安全、品质、数字化、近程、自驾、夜间旅游成为年度热词。2020年游客满意度稳中有升,旅游服务质量超预期增长。

3. 数字化驱动的智慧旅游一直在创新

《报告》指出,国民消费为基础的大众旅游从未消失,数字化驱动的智慧旅游一直在创新。疫情期间,散客出游和休闲消费仍然以本地、近程、自驾、研学等形式顽强地存在着。散客化和自由行有效扩张了移动通信、互联网、大数据和人工智能的消费场景,进一步凸显了高端制造、高速铁路、高速公路、航空港在旅游与旅行产业链条中的支撑作用。

人们在出游前借助互联网收集目的地信息、预约体验空间、预订服务项目,在游程中扫码乘飞机、坐火车、进景区、接受无接触服务、完成支付和分享,在目的地体验无人机、现代光影技术、沉浸式演出所带来的视角冲击和生活享受。直播催生的"云旅游"丰富了居民日常旅游休闲活动,满足了旅游消费对内容的需求。

4. "预约、限量、错峰、有序"成为旅游出行新常态

"预约、限量、错峰、有序"成为旅游出行新常态,旅游治理水平加速提升。扫码入园、刷脸通行、无接触服务等数字技术在行程安排、游客分流等方面发挥积极作用,旅游治理水平显著提升。

5. 家庭休闲成为更加普遍的核心诉求

在对"疫情过后计划和谁一起出游"的调查中,和家人一起出游的受访者占比42%,位居首位,适合亲子游或父母老人旅游的产品更有市场。其次是与好友结伴旅游占比23%,单位、班级、社团等集体出游占比22%。另有11%的人计划独自旅游或与驴友一起自助游。出游动机调查中,休闲度假需求首次超过观光游览,排名首位,占比29%;健康医疗动机也达到3%。疫情影响下,居民出游以放松休闲为主,基于自驾、自助方式的家庭及亲友休闲娱乐产品为市场需求热点。

6. 品质游快速发展,"无接触"旅游备受青睐

受疫情影响,品质游快速发展,"无接触"旅游备受青睐。国庆假日期间,游客对个性和品质的追求进一步增长,度假型酒店价格上升明显。

2020年,游客满意度稳中有升,旅游服务质量超预期增长。依靠科技、理念创新不断

提升服务质量,公共文化服务、景区及目的地创新均取得显著成效,游客幸福感、获得感得到保障。一方面,出境游停滞状态下居民出游需求聚焦国内市场,倒逼国内旅游服务质量提升;另一方面,游客出行的安全、卫生等诉求加速了科技与旅游融合,国内旅游服务质量创新发展效果显著。

7. 部分中高消费群体转向西部生态和自驾旅游目的地

《报告》指出,区域旅游接待和潜在出游力差距更加收敛,新业态发展潜力加速释放。受疫情影响,游客更加倾向"去人少一点的地方旅游",西北等开阔区域受青睐。特别是出境游受限后,部分中高消费群体转向西部生态和自驾旅游目的地。前三季度,全国共有19个省域游客接待量复苏超过全国平均水平,其中西部、中部、东北和东部分别占10席、4席、3席和2席,开阔地区游客接待排名较以往明显前移。出游方面,2020年客源地潜在出游力在东、中、西三大区域之间的比例大约为6.0∶2.6∶1.4,相比较长期处于"7∶2∶1"的三级阶梯状分布格局,继续呈现收敛趋势。东部地区累计潜在出游力所占比重由2010年的70.0%下降到2020年的60%。中西部地区所占比重在不断升高。

8. 新型消费需求潜力加速释放

避暑旅游、冰雪旅游、夜间旅游、亲子旅游、美食旅游、研学旅游、自驾旅游等新型消费需求潜力加速释放。自驾出游方式选择比例达近年新高,其中清明假期游客自驾出游比例超过7成。避暑旅游、冰雪旅游在疫情期间的发展韧性更足。老场景不断开放,传统景区、文化场馆相继推出夜间旅游,且评级越高开放比率越高。

9. 出境游转国内游成为重要发展趋势

《报告》认为,入、出境旅游规模化重启期间势必出现国内游对出境游的替代现象。近年来国内休闲度假旅游产品供给数量和品质显著进步,越来越多游客认识到出境"走马观花"不如在国内"走透透",出境游转国内游成为重要发展趋势。小而美、小而精,品质旅游也成为消费回流的重要去向。

资料来源:人民文旅网.

2. 旅游企业助力脱贫攻坚

贫困地区相对地理位置特殊,与外界往来较少,文化原生态与资源独特性保留较多,潜藏着非常丰富的旅游资源,旅游扶贫具有市场前景,是产业扶贫的重要抓手。但贫困地区发展旅游产业往往面临基础设施滞后、产业体系不全、带动发展效果不佳等难题。解决这些问题就要进一步延长旅游产业链,优化发展模式。2018年1月国家旅游局、国务院扶贫办印发《关于支持深度贫困地区旅游扶贫行动方案》,聚焦深度贫困地区,切实加大旅游扶贫支持力度。旅游企业纷纷响应,发挥各自优势,加入旅游扶贫的行列中。

案例 10-2

发挥旅游优势 助力脱贫攻坚

从2002年起,中国旅游集团(以下简称"集团")组织员工志愿者陆续在贵州省黎平县、云南省西盟县、孟连县、香格里拉市、德钦县、四川省雷波县、马边县3省7县市开展

"教育+产业"一体两翼精准扶贫服务。2020年4月前,集团帮扶的7县(市)已全部脱贫摘帽。

中国旅游集团创新推动旅游扶贫工作之一就是发挥主业优势,策划推广经典旅游线路。集团策划推出香格里拉、德钦旅游目的地杂志特刊,开发香格里拉"时光之礼"主题线路并在集团2200多家旅行社网点及线上渠道同步上线,截至2019年12月底,实现销售近8416万元,向香格里拉地区输送游客23946人次,项目入选社科院《中国企业社会责任年鉴2018》十大公益项目。

资料来源:中华人民共和国民政部网站。

3. 旅行社成为文旅投资的重要参与者

在产业转型升级和消费升级的驱动下,文旅产业投资为传统经济的发展带来了新的机会和思路,景区资源型投资和文旅大盘投资增速,我国旅游度假行业将形成10万亿级支柱产业。毋庸置疑,这是大众乐于消费的朝阳行业,预示着文旅产业的投资窗口已然打开。

重资产的文旅投资需要搭配轻资产的旅行社行业运营和渠道能力。具有全产业链实力的旅行社业巨头凭借其运营和渠道能力与投融资机构联合出击,纷纷投入文旅投资市场,成为文旅产业开发大军。如景域集团与丰盛控股订立战略合作协议,双方拟计划总投入约50亿元人民币,共同开拓文化旅游度假市场;中青旅与卓正控股集团签署战略合作协议,双方将通过加快整合各自的优势资源,共同做强、做优、做大文化旅游健康产业;中青旅与中交投资签署战略合作协议,双方凭借两大央企的强大背景和各自拥有的实力领域,强强联动,优势互补,携手共谋发展。

4. 自制短视频成旅游营销利器

近年来,短视频应用层出不穷,用户数量不断攀升。

在娱乐功能之外,数字技术短视频借助短、新、快、奇、随时随地轻松观看等特点,带火了一大批旅游景区,也带动了旅游需求的增长。到"网红"地打卡成为大众旅游的新玩法,是旅游行业精准营销的绝佳土壤,这也逐渐成为旅游行业的一大有效营销手段。短视频改变了旅游业的"传统玩法",催生促进新的经济模式。

移动短视频的优势,通常是在用户搜索后发生,个性化特征明显,对于旅游行业而言,也悄然成为旅游营销的利器。

阅读资料 10-2
哪些因素促成了短视频在旅游营销上的成功?

第一,优质的内容。其一,景点本身极具特色。无论是重庆"洪崖洞"还是西安"摔碗酒",要么景观设计极为震撼,要么情景活动有趣好玩。因此,一个成功的"网红"景点首先要有成为"网红"的潜质。其二,多元融合妙趣无穷。短视频软件一般内嵌丰富特效,有可供选择的海量"神曲",大多数作品具有节奏感强、"魔性"十足的特点,给人感觉酷、炫、潮。科技元素、艺术元素与旅游场景相融合,令视频极具艺术感、创造性和现场感。

第二,契合的用户。短视频不仅是分享平台,还是其粉丝社群的社交平台。短视频的产品特征令其收获了与其相契合的市场,主要为一二线城市居民,其中又以女性和年轻人居多,这部分人有钱有闲,是出游的主力军。同时,他们中的大多数是互联网"原住民",善于创造,乐于分享,对于互联网产品的参与意愿很高,有着较为强烈的社交需求。一方面,他们通过拍摄和上传短视频来吸引关注。相比传统营销模式而言,动态的短视频社交模式呈现出更强的交互性和参与性。在旅游类视频里,用户能够更加生动全面地了解到景区的全貌,相比图文信息更令人有"涉入感"。另一方面,观赏短视频的受众在评论区实现与播主的互动。在旅游类视频的评论区,受众会对视频内容和质量进行点评、询问景区的名字和位置、交流旅游体验心得等。评论区的互动不仅具有第三方推荐的信任优势,还让评论本身成为优质的体验内容。更奇妙的是,基于对短视频平台的认同感和归属感,他们会把去网红景点"打卡"当成一种义务,出游动机由"我想去"升级为"我必须去"。

第三,共生的机制。在旅游营销场景下,利益相关者包括运营方、旅游地、播主及观赏用户。在短视频平台上,所有参与者都能满足需求和创造价值。观赏用户在免费观看视频、参与互动的过程中贡献了自己的时间和注意力,创造了流量。播主提供视频内容和吸引流量,因自己成为关注焦点而获得心理满足感。在运营初期,平台会对提供优质内容的播主提供一定补贴。而对于粉丝量达到十万甚至百万级别的"大咖号",他们还可以选择与商家合作以寻求流量变现。旅游地成为"网红"以后,游客量和旅游收入显著增加,平台运营方也将获得不菲的投资和广告收入。

实际上,像抖音短视频早已开启了变现之路。从"海底捞神秘吃法"到"网红奶茶的隐藏菜单",抖音的每次动作都能引发"抖友"的疯狂传播,甚至导致多个地方卖断货,堪称"网红制造机"。目前,抖音与旅游营销的融合已经开始进入更为成熟的新阶段。2018年4月,西安市旅发委与抖音短视频达成合作。双方计划将基于抖音的全系产品,通过文化城市助推、定制城市主题挑战、抖音达人深度体验、抖音版城市短片来对西安进行全方位的包装推广,用短视频来向全球传播优秀传统文化和美好城市文化。

(二)行业创新实例

1. 上海自贸区首家经营出境游的外商独资旅行社

落实习近平总书记关于中国(上海)自由贸易试验区工作的指示要求,全面深化自贸试验区改革开放,中国(上海)自由贸易试验区获批开展外商独资旅行社经营出境旅游业务试点工作,2017年9月,万程(上海)旅行社有限公司获批成为中国(上海)自由贸易试验区首家经营出境旅游业务的外商独资旅行社,这是大陆此类企业中第一家获得出境游经营资质,标志着我国旅行社行业更加市场化和多元化。

2. 赋能"明智优选",凯撒旅游率先尝试知识付费

受益于旅游消费升级的推动,定制旅游风头正劲,太多的旅游业玩家扑进了这个蓝海市场,旅行社、OTA、新晋创业公司各显其能。作为典型的非标旅游产品,定制游的吸引力不一而足。

作为大型旅行社代表的凯撒旅游,本身就是以"定制型旅游"起家,最早期的公务团提供的正是个性化定制服务,定制思维根植于其发展基因。发展至今,凯撒旅游一直在进行"定制旅游"服务的优化与升级,覆盖不同类型的定制旅游项目。2018年1月,国内领先的综合旅游服务商凯撒旅游宣布推出旗下子品牌——明智优选,瞄准定制旅游市场,开启"专属定制路线""1对1定制师服务""发现旅行灵感"等多种玩法,并率先尝试"定制旅游+知识付费"。"明智优选"以"1人出行,4人服务"为服务理念,致力于提供个性化的旅行体验。

3. "凯撒民宿"构建文旅融合新场

中国游客的出游需求正从观光向文化、社交层面的深度体验转变,倒逼旅游要素不断迭代,有个性化需求的游客更倾心于那些有故事、有风景、有情怀、更能了解和感受当地人文气息的住宿环境。而一间好的民宿,在游客开始游览前,就能让人浸润在当地的历史文化中。

2018年6月,凯撒旅游子品牌"凯撒名宿"全新亮相,与其同名的民宿频道同步上线凯撒旅游官网,这些有着丰厚文化底蕴的境外精品非标住宿资源一经推出,迅速吸引了业界和游客的关注。业内评析,消费升级和分享经济正加速影响着旅游全产业链,"凯撒名宿"子品牌的推出,将搭建起文旅融合的新场景,提供细分领域的专业服务,为广大游客深入体验目的地文化和生活方式提供崭新的接口。

阅读资料 10-3

凯撒名宿:围绕民宿构建文旅融合新场景

当其他企业在追求民宿资源拥有量的时候,凯撒旅游通过专业人员实地考察,精选欧洲、美国、日本及东南亚地区的几十处民宿资源,在深挖其文化内涵上下功夫,将民宿转化成文化旅游资本。进入凯撒旅游官网"凯撒名宿"频道能看到两类民宿:一类主打复古文艺风格,它们是拥有悠久历史的特色古建,可以让游客尊享复古奢华的贵族体验,例如:紧邻巴黎香榭丽舍大道的19世纪私人庄园,是巴黎市内唯一的城堡式住宿,内设米其林餐厅;位于旧金山市的奢华公寓,则充满维多利亚时代的文艺气息,古典蕾丝材质营造出浪漫氛围。

另一类民宿交通便利,大都是位于市中心黄金地段的高品质寓所,能让游客立即融入当地生活,例如:位于巴塞罗那市中心的高端公寓,距离米拉之家和购物街仅数百米,到毕加索博物馆也不远,适合喜欢建筑艺术、美食和购物的客人;在川旅宿旗下位于日本京都的高端町屋"在川·合庭""在川·清泉"闹中取静,还原了原汁原味的古都雅趣,由知名设计师青山周平亲自操刀改建,让旅行者在古老的建筑形态里感受到家一般的温馨与舒适。

另据了解,针对预订民宿的客人,凯撒旅游不仅提供接送机服务,使境外出行零阻碍,而且提供目的地签证办理和当地玩乐的一站式配套服务及中文服务,再加上凯撒旅游"境内外一体化零时差"的操作模式,将满足家庭或朋友结伴出行的休闲度假需求。

第二节　我国旅行社业的未来发展趋势

我国已步入大众旅游新时代，旅游消费升级、人工智能等技术革新都为旅行服务企业的发展提供了新机遇与新挑战，旅行服务企业要积极把握行业发展趋势，提前谋划布局，方能在竞争中脱颖而出。

一、我国旅行社发展趋势

(一)旅行社行业迎来服务价值的回归

在消费升级、价值驱动的双重推动之下，旅行社服务的重要性也随之凸显。近几年，OTA线下圈地现象日趋明显，据《中国旅行社行业发展报告2017》，中国旅行社业在经营模式上较为突出的现象是OTA巨头线下布局提速。这一方面是基于线上流量昂贵，在线旅游企业的获客成本居高不下，另一方面也反映了旅行社面对面服务价值的不可替代性，特别是当今旅游个性化需求的不断变化和升级，越来越多的人更加渴望有旅游专家帮忙策划和咨询，为他们制订更加高端和体验式的旅行计划。

曾几何时，人们担心OTA的兴起会让实体旅行社走到尽头。但发展的事实证明，无论在线旅行企业如何快速扩张，旅游的本质仍然是"服务体验"，线下旅行社的服务依然具有核心价值。因此，那种面对面的交流是最为真切的人性需求，更具人文情怀，这本身才是服务的最大价值。

(二)国内旅游是未来几年的主流

时至2019年底之前，是我国旅行业迅猛发展的时代，在国内旅游蒸蒸日上的同时，而出境旅游和入境旅游也迎来大幅度的提升。自2020年初，同世界各地一样，我国旅游企业迅速进入寒冬。新冠肺炎疫情的大爆发，最为直接的是限制了人们出行，旅行服务业遭受重创。至2020年下半年起，我国疫情的有效控制带来了旅行业的复苏，而世界范围的疫情依然不断蔓延。加上国际政治、经济和社会环境的风云突变，经济内循环会成为我国未来经济发展的主流。因此，国内旅游市场会持续增长。

案例 10-3

如何由"外"转"内"谋新局，包包旅行交上优秀答卷

出境游被按下暂停键后，国内游成了旅行社2020年最大的市场蛋糕，如何从中分得一杯羹？或许大部分旅行社还未找到答案，而包包旅行(广州亚太国际旅行社)，却已经交上一份优秀的答卷。

面对疫情危机，包包旅行第一时间带领团队发展全球购商品业务，实现团队收支平衡；然后紧跟风口，迅速开发出一系列国内游产品，结合季节变化和客户的出游习惯，4～5月主推森林木屋类型，6～9月主推海边度假类型，10月开始推周边的温泉酒店，一个月就发出十几台汽车团、天天发团30个机位、承接百人大团……在国内游市场切出大蛋糕。

资料来源：旅游同业网.

(三)全域旅游持续拓宽行业发展的外延

全域旅游的主旨就是旅游业的跨界、链接和融合，形成无处不旅游的大旅游、大产业、大格局、大空间的发展观。中青旅遨游旅行率先与盒马鲜生的牵手合作，开创首个旅行新零售门店、腾邦国际与港中旅（珠海）海泉湾度假区合作及一系列异业经营的门店、众信的海外生活服务平台建立、美团网大力发展美团旅行业务等等一系列事件，正是全域旅游背景下的旅游行业在经营方式、产品延深、管理方式等的创新协同发展。全域旅游拓宽了旅行社行业发展外延，业内跨界发展应时而生，全面开启。未来将会进一步带动行业经营面的拓展和延伸。

(四)旅游消费升级，个性定制成趋势

市场经济发展到今天，旅游产品供不应求的局面不复存在，市场竞争者众多，形成了完全的买方市场，需求越来越趋于个性化与差异化。但总体看，旅游产品缺乏创新、同质化严重、有效供给仍然不足，难以更好地满足市场需求。

随着旅游消费的升级，定制旅游产品正从"云端"落入大众范围。2016年被业界定义为"定制旅游元年"，不少的定制旅游公司都在这两年起步，并受到资本和消费者的关注。未来产品与服务的个性化、定制化将成行业发展趋势。对旅行服务企业而言，深挖特色领域潜力，积极主动地适应个性化、定制化的旅游需求、引领大众旅游的时尚口味和切身诉求是企业发展的必经之路。

案例 10-4

定制旅游成发展趋势

定制旅游正在成为越来越多的旅行服务企业深挖市场和开发产品的重点。比如，澳达控股集团旗下北京纷享世界科技有限公司、澳达国际旅行社、北纬十八国际旅游发展（北京）有限公司联合打造专注线上定制旅行度假会员制预定平台，通过一对一旅行策划顾问，打造以"深度体验"与"个性化定制"为核心的智能化家庭定制度假平台；凯撒旅游在2016里约奥运观赛产品中既有组合线路，也有"热门场次门票+稀缺的星级酒店"的配置，游客的个性化定制需求占较大比重；中青旅遨游定制产品服务人群较为广泛，小到二人出行，涵盖差旅、婚庆、培训、疗养度假等。

总体看，国内在跟团游竞争激烈的背景下，定制旅游市场发展较快。定制旅游在个性化、体验化等方面对产品提供方的要求高于对一般跟团旅游线路产品的要求，也不同于纯粹个性化的自由组合，一般跟团游产品只要符合大众口味即可，产品较为均质化，这样的产品需求者往往是价格敏感型，只要性价比高即可，产品的个性和体验上要求并不太高，纯粹自由行产品则要求内容丰富，性价比高。但定制旅游客户群一般是中高端人士，这些客户对价格不是十分敏感，对个性化、特色化、体验化要求较高，所以对定制旅游产品提供商在资源整合能力和产品丰富度上要有很强的能力才能满足如此长链条的需求，既要行程内容丰富，又要服务细节，这是定制旅游的最大挑战。

资料来源：搜狐网.

阅读资料 10-4

戴斌：定制旅行促进旅游业高质量发展

2019年7月9日下午，由中国旅游研究院主办的"定制旅行研究成果发布会"在文化和旅游部召开。戴斌院长做了题为"定制旅行促进旅游业高质量发展"的总结演讲，部分摘录如下：

我们很高兴地看到，在过去的几年中，定制旅行已经成为市场主体促进旅游业高质量发展的成功探索和有效路径。无论是全包价、小包价，还是单项预订服务，旅行社的传统操作模式都是生产者主权，从踩线、采购、组装和分销到线下的门店和线上的OTA，都是供给侧在主导。游客看上去有选择权，但主要是在不同的旅行社品牌和有限的产品间选择，或者说游客的选择自由度是有限的。经济理论和市场实践表明，消费者的满意度与消费菜单的可选度是密切相关的。随着大众旅游时代的到来和国民旅行经验的成熟，选择自由行和自助游的人越来越多，但是游客用于信息搜寻、价格比较、目的地决策、小交通和目的地生活方面的成本也越来越高。

分工与专业化是经济增长的本质要求，也是效率提升和服务品质的有效保障。商业从工业的分离是不可逆转的经济史进程，旅行社或者说旅行服务从交通、住宿、餐饮、娱乐、购物、主题公园等商业机构和自然遗产、文化遗产目的地资源管理者和公共文化机构中分离出来，也是大众旅游时代不可逆转的商业进程。无论我们如何强调消费者主权，已经认识到游客不再是纯粹的消费者，而是会介入目的地选择和产品设计中去，但是游客绝不可能变成普遍意义上的生产者，仍然需要旅行社的新型专业化服务。在市场主体的共同努力下，定制旅行正是从消费者主权出发，依托旅行商的专业化运营，在分众和分层基础上为旅游者提供品质服务的商业模式。

定制旅行需要更加广泛的共识。以携程、凯撒、鸿鹄逸游为代表的市场主体已经成为定制旅行和旅游业高质量发展的关键角色，正在发挥越来越重要的作用。一花独放不是春，万紫千红春满园，为了更好地促进定制旅行理性、协调和可持续发展，我们需要在共识的基础上与更多的业者同行。定制旅行的时代已经到来，它是大众旅游从初级阶段向中高级阶段演化的必然要求，也是旅游业高质量发展的必然要求，因而是全民的和全行业的。

定制旅行需要更多的企业标准，定制旅行需要更多的产品品牌，定制旅行需要权威的第三方评价。

二、我国旅行社业未来发展战略

（一）龙头企业整合带动全行业品质提升

我国旅行社业经历四十年的发展，与时代同步，在网络化和信息化方向长足进步，产生了具有影响力的龙头企业。未来，龙头企业的带动地位需要加强，线上线下一体化，以智能技术引领行业创新,共同发展,让旅游成为人民幸福的重要生活方式是旅游业的共同责任和事业。

(二)加强异地化生活服务整合战略

随着游客消费心理日趋成熟,个性化与多元化的旅游需求日益突显,旅游逐渐成为一种异地化的生活方式。一方面,游客对走马观花式的观光旅游越来越不买账,更期待深度体验当地居民的日常生活;另一方面,游客的需求更加多元化与个性化,在观光游览的基础上,衍生出亲子、医疗、体育、研学、休闲度假、商务、移民、海外置业等多方面的个性化需求。在此消费背景下,单一的传统旅行服务已经不能满足市场需求,不断扩大业务范围、加强异地生活服务供给成为旅行服务业发展的必然选择。

(三)坚持服务增值战略

互联网的发展和移动通信技术的运用,打破了传统旅行社业依靠信息不对称赚取差价的商业模式,传统旅行社普遍处于市场份额被挤压、利润缩减的困境,并被一度认为会被在线旅游企业所取代。但是,从携程等OTA巨头频频布局线下的动作来看,线下旅行社在服务上的优势是无法取代的,互联网冲击的是传统旅行社的中介服务,而无法撼动其在"增值服务"上的地位。因此,旅行服务企业要始终坚持服务增值战略,培育服务至上、精益求精的工匠精神,不断修炼内功,深耕产品与服务,通过令人信赖的产品和服务赢得市场信任,同时顺应消费者日趋个性化与多样化的需求,不断拓展企业服务项目,从而提升企业效益。

(四)实施社群化更加贴近用户端战略

移动互联网的发展催生出各种各样的社群,处在社群中的消费者对旅游产品与服务的需求越来越个性化。实施社群化策略,争夺C端流量,提高用户黏性,成为旅行服务企业竞争制胜的法宝。

未来,在线旅游社交必然需要打破同质化竞争,向个性化发展。对于线下旅游企业来说,需要突破传统的"在旺市开门店"的思维模式,布局"小而全"的社区门店,以更加贴近用户群。具体而言,利用社区与旅游业的跨界合作,建立社区旅游综合服务平台,以平台为载体,构建集旅游服务、社区生活、主题活动、文化交流等全方位、立体化的社区消费形态为一体的社区旅游生态圈,真正做好旅游"最后一公里"的服务体验。

(五)强化和构筑品牌高地战略

未来,旅游市场的竞争不再是简单的价格战而是品牌战,极具个性化和高识别度的"旅游IP"显得尤为重要。

对旅行服务企业而言,要打造自身的超级旅游IP,一要不断完善企业产品与服务,在顾客群体中树立良好的口碑与品牌形象;二要以创新为动力,将旅游IP理念应用到产品、运营、营销等各个方面,在打造独特的旅游产品与品牌形象的同时,不断更新迭代产品与服务,从而维持品牌长效吸引力。

本章小结

本章首先分析和总结我国旅行服务业发展的现状及动态,在此基础上预测行业未来发展趋势和发展战略。从发展趋势看,服务价值的回归将引导线下旅行服务核心地位的强化,内循环经济的大环境下国内旅游需求和供给将成主流,全域旅游的落地和实施会持续拓宽行业发展的外延,定制旅游不仅满足个性化需求,也将引领大众旅游方式的改变。未来发展战略主要注重引导龙头企业整合带动全行业品质提升、加强异地化生活服务整合、坚持服务增值、实施社群化更加贴近用户端战略、强化和构筑品牌高地战略等。

案例分析

品牌旅游巨头抢占布局合肥线下社区店

近年来,携程、驴妈妈、途牛、同程等在线旅游机构纷纷在线下布局门店,市场上"旅游新零售"概念的商业模式瞬间走上"风口浪尖"。合肥这类二、三线城市,更成为OTA线下布局的重点。从OTA商圈门店开始,如今合肥市内各小区周边地带成为OTA的又一突破点。

1. OTA合肥线下门店扩张,社区店成为主打方向

据了解,携程、驴妈妈、途牛、同程等OTA,近年在合肥迅速开店。目前携程在安徽的门店数已超过120家,其中合肥就有60家,而驴妈妈、途牛等网站在合肥门店数分别为13家和5家。最初,这些门店往往选址市内人流量较大的商圈,在市内各大商场、商业街、"旅行社一条街"上都能看到他们的身影。近段时间,门店开始在合肥市内小区周边地带扩张,甚至部分OTA选择关闭商业中心位置的门店,而在社区店上着重突破,扩展数量。以携程为例,入驻一年,安徽地区已有120家门店,商圈店大概有30家,剩下的以社区店居多,合肥市内商圈店和社区店比例也达到1∶1。

2. 特色化上门一对一服务,"旅游新零售"带来优势

社区店与商圈店在经营模式上也会有所区别。门店开在小区周边,方便了四周的居民。如果客户有上门服务的需要,而社区店铺离客户较近,可以上门为其提供更有针对性的服务。社区店完美发挥线下门店1对1的优势,而上门服务的成交率往往非常高。

3. 消费者体验升级利大于弊,线上线下协调步调

随市场不断推进,旅游行业将越来越难界定什么是线上和线下。竞争的加剧也会迫使旅游机构全面提升服务级别,给客户带来更好的体验,对于消费者而言利大于弊。同时,用户个性化需求越来越明显,产品的丰富性就需要更加严格。而门店自身的运营方面,要切合移动互联网时代的特色,而不是一味地依靠原来的经验行事。

分析:

1. 回购率高转介绍力强,房租成本让店主压力小,城市小区住户对于旅游的需求逐年递增,住户出游意愿高,出游频次增长,这一系列因素成为OTA线下社区店不断增加

的主要原因。

2. 对于OTA方面来说，传统旅行社在市场上依旧受到追捧，但OTA门店线上线下融合带来的引流优势，庞大的产品库，及时全面的营销支持，独家产品提供等，也让这类门店更好地做起"旅游新零售"模式。

3. 各家OTA也在不断调试，尽力协调线上线下的步调，但毕竟线上线下各自行走的方式不同，彼此的差别还在，仍需要更多改进的空间。

资料来源：万家网.

案例思考：

1. 分析社区门店是线上旅行社获客新模式还是被逼无奈？
2. 为什么说线上线下融合发展是旅行社发展的必然结果？

思考与练习

一、记忆题

1. 什么是定制旅行？
2. 什么是社区化战略？
3. 旅行服务业品牌战略的内涵是什么？
4. 我国旅行社发展趋势主要体现在哪些方面？

二、操作性练习

查找资料，总结和分析当今我国旅行服务业的热点和创新。

参 考 文 献

[1] 张道顺.现代旅行社管理手册[M].北京:旅游教育出版社,2010
[2] 熊晓敏.旅行社Sales外联营销手册[M].北京:中国旅游出版社,2009
[3] 梁智.旅行社运行与管理.[M].4版.大连:东北财经大学出版社,2010
[4] 胡晓萍.导游带团技巧[M].哈尔滨:哈尔滨工业大学出版社,2006
[5] 赵利民.旅行社经营管理(第四版)[M].北京:中国人民大学出版社,2020.
[6] 杨彦锋,杨宇.中国旅行社行业发展报告[M].北京:中国旅游出版社,2017.
[7] 纪俊超.旅行社经营管理.广州:华南理工大学出版社,2016.
[8] 张杨等.中国旅行服务业发展报告[M].北京:中国旅游出版社,2020.
[9] 王国栋,侯晓红.旅游市场调研及数据分析方法[M].上海:上海交通大学出版社,2019.
[1] 张杨等.2018年中国旅行服务业发展报告[M].北京:中国旅游出版社,2018.
[11] 戴斌,杜江,秀花芳.旅行社管理(第二版)[M].北京:高等教育出版社,2016.
[12] 谢彦君.基础旅游学(第四版)[M].北京:商务印书馆,2015.
[12] 梁智.旅行社运行与管理(第六版)[M].大连:东北财经大学出版社,2017.
[14] 刘志勇.旅行社门市经营管理实务[M].武汉:华中科技大学出版社,2020.
[15] 刘庆.旅行社服务流程控制与综合实训[M].北京:中国劳动社会保障出版社,2016.
[16] 谢俊琳.旅行社门市服务实训教程[M].北京:旅游教育出版社,2019.
[17] 晋艺波.旅行社服务与管理[M].西安:西北工业大学出版社,2015.
[18] 黄恢月.旅行社服务纠纷案例详解[M].北京:中国旅游出版社,2016.
[19] 姚延波.2018年中国旅行社行业发展年度报告[M].北京:中国旅游出版社,2018.
[20] 叶娅丽,陈学春.旅行社计调实物(第二版)[M].北京:北京大学出版社,2020.
[21] 范贞.旅行社计调业务(第二版)[M].北京:清华大学出版社,2019.
[22] 李学芝等.旅游市场营销策划[M].北京:中国旅游出版社,2017.
[23] 廖钟迪.旅游市场营销[M].武汉:华中科技大学出版社,2020.
[24] 陈乾康,彭传章.旅行社计调与外联实务[M].北京:中国人民大学出版社,2018.
[25] 王雁.导游实务[M].北京:高等教育出版社,2020.
[26] 龙雨萍.旅游市场营销理论与实物[M].武汉:华中科技大学出版社,2019.

[27] 舒伯阳.旅游市场营销案例实训[M].北京:清华大学出版社,2015.

[28] 金丽娟.旅游市场与人才培养战略[M].天津:天津大学出版社,2018.

[29] 荆新,王化成,刘俊彦.财务管理学(第八版)[M].北京:中国人民大学出版社,2018.

[30] 戴斌,张杨.旅行社管理(第四版)[M].北京:高等教育出版社,2019.

旅行社条例

（2009年2月20日中华人民共和国国务院令第550号公布，自2009年5月1日起施行。根据2016年2月6日中华人民共和国国务院令第666号《国务院关于修改部分行政法规的决定》第一次修改，根据2017年3月1日中华人民共和国国务院令第676号《国务院关于修改和废止部分行政法规的决定》第二次修改，根据2020年11月29日中华人民共和国国务院令第732号《国务院关于修改和废止部分行政法规的决定》第三次修改）

第一章 总则

第一条 为了加强对旅行社的管理，保障旅游者和旅行社的合法权益，维护旅游市场秩序，促进旅游业的健康发展，制定本条例。

第二条 本条例适用于中华人民共和国境内旅行社的设立及经营活动。

本条例所称旅行社，是指从事招徕、组织、接待旅游者等活动，为旅游者提供相关旅游服务，开展国内旅游业务、入境旅游业务或者出境旅游业务的企业法人。

第三条 国务院旅游行政主管部门负责全国旅行社的监督管理工作。

县级以上地方人民政府管理旅游工作的部门按照职责负责本行政区域内旅行社的监督管理工作。

县级以上各级人民政府工商、价格、商务、外汇等有关部门，应当按照职责分工，依法对旅行社进行监督管理。

第四条 旅行社在经营活动中应当遵循自愿、平等、公平、诚信的原则，提高服务质量，维护旅游者的合法权益。

第五条 旅行社行业组织应当按照章程为旅行社提供服务，发挥协调和自律作用，引导旅行社合法、公平竞争和诚信经营。

第二章 旅行社的设立

第六条 申请经营国内旅游业务和入境旅游业务的，应当取得企业法人资格，并且注册资本不少于30万元。

第七条 申请经营国内旅游业务和入境旅游业务的，应当向所在地省、自治区、直辖市旅游行政管理部门或者其委托的设区的市级旅游行政管理部门提出申请，并提交符合本条例第六条规定的相关证明文件。受理申请的旅游行政管理部门应当自受理申请之日起20个工作日内作出许可或者不予许可的决定。予以许可的，向申请人颁发旅行社业务经营许可证；不予许可的，书面通知申请人并说明理由。

第八条 旅行社取得经营许可满两年，且未因侵害旅游者合法权益受到行政机关罚款以上处罚的,可以申请经营出境旅游业务。

第九条　申请经营出境旅游业务的,应当向国务院旅游行政主管部门或者其委托的省、自治区、直辖市旅游行政管理部门提出申请,受理申请的旅游行政管理部门应当自受理申请之日起20个工作日内作出许可或者不予许可的决定。予以许可的,向申请人换发旅行社业务经营许可证;不予许可的,书面通知申请人并说明理由。

第十条　旅行社设立分社的,应当向分社所在地的工商行政管理部门办理设立登记,并自设立登记之日起3个工作日内向分社所在地的旅游行政管理部门备案。

旅行社分社的设立不受地域限制。分社的经营范围不得超出设立分社的旅行社的经营范围。

第十一条　旅行社设立专门招徕旅游者、提供旅游咨询的服务网点(以下简称旅行社服务网点)应当依法向工商行政管理部门办理设立登记手续,并向所在地的旅游行政管理部门备案。

旅行社服务网点应当接受旅行社的统一管理,不得从事招徕、咨询以外的活动。

第十二条　旅行社变更名称、经营场所、法定代表人等登记事项或者终止经营的,应当到工商行政管理部门办理相应的变更登记或者注销登记,并在登记办理完毕之日起10个工作日内,向原许可的旅游行政管理部门备案,换领或者交回旅行社业务经营许可证。

第十三条　旅行社应当自取得旅行社业务经营许可证之日起3个工作日内,在国务院旅游行政主管部门指定的银行开设专门的质量保证金账户,存入质量保证金,或者向作出许可的旅游行政管理部门提交依法取得的担保额度不低于相应质量保证金数额的银行担保。

经营国内旅游业务和入境旅游业务的旅行社,应当存入质量保证金20万元;经营出境旅游业务的旅行社,应当增存质量保证金120万元。

质量保证金的利息属于旅行社所有。

第十四条　旅行社每设立一个经营国内旅游业务和入境旅游业务的分社,应当向其质量保证金账户增存5万元;每设立一个经营出境旅游业务的分社,应当向其质量保证金账户增存30万元。

第十五条　有下列情形之一的,旅游行政管理部门可以使用旅行社的质量保证金:

(一)旅行社违反旅游合同约定,侵害旅游者合法权益,经旅游行政管理部门查证属实的;

(二)旅行社因解散、破产或者其他原因造成旅游者预交旅游费用损失的。

第十六条　人民法院判决、裁定及其他生效法律文书认定旅行社损害旅游者合法权益,旅行社拒绝或者无力赔偿,人民法院可以从旅行社的质量保证金账户上划拨赔偿款。

第十七条　旅行社自交纳或者补足质量保证金之日起三年内未因侵害旅游者合法权益受到行政机关罚款以上处罚的,旅游行政管理部门应当将旅行社质量保证金的交存数额降低50%,并向社会公告。旅行社可凭省、自治区、直辖市旅游行政管理部门出具的凭证减少其质量保证金。

第十八条　旅行社在旅游行政管理部门使用质量保证金赔偿旅游者的损失,或者依法减少质量保证金后,因侵害旅游者合法权益受到行政机关罚款以上处罚的,应当在收到旅游行政管理部门补交质量保证金的通知之日起5个工作日内补足质量保证金。

第十九条　旅行社不再从事旅游业务的,凭旅游行政管理部门出具的凭证,向银行取回质量保证金。

第二十条　质量保证金存缴、使用的具体管理办法由国务院旅游行政主管部门和国务院财政部门会同有关部门另行制定。

第三章　外商投资旅行社

第二十一条　外商投资旅行社适用本章规定;本章没有规定的,适用本条例其他有关规定。

第二十二条　外商投资企业申请经营旅行社业务,应当向所在地省、自治区、直辖市旅游行政管理部门提出申请,并提交符合本条例第六条规定条件的相关证明文件。省、自治区、直辖市旅游行政管理部门应当自受理申请之日起30个工作日内审查完毕。予以许可的,颁发旅行社业务经营许可证;不予许可的,书面通知申请人并说明理由。

设立外商投资旅行社,还应当遵守有关外商投资的法律、法规。

第二十三条　外商投资旅行社不得经营中国内地居民出国旅游业务以及赴香港特别行政区、澳门特别行政区和台湾地区旅游的业务,但是国务院决定或者我国签署的自由贸易协定和内地与香港、澳门关于建立更紧密经贸关系的安排另有规定的除外。

第四章　旅行社经营

第二十四条　旅行社向旅游者提供的旅游服务信息必须真实可靠,不得作虚假宣传。

第二十五条　经营出境旅游业务的旅行社不得组织旅游者到国务院旅游行政主管部门公布的中国公民出境旅游目的地之外的国家和地区旅游。

第二十六条　旅行社为旅游者安排或者介绍的旅游活动不得含有违反有关法律、法规规定的内容。

第二十七条　旅行社不得以低于旅游成本的报价招徕旅游者。未经旅游者同意,旅行社不得在旅游合同约定之外提供其他有偿服务。

第二十八条　旅行社为旅游者提供服务,应当与旅游者签订旅游合同并载明下列事项:

(一)旅行社的名称及其经营范围、地址、联系电话和旅行社业务经营许可证编号;

(二)旅行社经办人的姓名、联系电话;

(三)签约地点和日期;

(四)旅游行程的出发地、途经地和目的地;

(五)旅游行程中交通、住宿、餐饮服务安排及其标准;

(六)旅行社统一安排的游览项目的具体内容及时间;

(七)旅游者自由活动的时间和次数;

(八)旅游者应当交纳的旅游费用及交纳方式;

(九)旅行社安排的购物次数、停留时间及购物场所的名称;

(十)需要旅游者另行付费的游览项目及价格;

(十一)解除或者变更合同的条件和提前通知的期限;

(十二)违反合同的纠纷解决机制及应当承担的责任;

(十三)旅游服务监督、投诉电话;

(十四)双方协商一致的其他内容。

第二十九条　旅行社在与旅游者签订旅游合同时,应当对旅游合同的具体内容作出真实、准确、完整的说明。

旅行社和旅游者签订的旅游合同约定不明确或者对格式条款的理解发生争议的,应当按照通常理解予以解释;对格式条款有两种以上解释的,应当作出有利于旅游者的解释;格式条款和非格式条款不一致的,应当采用非格式条款。

第三十条　旅行社组织中国内地居民出境旅游的,应当为旅游团队安排领队全程陪同。

第三十一条　旅行社为接待旅游者委派的导游人员,应当持有国家规定的导游证。

取得出境旅游业务经营许可的旅行社为组织旅游者出境旅游委派的领队,应当取得导游证,具有相应的学历、语言能力和旅游从业经历,并与委派其从事领队业务的旅行社订立劳动合同。旅行社应当将本单位领队名单报所在地设区的市级旅游行政管理部门备案。

第三十二条　旅行社聘用导游人员、领队人员应当依法签订劳动合同,并向其支付不低于当地最低工资标准的报酬。

第三十三条　旅行社及其委派的导游人员和领队人员不得有下列行为:

(一)拒绝履行旅游合同约定的义务;

(二)非因不可抗力改变旅游合同安排的行程;

(三)欺骗、胁迫旅游者购物或者参加需要另行付费的游览项目。

第三十四条　旅行社不得要求导游人员和领队人员接待不支付接待和服务费用或者支付的费用低于接待和服务成本的旅游团队,不得要求导游人员和领队人员承担接待旅游团队的相关费用。

第三十五条　旅行社违反旅游合同约定,造成旅游者合法权益受到损害的,应当采取必要的补救措施,并及时报告旅游行政管理部门。

第三十六条　旅行社需要对旅游业务作出委托的,应当委托给具有相应资质的旅行社,征得旅游者的同意,并与接受委托的旅行社就接待旅游者的事宜签订委托合同,确定接待旅游者的各项服务安排及其标准,约定双方的权利、义务。

第三十七条　旅行社将旅游业务委托给其他旅行社的,应当向接受委托的旅行社支付不低于接待和服务成本的费用;接受委托的旅行社不得接待不支付或者不足额支付接待和服务费用的旅游团队。

接受委托的旅行社违约,造成旅游者合法权益受到损害的,作出委托的旅行社应当承担相应的赔偿责任。作出委托的旅行社赔偿后,可以向接受委托的旅行社追偿。

接受委托的旅行社故意或者重大过失造成旅游者合法权益损害的,应当承担连带责任。

第三十八条　旅行社应当投保旅行社责任险。旅行社责任险的具体方案由国务院旅游行政主管部门会同国务院保险监督管理机构另行制定。

第三十九条　旅行社对可能危及旅游者人身、财产安全的事项,应当向旅游者作出真实的说明和明确的警示,并采取防止危害发生的必要措施。

发生危及旅游者人身安全的情形的,旅行社及其委派的导游人员、领队人员应当采取必要的处置措施并及时报告旅游行政管理部门;在境外发生的,还应当及时报告中华人民共和国驻该国使领馆、相关驻外机构、当地警方。

第四十条　旅游者在境外滞留不归的,旅行社委派的领队人员应当及时向旅行社和中华人民共和国驻该国使领馆、相关驻外机构报告。旅行社接到报告后应当及时向旅游行政管理部门和公安机关报告,并协助提供非法滞留者的信息。

旅行社接待入境旅游发生旅游者非法滞留我国境内的,应当及时向旅游行政管理部门、公安机关和外事部门报告,并协助提供非法滞留者的信息。

第五章　监督检查

第四十一条　旅游、工商、价格、商务、外汇等有关部门应当依法加强对旅行社的监督管理,发现违法行为,应当及时予以处理。

第四十二条　旅游、工商、价格等行政管理部门应当及时向社会公告监督检查的情况。公告的内容包括旅行社业务经营许可证的颁发、变更、吊销、注销情况,旅行社的违法经营行为以及旅行社的诚信记录、旅游者投诉信息等。

第四十三条　旅行社损害旅游者合法权益的,旅游者可以向旅游行政管理部门、工商行政管理部门、价格主管部门、商务主管部门或者外汇管理部门投诉,接到投诉的部门应当按照其职责权限及时调查处理,并将调查处理的有关情况告知旅游者。

第四十四条　旅行社及其分社应当接受旅游行政管理部门对其旅游合同、服务质量、旅游安全、财务账簿等情况的监督检查,并按照国家有关规定向旅游行政管理部门报送经营和财务信息等统计资料。

第四十五条　旅游、工商、价格、商务、外汇等有关部门工作人员不得接受旅行社的任何馈赠,不得参加由旅行社支付费用的购物活动或者游览项目,不得通过旅行社为自己、亲友或者其他个人、组织牟取私利。

第六章 法律责任

第四十六条 违反本条例的规定,有下列情形之一的,由旅游行政管理部门或者工商行政管理部门责令改正,没收违法所得,违法所得10万元以上的,并处违法所得1倍以上5倍以下的罚款;违法所得不足10万元或者没有违法所得的,并处10万元以上50万元以下的罚款:

(一)未取得相应的旅行社业务经营许可,经营国内旅游业务、入境旅游业务、出境旅游业务的;

(二)分社超出设立分社的旅行社的经营范围经营旅游业务的;

(三)旅行社服务网点从事招徕、咨询以外的旅行社业务经营活动的。

第四十七条 旅行社转让、出租、出借旅行社业务经营许可证的,由旅游行政管理部门责令停业整顿1个月至3个月,并没收违法所得;情节严重的,吊销旅行社业务经营许可证。受让或者租借旅行社业务经营许可证的,由旅游行政管理部门责令停止非法经营,没收违法所得,并处10万元以上50万元以下的罚款。

第四十八条 违反本条例的规定,旅行社未在规定期限内向其质量保证金账户存入、增存、补足质量保证金或者提交相应的银行担保的,由旅游行政管理部门责令改正;拒不改正的,吊销旅行社业务经营许可证。

第四十九条 违反本条例的规定,旅行社不投保旅行社责任险的,由旅游行政管理部门责令改正;拒不改正的,吊销旅行社业务经营许可证。

第五十条 违反本条例的规定,旅行社有下列情形之一的,由旅游行政管理部门责令改正;拒不改正的,处1万元以下的罚款:

(一)变更名称、经营场所、法定代表人等登记事项或者终止经营,未在规定期限内向原许可的旅游行政管理部门备案,换领或者交回旅行社业务经营许可证的;

(二)设立分社未在规定期限内向分社所在地旅游行政管理部门备案的;

(三)不按照国家有关规定向旅游行政管理部门报送经营和财务信息等统计资料的。

第五十一条 违反本条例的规定,外商投资旅行社经营中国内地居民出国旅游业务以及赴香港特别行政区、澳门特别行政区和台湾地区旅游业务,或者经营出境旅游业务的旅行社组织旅游者到国务院旅游行政主管部门公布的中国公民出境旅游目的地之外的国家和地区旅游的,由旅游行政管理部门责令改正,没收违法所得,违法所得10万元以上的,并处违法所得1倍以上5倍以下的罚款;违法所得不足10万元或者没有违法所得的,并处10万元以上50万元以下的罚款;情节严重的,吊销旅行社业务经营许可证。

第五十二条 违反本条例的规定,旅行社为旅游者安排或者介绍的旅游活动含有违反有关法律、法规规定的内容的,由旅游行政管理部门责令改正,没收违法所得,并处2万元以上10万元以下的罚款;情节严重的,吊销旅行社业务经营许可证。

第五十三条 违反本条例的规定,旅行社向旅游者提供的旅游服务信息含有虚假内容或者作虚假宣传的,由工商行政管理部门依法给予处罚。

违反本条例的规定,旅行社以低于旅游成本的报价招徕旅游者的,由价格主管部门依法给予处罚。

第五十四条　违反本条例的规定,旅行社未经旅游者同意在旅游合同约定之外提供其他有偿服务的,由旅游行政管理部门责令改正,处1万元以上5万元以下的罚款。

第五十五条　违反本条例的规定,旅行社有下列情形之一的,由旅游行政管理部门责令改正,处2万元以上10万元以下的罚款;情节严重的,责令停业整顿1个月至3个月:

（一）未与旅游者签订旅游合同;

（二）与旅游者签订的旅游合同未载明本条例第二十八条规定的事项;

（三）未取得旅游者同意,将旅游业务委托给其他旅行社;

（四）将旅游业务委托给不具有相应资质的旅行社;

（五）未与接受委托的旅行社就接待旅游者的事宜签订委托合同。

第五十六条　违反本条例的规定,旅行社组织中国内地居民出境旅游,不为旅游团队安排领队全程陪同的,由旅游行政管理部门责令改正,处1万元以上5万元以下的罚款;拒不改正的,责令停业整顿1个月至3个月。

第五十七条　违反本条例的规定,旅行社委派的导游人员未持有国家规定的导游证或者委派的领队人员不具备规定的领队条件的,由旅游行政管理部门责令改正,对旅行社处2万元以上10万元以下的罚款。

第五十八条　违反本条例的规定,旅行社不向其聘用的导游人员、领队人员支付报酬,或者所支付的报酬低于当地最低工资标准的,按照《中华人民共和国民法典》的有关规定处理。

第五十九条　违反本条例的规定,有下列情形之一的,对旅行社,由旅游行政管理部门或者工商行政管理部门责令改正,处10万元以上50万元以下的罚款;对导游人员、领队人员,由旅游行政管理部门责令改正,处1万元以上5万元以下的罚款;情节严重的,吊销旅行社业务经营许可证、导游证:

（一）拒不履行旅游合同约定的义务的;

（二）非因不可抗力改变旅游合同安排的行程的;

（三）欺骗、胁迫旅游者购物或者参加需要另行付费的游览项目的。

第六十条　违反本条例的规定,旅行社要求导游人员和领队人员接待不支付接待和服务费用、支付的费用低于接待和服务成本的旅游团队,或者要求导游人员和领队人员承担接待旅游团队的相关费用的,由旅游行政管理部门责令改正,处2万元以上10万元以下的罚款。

第六十一条　旅行社违反旅游合同约定,造成旅游者合法权益受到损害,不采取必要的补救措施的,由旅游行政管理部门或者工商行政管理部门责令改正,处1万元以上5

万元以下的罚款;情节严重的,由旅游行政管理部门吊销旅行社业务经营许可证。

第六十二条 违反本条例的规定,有下列情形之一的,由旅游行政管理部门责令改正,停业整顿1个月至3个月;情节严重的,吊销旅行社业务经营许可证:

(一)旅行社不向接受委托的旅行社支付接待和服务费用的;

(二)旅行社向接受委托的旅行社支付的费用低于接待和服务成本的;

(三)接受委托的旅行社接待不支付或者不足额支付接待和服务费用的旅游团队的。

第六十三条 违反本条例的规定,旅行社及其委派的导游人员、领队人员有下列情形之一的,由旅游行政管理部门责令改正,对旅行社处2万元以上10万元以下的罚款;对导游人员、领队人员处4000元以上2万元以下的罚款;情节严重的,责令旅行社停业整顿1个月至3个月,或者吊销旅行社业务经营许可证、导游证:

(一)发生危及旅游者人身安全的情形,未采取必要的处置措施并及时报告的;

(二)旅行社组织出境旅游的旅游者非法滞留境外,旅行社未及时报告并协助提供非法滞留者信息的;

(三)旅行社接待入境旅游的旅游者非法滞留境内,旅行社未及时报告并协助提供非法滞留者信息的。

第六十四条 因妨害国(边)境管理受到刑事处罚的,在刑罚执行完毕之日起五年内不得从事旅行社业务经营活动;旅行社被吊销旅行社业务经营许可的,其主要负责人在旅行社业务经营许可被吊销之日起五年内不得担任任何旅行社的主要负责人。

第六十五条 旅行社违反本条例的规定,损害旅游者合法权益的,应当承担相应的民事责任;构成犯罪的,依法追究刑事责任。

第六十六条 违反本条例的规定,旅游行政管理部门或者其他有关部门及其工作人员有下列情形之一的,对直接负责的主管人员和其他直接责任人员依法给予处分:

(一)发现违法行为不及时予以处理的;

(二)未及时公告对旅行社的监督检查情况的;

(三)未及时处理旅游者投诉并将调查处理的有关情况告知旅游者的;

(四)接受旅行社的馈赠的;

(五)参加由旅行社支付费用的购物活动或者游览项目的;

(六)通过旅行社为自己、亲友或者其他个人、组织牟取私利的。

第七章 附则

第六十七条 香港特别行政区、澳门特别行政区和台湾地区的投资者在内地投资设立的旅行社,参照适用本条例。

第六十八条 本条例自2009年5月1日起施行。1996年10月15日国务院发布的《旅行社管理条例》同时废止。